U0527456

YINGKE®盈科　盈科全国业务指导委员会系列丛书·2024

"盈"的秘密 ③
认罪认罚从宽制度下的有效辩护

THE SECRET
OF
EFFECTIVE DEFENSE

盈科律师事务所 / 编
赵春雨 / 主编

法律出版社 LAW PRESS·CHINA
北京

图书在版编目（CIP）数据

"盈"的秘密. 3，认罪认罚从宽制度下的有效辩护 / 盈科律师事务所编；赵春雨主编. -- 北京：法律出版社，2025. -- ISBN 978 - 7 - 5197 - 9869 - 7

Ⅰ. D925.210.4

中国国家版本馆 CIP 数据核字第 2025770A8D 号

"盈"的秘密3：认罪认罚从宽制度下的有效辩护
"YING" DE MIMI 3：RENZUI RENFA CONGKUAN ZHIDU XIA DE YOUXIAO BIANHU

盈科律师事务所　编
赵春雨　主编

策划编辑　朱海波
责任编辑　朱海波
装帧设计　臧晓飞

出版发行　法律出版社	开本　710 毫米×1000 毫米　1/16
编辑统筹　法律应用出版分社	印张 23.75　字数 350 千
责任校对　蒋　橙	版本 2025 年 4 月第 1 版
责任印制　刘晓伟	印次 2025 年 4 月第 1 次印刷
经　　销　新华书店	印刷　三河市龙大印装有限公司

地址：北京市丰台区莲花池西里 7 号（100073）
网址：www.lawpress.com.cn　　　销售电话：010 - 83938349
投稿邮箱：info@lawpress.com.cn　　客服电话：010 - 83938350
举报盗版邮箱：jbwq@lawpress.com.cn　咨询电话：010 - 63939796
版权所有·侵权必究

书号：ISBN 978 - 7 - 5197 - 9869 - 7　　　定价：85.00 元

凡购本社图书，如有印装错误，我社负责退换。电话：010 - 83938349

盈科全国业务指导委员会系列丛书编委会

总 主 编

李 华

副总主编

闫拥军　周 彦　罗 勇　陈 浩

出版统筹

郭 琪　丁 萌　胡 潇　张静彤

本书编委会

主 编

赵春雨

副 主 编

朱卫永　刘晓安　廖 行　辛 明
邢 波　李 明　郭彦卫　康 烨

编委会成员

于靖民　张福杰　张倩雯　唐小娟
郭 剑　魏俊卿　唐 海

执行编委

赵 晖

律师在认罪认罚从宽案件中的价值追求

认罪认罚从宽制度是我国刑事司法领域的一项重大制度改革。2016年《关于认罪认罚从宽制度改革试点方案》审议通过，2018年《刑事诉讼法》第三次修正，认罪认罚从宽制度正式入法。2025年最高人民检察院工作报告显示，依法规范适用认罪认罚从宽制度，86.9%的犯罪嫌疑人在检察环节认罪认罚，一审服判率96.9%，高出未适用该制度案件34.8个百分点。认罪认罚从宽制度正以广泛的影响力，重塑着刑事诉讼模式和司法格局。

近十年来，回溯认罪认罚从宽制度的实施历程，其对推动刑事案件繁简分流、节约司法资源以及实现刑法社会治理功能的意义不言而喻。探究认罪认罚从宽制度的理论根源，不难发现其深深扎根于先进的法学理念之中。首先，是契约精神的深度体现。认罪认罚具结书在本质上是一种司法契约，控辩双方在法律框架内就量刑等关键问题达成合意，这种合意并非随意的妥协，而是建立在平等、自愿、公平基础之上。控辩双方遵守契约的约定，法院尊重并保障契约的履行，这一过程与契约精神中的诚实信用、意思自治等原则高度契合，为制度运行提供了坚实的法理支撑。

其次，是司法效率和效益的追求。在刑事司法中，认罪认罚从宽制度通过快速解决大量事实清楚的认罪案件，节省了司法成本，提高了司法效率，使司法资源能够更多地倾斜于严重危害社会、争议较大的案件，从而在整体上实现了司法效益的最大化，实现了公正与效率的有机平衡。

最后，是恢复性司法理念的内在要求。现代刑事司法不局限于对犯罪的惩罚，而是更加注重对受损社会关系的修复。在认罪认罚案件中，犯罪嫌疑人、被告人通过认罪悔罪、积极赔偿被害人损失等方式，与被害人达成谅解，修复了因犯罪行为而受损的社会关系，促进了社会的和谐与稳定，体现了恢复性司法所追求的恢复正义、化解矛盾、促进社会和解的目标，使刑事司法从单纯的惩罚走向多元的修复与治理。

"良法"是"善治"的前提和基础，"善治"则是制定"良法"的目的和落实"良法"的手段。我们在调研中发现，在实务操作层面，认罪认罚从宽制度呈现出一幅井然有序却又错综复杂的画面。在侦查阶段，如何保障犯罪嫌疑人认罪认罚的自愿性与合法性，防止利用信息不对称、地位不对等，"炮制"诱导式、误导式认罪认罚；在审查起诉阶段，如何防范以轻刑换取认罪，如何确保量刑建议精准、量刑协商充分；在审判阶段，如何正确行使裁判权，坚持证明标准，确保认罪认罚的自愿性和量刑的适当性。上述刑事司法的难点，亦是刑事诉讼法学研究的重点，亟需理论与实践的共同突破。

尽管认罪认罚从宽制度在运行中，客观上存在一些问题和争议，但学深、悟透、用好认罪认罚从宽制度，已成为新时代的迫切呼唤和刑事司法共同体的强烈共识。律师作为践行认罪认罚从宽制度的重要主体，应当在专业支持、协商促进和制度优化三个层面，综合展现职业价值与追求。

一、专业支持：自愿性与适当性的把握

认罪认罚从宽制度是指犯罪嫌疑人、被告人自愿如实供述自己的罪行，对指控的犯罪事实没有异议，认可人民检察院的量刑建议，签署认罪认罚具结书，可以依法从宽处理，包括实体从宽和程序从简两个方面。由于犯罪嫌疑人、被告人法律知识欠缺、法律意识淡薄，并且容易受到压力、欺骗和诱导因

素影响，无罪认有罪、轻罪认重罪、轻罚变重罚的情况确有发生。因此，自愿认罪与罚当其罪是认罪认罚案件重点考察的两个方面，律师应当以专业技能为犯罪嫌疑人、被告人提供有力支持。

申言之，律师参与认罪认罚案件的优势得天独厚，不仅具备对案件进行全面分析的专业能力，也能通过会见，与犯罪嫌疑人、被告人近距离、多频次沟通，获得他们的信任。唯有充分发挥律师的专业作用和协商职能，才能有效降低犯罪嫌疑人、被告人陷入错误认识、做出错误决定的几率，防止认罪认罚从宽制度的偏离和异化。更为重要的是，在认罪认罚案件中，仍需坚持"事实清楚、证据确实充分"的证明标准，防止因程序简化降低证据要求，进而产生错案。有关认罪认罚的一些调研显示，法院对一些案件宣告无罪或者作出重大量刑调整，其中不乏律师专业辩护发挥的作用。

二、协商促进：平等性与实质性的保障

认罪认罚从宽制度是协商性司法的中国实践。律师作为协商程序的重要主体，需与检察机关展开实质性对话，确保被追诉人利益诉求在量刑协商中得到充分表达。然而，实质协商在认罪认罚案件中的落实情况仍不容乐观，究其原因在于：控辩双方并未实现真正的平等协商，尤以两大现象最为突出。一是部分检察机关仍存在轻视律师辩护的作用，在律师提出量刑磋商后不予回应，单方决定量刑建议的情形屡见不鲜；二是值班律师履职走过场现象依旧存在，对案件情况不够了解，难以发表专业意见，以至于控辩制衡流于形式。关于委托辩护人与值班律师的职能区分和优先顺序问题，立法和司法层面均不断修正，相关措施已初显成效。我们也在呼吁：赋予值班律师阅卷权、会见权等必要权利，避免其沦为"见证工具"。

除此之外，要想从根本上解决问题，还要从顶层设计的理念着手。首先要明确，检察机关在认罪认罚程序中占主导地位，该主导地位的内涵是主持权而不是决定权,不是更大的权力,而是更重的责任,检察机关在认罪认罚案件中负有客观公正义务。因此,在制度适用与否、量刑建议高低等问题处理上,检察机关应当秉持控辩平等,既不能将犯罪嫌疑人、被告人视为诉讼客体而无视其权益,也不能将律师当作负累而抵触其意见,要坚持平等协商和保障人权的基本原则。当控辩双方对量刑建议产生分歧时,控辩双方要互相尊重,认真听取对方的意见,通过平等协商化解纷争。对于审判阶段的认罪认罚,要充分发挥法院介入量刑审查的功能。

三、制度优化:实践性与前瞻性的并举

认罪认罚从宽制度基于程序从简的制约,发问权、质证权、辩护权以及上诉权保障受到挑战,难免造成权利过度让渡的困境。质言之,对于认罪认罚案件,程序从简意味着法庭调查和法庭辩论的简化,但对有争议的事实和证据应当进行调查、质证,应当围绕有争议的问题展开法庭辩论,这一辩护权的基本保障不能缺位。律师应当根据案件实际情况提出程序适用建议,必要时申请转为普通程序。人民法院不能以认罪认罚为由,剥夺律师依法辩护的权利。实践中,"认罪认罚反悔"是特别值得注意的问题。律师不仅应当提前告知被追诉人反悔的法律后果,还应在其反悔后及时调整辩护策略,防止因程序回转致使量刑利益受损。在认罪认罚案件中,如果被告人以量刑过重为由提起上诉,检察机关可以启动附随性抗诉。此时,如何既从程序上尊重和保障被告人的上诉权,又从实体上维护和争取被告人"量刑从宽"的合法权益,无疑对律师提出很大的考验。

除此之外,律师作为认罪认罚从宽制度的践行者,为适应协商型诉讼模式的需求,还应当牢固树立前瞻思维,做到"两手抓":一手抓自身建设,积极参加量刑协商、证据分析等领域的培训,提升协商能力和实务技能;一手抓制度建设,主动参与制度完善和理论研究,为认罪认罚从宽制度出台实施细则建

言献策，推动立法进步。唯有如此，律师在认罪认罚从宽制度落实中的法律地位才能不断提高。

盈科律师事务所作为中国乃至全球规模最大的律师事务所，拥有全国人数最多、覆盖面最广、协同度最高的刑事律师团队。赵春雨律师作为盈科刑事业务带头人，为盈科刑辩专业化建设倾注了诸多心血，不仅组织了很多品牌活动，也非常重视成果沉淀。先后出版了《"盈"的秘密——有效辩护的47个制胜思维》《"盈"的秘密2——有效辩护的53个证据突破》，受到了很大关注，也取得了良好反响。我很欣慰，第三本书落脚于认罪认罚案件的有效辩护。认罪认罚案件不是辩护的真空地带，认罪认罚案件的有效辩护亟待深入研究。盈科律师顺势而为、勇于担当，为认罪认罚从宽的制度优化贡献大所的思辨智慧和实践力量，这一点很值得赞赏。

《"盈"的秘密3——认罪认罚从宽制度下的有效辩护》一书的作者，均是长期奋战在刑事辩护一线的资深律师。各位作者从亲身承办案件展开，以朴素的手法简要描述案情、详细阐释办案过程，在此基础上提炼经验和总结规律，将办理认罪认罚案件的所感所悟所得付诸纸端。本书结构严谨、内容丰富，深度揭示了认罪认罚从宽制度运行的真实状态和切实问题。例如，如何与检察官进行量刑协商，如何"以战促谈"，如何"创造"更多量刑情节，如何在认罪认罚基础上进一步有效辩护，如何在二审程序中认罪认罚等。针对这些问题，作者提出了一系列具有创新性和可行性的思路与建议，为认罪认罚案件的辩护提供了广阔视角与实践路径。追寻作者的辩护历程，既能清晰感受认罪认罚从宽制度的机理和争点，更能深刻体会刑辩律师的价值追求和人文关怀。

总而言之，《盈的秘密3——认罪认罚从宽制度下的有效辩护》一书具有很强的针对性和指导意义。一方面，立足实务提供可借鉴的案例范本，帮助司法实务工作者破解现实的困惑和难题；另一方面，面向学术贡献富含营养的原创素材，致力于助推认罪认罚从宽制度依托理论引领日臻完善。这是一本值得推荐的好书，这样的出版思路值得推广。

樊崇义

中国政法大学教授　博士生导师

2025年2月于北京

目　录
CONTENTS

进退有据：
运用减轻处罚情节助推量刑从宽　　001

名退实进：
程序与实体双向实现从宽　　008

稳扎稳打：
逐一突破认罪认罚核心争议点　　014

严守边界：
在"认罪"范畴内进行事实抗辩　　021

突破封锁：
借助法庭辩护调整量刑建议　　028

梅开二度：
量刑建议从实刑到缓刑的转变　　035

无罪坚守：
认罪认罚案件的实质审查　　042

「盈」的秘密 3：认罪认罚从宽制度下的有效辩护

取舍有度：
"组合拳"助推最大限度从宽　　　　　　　　　　049

利益平衡：
在二审中实现认罪认罚的效果　　　　　　　　　057

稳中求进：
将争议问题留到下一程序　　　　　　　　　　　064

统筹精算：
认罪认罚的标准姿势　　　　　　　　　　　　　071

游刃有余：
准确把握认罪认罚时机　　　　　　　　　　　　078

价值选择：
被告人认罪认罚与辩护人无罪辩护的困境　　　　086

掌控主动：
在量刑协商中运用精准量刑方法　　　　　　　　093

罪刑突破：
把握认罪认罚内涵后变更罪名并减低量刑　　　　100

困境求生：
重审案件借认罪认罚逆风翻盘　　　　　　　　　107

协同发力：
认罪认罚案件重审改判缓刑　　114

勇于挑战：
独立辩护终获不起诉决定　　121

釜底抽薪：
以行政诉讼撬动再审程序　　128

精准预判：
促成职务犯罪诉讼合意的明智选择　　136

把握时机：
获取认罪认罚最大限度从宽量刑　　143

步步为营：
二审认罪认罚获轻判　　150

破釜沉舟：
认罪认罚后的无罪辩护　　156

一波三折：
理性引导被告人认罪认罚终获缓刑　　163

拨云见日：
挖掘隐藏的自首情节　　170

"盈"的秘密3：认罪认罚从宽制度下的有效辩护

守攻结合：
实现辩护效果最大化　　　　　　　　　　　　　177

不卑不亢：
抓住辩点实现量刑利益最大化　　　　　　　　183

据理力争：
认罪认罚后两次调低量刑的秘诀　　　　　　　190

逆向思维：
争取认罪认罚从宽制度下的利益最大化　　　　197

疑证不罪：
促成认罪认罚不起诉　　　　　　　　　　　　203

穿针引线：
力促二审适用认罪认罚并判处缓刑　　　　　　210

反客为主：
争取认罪认罚的主动权　　　　　　　　　　　217

攻守有道：
取得诉辩利益"最大公约数"　　　　　　　　224

趋利避害：
认罪认罚后的量刑建议抗辩　　　　　　　　　231

追根溯源：
运用法理促进量刑建议突破　　237

以战促和：
实现认罪认罚效果最大化　　244

百折不挠：
强制措施之辩贯穿实体辩护　　250

敢于突破：
指控 10 年起刑，终判 1 年 3 个月　　256

科学预判：
借助法律修订，摆脱认罪认罚束缚　　263

锲而不舍：
低赔偿金额促成低刑期量刑　　270

"攘外安内"：
做认罪认罚的理性选择　　277

有勇有谋：
未签具结书情况下的庭审实质化辩护　　285

"摇动"事实：
以客观证据争夺"辩护话语权"　　292

「盈」的秘密 3：认罪认罚从宽制度下的有效辩护

锦上添花：
运用刑事政策辩护获得二审改判缓刑　　299

寻找突破：
以认罪认罚突破羁押必要性审查　　306

先守再攻：
签署具结书后再争取减轻情节　　313

并行不悖：
有理有据翻供，变更轻罪后认罪认罚　　319

谋略得当：
认罪认罚案件的二审改判　　326

以进促稳：
认罪认罚获得酌定不起诉处理　　333

"锱铢必较"：
重新具结获从轻处罚　　341

情理交融：
运用法理情实现有效辩护　　347

双向争取：
犯罪对象与数额之辩化解重罪风险　　354

后记： 守正创新，顺势有为　　361

进退有据：运用减轻处罚情节助推量刑从宽

● 赵春雨[*]

辩护策略

在认罪认罚案件中，"认罪"具有刚性的特点，"认罚"则相对弹性。"认罚"前的量刑协商十分关键，"认罚"后的量刑辩护也有空间。然而，囿于认罪认罚本身的从宽"红利"，如果想最大限度争取到量刑从宽，应将量刑情节之辩作为有效工具，并贯穿刑事诉讼全过程。实践中，减轻处罚情节能否认定，直接关乎刑事责任的轻重，往往成为争议的焦点。刑辩律师要以专业攻坚、用智慧克难，既要言之有物、据理力争，也要审时度势、进退有据。

案情简介

本案系一起典型的拆迁过程中发生的职务犯罪，共同犯罪参与人包括L某、B某、Z某、P某、W某（另案处理）。作为廉政教育观摩庭，庭审现场有300余名村镇干部参加旁听。

2016年3月，某自然村启动拆迁腾退工作，成立了拆迁项目指挥部。某

---

[*] 北京市盈科律师事务所刑事法律事务部（二部）主任、盈科全国刑事法律专业委员会主任。

行政村村委会为本次拆迁的腾退人，时任该行政村村委会主任的 L 某为确权组组长，B 某（笔者的委托人，非公职人员）为拆除组组长。2019 年 11 月因信访举报案发。

本案最初由公安机关以合同诈骗罪立案，后区监察委员会决定对 L 某、B 某等人涉嫌贪污罪一案立案调查。区监察委员会《起诉意见书》认定：某自然村村民 Z 某的住址为该村 130 号，属于本次腾退改造的范围。但经查询拆迁档案发现，该村 130 号实际被拆分为三部分进行腾退，分别是 130-1 号、130-2 号和 130-3 号。其中 130-1 号被腾退人是 Z 某一家三口，130-2 号是 P 某一人，130-3 号是 W 某一人。P 某与 W 某并非该村村民，未在该村分配过宅基地，按政策不应获得腾退补偿资格。拆除组组长 B 某等人为获取不法利益，与确权组组长 L 某商议将 Z 某家的违法建筑分成 130-2 号和 130-3 号。B 某指使 P 某、W 某与 Z 某签署了虚假的房屋买卖协议，将 P 某、W 某伪造为 130-2 号、130-3 号的所有人。同时，L 某以行政村村委会的名义出具了一份虚假情况说明，证明 P 某、W 某虽然户口不在本址，但经村委会调查核实，两人外无住房，在本地区未享受安置，应认定为安置人口。最后，L 某以确权组的名义，认定对 P 某和 W 某分别依据 130-2 号和 130-3 号的面积进行腾退补偿。本案涉嫌骗取房屋 4 套、补偿款 160 余万元，犯罪数额共计 340 余万元。其中 160 万元补偿款被 B 某非法占有，其余款项和房屋被 L 某非法占有。

案发后，B 某在接到公安机关电话通知后自动投案，公安机关《到案经过》亦认定 B 某系投案自首，但区监察委员会《起诉意见书》中未认定 B 某具有任何从轻、减轻处罚情节，并将 B 某列为犯罪嫌疑人首位。在审查起诉阶段，笔者力主其有从犯和自首两个从宽情节，检察官同意认定其为从犯，提出 6~9 年有期徒刑的量刑建议，B 某认罪认罚。一审开庭期间，在重申 B 某为从犯的同时，笔者再次提出自首的辩护意见。一审法院最终判定 B 某系从犯，但不宜认定有自首情节，判处 B 某 7 年有期徒刑，罚金人民币 40 万元。B 某服从一审判决，未提起上诉。

辩护过程

一、认罪认罚基础欠佳

笔者通过会见了解到，B 某对涉嫌共同贪污的罪名和犯罪数额均无异议，唯一诉求是缩短刑期。显然，本案中 B 某刑期的长短，主要取决于犯罪情节。

《起诉意见书》认定，"经依法调查查明：拆除组组长 B 某等人为获取不法利益，与确权组组长 L 某共同商量……指使 P 某、W 某、Z 某签署了虚假的房屋买卖协议"，"上述犯罪事实清楚，证据确实充分，足以认定。被调查人 B 某对上述事实不予供述"。显然，《起诉意见书》将 B 某认定为主犯，且否定了其"如实供述"。B 某参与贪污共同犯罪，犯罪数额达 300 万元以上，因《起诉意见书》未认定减轻处罚情节，量刑应为 10 年以上有期徒刑，即使认罪认罚也不能突破法定刑。如此，"认罚"对 B 某来说，不仅价值有限，还可能成为束缚。

笔者在详细阅卷后发现，B 某因不是公职人员，在本案中不具有职务上的便利，并未参与本案所涉贪污行为的核心环节——补偿资格确认环节，不应认定为发挥主要作用；B 某经电话通知到案，首次供述提及了参与犯罪和分赃的事实，具备自首的辩护空间。鉴于此，笔者与 B 某达成一致辩护思路：将从犯和自首作为本案辩点，在突破法定刑基础上，再争取适用认罪认罚。

二、量刑协商过程曲折

笔者先与本案的承办检察官电话交流了初步意见，意在了解检察官的思路，以提升辩护的针对性。检察官透露了两个观点：一是 B 某在实施犯罪过程中，表现积极且全程起到推动作用，不应认定为从犯；二是 B 某虽自动投案，但"如实供述完整犯罪事实"系在归案 8 天之后，供述不具备主动性、及时性，不应认定为自首。上述表态为审前辩护提供了明确靶向，笔者认为有必要厘清"主从犯"和"如实供述"的基本概念。

关于"主从犯"的认定，应当正确界分"为实施犯罪创造条件"与"在共同犯罪中起主要作用"。审查贪污罪的犯罪事实，必须紧扣"利用职务上的便利"这一根本要件。L 某作为行政村村委会主任、确权组组长，具有职务上的便利，正因其对不符合拆迁补偿资格的 P 某、W 某进行确权，本案贪污犯罪才得以实施，而 B 某在该环节不享有任何权力，无法主导贪污犯罪行为。B 某虽为获利而积极参与，联系了 W 某、Z 某签订虚假协议（P 某为 L 某外甥，由 L 某联系），但其发挥的是对 L 某的辅助作用，而非决定性作用，符合从犯的认定条件，不应认定为主犯。

关于"如实供述"的认定，应当遵循其法定含义，即"如实供述主要犯罪事实"，而"主要犯罪事实"是指对行为性质有决定意义以及对量刑有重大影响的事实。《最高人民法院关于处理自首和立功若干具体问题的意见》中规定："虽然投案后没有交代全部犯罪事实，但如实交代的犯罪情节重于未交代的犯罪情节，或者如实交代的犯罪数额多于未交代的犯罪数额，一般应认定为如实供述自己的主要犯罪事实。"B 某到案当天如实供述其与 L 某共谋贪污并且分得 160 万元赃款的事实，承认其联系了 W 某与 Z 某，签订虚假协议也在现场。上述供述内容应当认定为供述贪污罪的构成要件事实，属于对定罪量刑起决定性作用的"主要犯罪事实"，彼时自首已经成立。即使 B 某至归案第 8 天才作出完整供述，但"完整供述"本身并不是构成自首的必要条件，只要首次供述主要犯罪事实，便不影响其"如实供述"的认定。

形成系统辩护意见之后，笔者申请与检察官会面沟通。检察官与笔者交流了 2 小时,坦言笔者抓住了要点,使其对案件有了更为深入的认识,并于次日回复笔者称采纳 B 某具有从犯情节和自首情节的辩护意见,给出 4~6 年的量刑建议,希望尽快配合签署《认罪认罚具结书》。辩护至此,业已成功了一半。孰料,就在控辩双方在看守所汇合,《认罪认罚具结书》已交到 B 某手中正准备签字之时,却被突然撤回了!事后了解到,原来检察委员会临时讨论案件,经研究认为本案社会影响重大,如果整体量刑过低,不利于对拆迁类贪污犯罪的严厉打击。随后,检察机关改为只认定 B 某从犯情节,不认定其自首情节,量刑建议从 4~6 年调整为 7~9 年。面对突发状况,承办检察官自嘲"用力过猛,好心办坏事",致使量刑建议从"过低"到"过高",笔者和 B 某一时间更是难以接受。

《刑事诉讼法》第 201 条第 1 款规定,除特殊情形外,"对于认罪认罚案件,人民法院依法作出判决时,一般应当采纳人民检察院指控的罪名和量刑建议"。正因如此,量刑建议的高低对最终量刑有直接影响。笔者预判到,如果检察机关坚持 7~9 年的量刑建议,B 某权衡利弊仍会认罪认罚,因此第二轮的量刑协商迫在眉睫,成败在此一役。笔者坦诚提出,检察机关量刑建议前后变化较大,现在即使 B 某想争取判处 7 年有期徒刑,难度都显而易见,毕竟针对幅度量刑建议,法院取中线量刑的概率更高。所以恳请检察官下调量刑建议的低线,给一审辩护留出空间。经过反复交涉和请示,检察官最终给出了 6~9 年的量刑建议,B 某签署了《认罪认罚具结书》。

三、庭审辩护结果圆满

"保持认罪认罚的成果,扩大法庭辩护的战果",是认罪认罚案件常用的庭审策略,本案体现得尤为突出。一方面,检察机关虽认定 B 某为从犯,但 L 某始终主张 B 某发挥主要作用,庭审从犯之辩仍不可避免;另一方面,检察机关未认定 B 某自首情节,为争取最大限度量刑减让,庭审自首之辩要背水一战。笔者结合证据和法理，深化减轻处罚情节的辩护，提出"判处6年以下有期徒刑"的量刑辩护意见：

第一，认定从犯，应当立足于在共同犯罪中起次要或者辅助作用。在案确权组J某、Y某2人证言证实，"确权只看L某有没有签字，L某签，他们就签"；在案评议组S某、T某2人证言证实，"L某说了算，评议、确权都是走程序"。上述内容相互印证，证实L某在贪污犯罪中发挥主要作用，B某不具有贪污罪所要求的"职务上的便利"，在共同犯罪中处于从属地位，其所参与部分未对贪污犯罪的完成起到关键性作用，对犯罪结果所起的作用较小，应当依法认定为从犯。

第二，认定自首，应当把握住"如实供述主要犯罪事实"，要求与客观的犯罪事实基本一致，而非犯罪细节完全吻合。要综合考量投案人的表达意愿、表达能力和记忆保存程度。B某在自动投案当天，就L某想要"占房子"让他联系W某，他带着W某、P某去找Z某，签订补充协议时其在现场以及补偿后分得160万元拆迁款等事实供认不讳，"主要犯罪事实"均已如实供述，应当认定B某构成自首。案发距犯罪实施3年有余，B某年事已高，文化水平较低，表达水平有限，以其"到案后第8天才完整供述"为由否定其投案后"如实供述"的事实和意愿，不符合自首的立法原意。

控辩双方围绕减轻处罚情节展开了三轮法庭辩论。一审法院考虑到本案系职务犯罪，犯罪得以实施的决定性因素在于时任行政村村委会主任L某所具有的职权，故认定L某系本案主犯，B某、Z某、P某在共同犯罪中起次要、辅助作用，均系从犯。同时，一审法院认为B某"如实供述主要犯罪事实"明显晚于同案犯，考虑到自首行为应具有节约司法资源之效，未认定其具有自首情节。法官在宣判后与笔者交流，表示B某系非典型从犯，7年有期徒刑的量刑充分体现了从宽精神，同案犯L某认定了自首，量刑仍在10年以上，算是对笔者的"自首之憾"聊表宽慰。本案虽认罪认罚,但自始至终伴有激烈交锋,系以专业辩护推动认罪认罚效果最大化的典型案例。

一、量刑协商的技巧

在认罪认罚案件中,容易出现"两难"现象:一是若"认罪"不彻底,会降低检察机关从宽处理的意愿;二是若"认罚"太彻底,量刑协商结果一旦达成,法院不会轻易突破。因此,"认罪"与"认罚"应当统筹兼顾。以本案为例,检察官前期认为B某抱有侥幸心理,不宜提出宽缓量刑建议,笔者获悉后及时会见了B某,对其晓以利害,推动检察官重新制作笔录,为其"认罪"态度补强证据。相对地,"认罚"则注重交涉、保持抗争,本案前期并未接受有期徒刑10年以上或7~9年的量刑建议,直至协商至最大从宽幅度,为从轻处罚扩展最大可能,才签署《认罪认罚具结书》。

二、法庭辩护的技巧

从理论上讲,认罪认罚与庭审辩护不具有排他关系,但实践中,认罪认罚案件的法庭辩护往往顾虑重重,且辩护效果差异较大。笔者认为,如果律师拟独立行使无罪辩护的权利,应当庭前与被告人充分沟通,审慎分析利弊,精心准备预案。而数额之辩、情节之辩和仅涉及法律评价的罪质之辩,均在认罪认罚兼容范围之内,可以大胆进行辩护。以本案为例,B某认罪认罚以检察机关认定从犯情节为前提,庭审中笔者提出自首的辩护意见,法院虽未认定,但在量刑中已有考量。这不仅契合人民法院查明事实和裁量刑罚的职能要求,也不与"认罪认罚从宽"的程序原理相悖。

"盈"的秘密 3：认罪认罚从宽制度下的有效辩护

名退实进：程序与实体双向实现从宽

● 刘晓安[*]

辩护策略

认罪认罚案件中，量刑之辩贯穿始终。控辩双方的量刑协商工作，在签署《认罪认罚具结书》之前就已展开。每一次与公诉人的深入沟通，都是在为量刑协商奠定基础。在这一过程中，既有程序辩护，亦有实体辩护。律师为当事人争取、固定所有从宽量刑情节，既要言之有据，又要从容以待；还要掌握与办案人员的沟通技巧，对于存在争议的问题，可以名退实进，步步为营。二者结合，方能最大限度地实现量刑从宽。

案情简介

本案系一起同案犯已被另案判刑的证券犯罪案件。2007 年 4 月，T 某利用职务便利，将其履职时获悉的若干上市公司股票的内幕信息告知 Z 某（委托人），Z 某在相关内幕信息敏感期内进行相关股票交易，累计买入金额逾 3000 万元。

---

[*] 北京市盈科（深圳）律师事务所管委会主任、盈科全国刑事法律专业委员会副主任。

2020年12月，S市公安局接上级部门转来Z某等人涉嫌内幕交易罪的线索，依法决定立案侦查。2022年6月，S市中级人民法院对T某犯内幕交易罪等作出一审判决，其中对T某犯内幕交易罪判处有期徒刑5年，并处罚金人民币400万元，该判决已生效。

2022年11月，经S市公安局电话通知，Z某主动到案并配合调查。审查起诉阶段，笔者就Z某的从犯量刑情节与检察官据理力争并达成一致，且就违法所得数额问题进行沟通，检察官将原本提出的有期徒刑5年的量刑建议，调整为5年以下有期徒刑。一审阶段，笔者继续与法院沟通，同步提出主动退赃、预缴罚金的申请，请求法院对Z某判处3年以下有期徒刑并适用缓刑。一审法院最终认定Z某具有从犯、自首、认罪认罚、退缴违法所得、预缴罚金等从宽情节，但因本案交易数额较大，最终判处Z某2年3个月有期徒刑，并处罚金人民币300万元。宣判后，Z某当庭表示不上诉。

辩护过程

一、调整保证金数额，明确违法所得

侦查阶段，Z某主动到案、如实供述，并表示自愿认罪认罚，公安机关据此决定对Z某取保候审，由Z某亲属作为其保证人。案件移送审查起诉后，检察官通知要求其缴纳数百万元保证金，才能继续办理取保候审。争取换回保证人保证方式或者争取合理的保证金数额，成为本案的第一道辩护关卡。

检察官提出的数额，是基于本案共同犯罪的合计违法所得数额而确定的。因此，保证金的高低直接关系到本案违法所得的认定。经与Z某沟通，考虑到一方面保证金可以抵扣罚金，更好地体现Z某愿意主动退缴、认罪悔罪的态度；另一方面配合更换为保证金保证的方式，可以为与检察官的沟通奠定良

好基础。鉴于此，笔者与Z某达成一致思路：配合检察官缴纳保证金，但在保证金数额和违法所得认定上力求从宽与合理。

本案中，Z某与T某通过涉案内幕交易行为累计盈利300万余元，其中，T某的获利已在T某案件中被追缴，Z某的获利为100万余元，Z某亦愿意配合主动退缴。关于保证金问题，根据《最高人民法院、最高人民检察院、公安部、国家安全部关于取保候审若干问题的规定》第5条第2款和第12条的规定，[1] 辩护人向检察官提出，Z某愿意积极配合检察机关，但考虑其当前实际获利、经济状况以及保证金缴纳时限等问题，难以在短时间内筹措如此巨额资金，对Z某的保证金数额降至50万元为宜。后检察官同意了这一数额，并决定对Z某取保候审。

二、争取相对不起诉，下调量刑建议

本案的认罪认罚，有两项重要前提：其一，Z某对其涉嫌与T某合谋利用内幕信息进行证券交易的事实情节均无异议；其二，T某的先案判决，是在认定T某具有自首、认罪认罚、违法所得已全部追缴的从宽量刑情节基础上，对T某犯内幕交易罪判处5年有期徒刑。经与检察官初步沟通，检察官口头提出了有期徒刑5年的量刑建议。

据此，笔者首先向检察机关提交了不起诉法律意见书，请求检察机关认定Z某具备从犯、自首、自愿认罪认罚、愿意随时配合退缴违法所得、预缴罚金的情节，对Z某作出相对不起诉决定。其中，本案争议焦点在"从犯"认定上，T某是提供内幕信息的一方，Z某是利用内幕信息和自有资金从事证券交

---

[1]《最高人民法院、最高人民检察院、公安部、国家安全部关于取保候审若干问题的规定》（公通字〔2022〕25号）第5条第2款规定：决定机关应当综合考虑保证诉讼活动正常进行的需要，被取保候审人的社会危险性，案件的性质、情节，可能判处刑罚的轻重，被取保候审人的经济状况等情况，确定保证金的数额。第12条规定：人民法院、人民检察院决定使用保证金保证的，应当责令被取保候审人在三日内向公安机关指定银行的专门账户一次性交纳保证金。

易的一方,前者推动,后者执行,难分作用大小。

笔者从三个角度,提出Z某应认定为从犯:第一,T某是涉案内幕交易犯罪的提起者和主导者,对涉案共同犯罪起决定和推动作用,没有T某提供的内幕信息便不会发生内幕交易,其地位和作用无可替代;而Z某是配合出资、协作的一方,其地位和作用具有可替代性,其他具备资金实力和证券账户的人亦可实施相关涉案行为。第二,T某是主要获利者,Z某相较而言实际获利较少。第三,T某除将涉案股票内幕信息告知过Z某,还告知过D某,T某对Z某和D某具备相同泄露内幕信息和指示交易的故意。

检察官认可上述观点,同意认定Z某为从犯,但鉴于案件背景和交易数额等原因,无法对Z某适用相对不起诉,并调整量刑建议为5年以下有期徒刑。笔者进一步与检察官交涉,能否调整为3年以下有期徒刑并适用缓刑。检察官表示,量刑建议无法再下调,但如果法院决定适用缓刑,其不会提出异议。以上量刑建议虽与诉求存在一定差距,但也给接下来的一审辩护留出了足够的空间。因此,Z某配合签署了《认罪认罚具结书》。

三、把握量刑情节,实现最大从宽

经过审查起诉阶段的有效沟通,控辩双方就Z某的从犯、自首、认罪认罚情节已经达成一致。一审庭审过程中,笔者主要围绕"Z某符合适用缓刑的条件"发表辩护意见:第一,从案涉行为和Z某个人情节出发,Z某作为与T某共同犯罪中的从犯,T某已被判处5年有期徒刑,对Z某判处3年以下有期徒刑,符合法律规定,亦符合量刑建议。同时,从Z某个人的犯罪情节、案发时间、社会家庭关系上看,对Z某适用缓刑不致发生社会危险。第二,从相关法律规定出发,根据《最高人民法院、最高人民检察院关于办理内幕交易、泄露内幕信息刑事案件具体应用法律若干问题的解释》规定,内幕交易情节严重的标准之一为"证券交易成交额50万元以上,获利或避免损失15万元以上"，对应情节特别严重的标准为其5倍，即"成交额250万元以上，获利或避免损失75万元以上"。其中，"情节严重"的标准已被2022年5月施行的《最高人民检察院、公安部关于公安机关管辖的刑事案件立案追诉标准的规定（二）》提升为"成交额200万元，获利或避免损失50万元"，"情节特别严重"的标准暂未出台相应司法解释予以同步调整，但考虑到立法普遍滞后的问题，"情节特别严重"同样应当采取5倍标准，即成交额1000万元，获利或避免损失250万元。换言之，尽管相关司法解释调整后，本案交易数额仍符合情节特别严重的标准，但情节严重的程度及对应的量刑幅度值得进一步考量。第三，从司法实践出发，通过检索个人犯内幕交易罪且情节特别严重的案例发现，不乏交易额超过本案或与本案持平、法院适用缓刑的案例。第四，从刑法的功能出发，Z某本人和其家庭已经为本案付出了沉重且巨额的代价，也已竭尽所能承担其应负的法律责任，刑法的惩罚和预防功能也基本得以实现。与此同时，经笔者书面申请并提交有关退缴数额的意见，Z某在开庭后、判决前预先退缴了尚未在T某案件中被追缴的获利部分。

最终一审法院对Z某判处有期徒刑2年3个月，并处罚金人民币300万元。虽未适用缓刑，但刑期已是法定量刑幅度内的最大化从宽。

辩护技巧

一、名退实进，步步为营

本案自检察官通知取保候审的保证方式由保证人变更为保证金之时，控辩双方的较量与协商就已经开始。缴纳保证金是退，协商保证金数额是进；不起诉未果是退，争取调整量刑建议是进；缓刑未成是退，量刑最大化从宽是进。

在事实基础与法律规定的定罪量刑框架内，争取当事人利益最大化，是刑辩律师办理案件所追求的目标。但"追求目标"与"处理结果"之间，由于各种原因难免会存在落差。对于这一落差，一要做到退进皆有路，在第一目标难以实现的情况下，准备好补充方案；二要让当事人树立正确的预期，与当事人及时沟通，分析利弊，并且及时固定证据，一步步实现所有对其有利的量刑情节。

二、求同存异，据理力争

本案的定性在 Z 某到案时就已注定，认罪认罚是必经之路。但确定"认罪"之下，"认罚"仍需技巧。在量刑协商过程中，"从犯"之辩是求同，量刑建议在"五年以下"还是"三年以下"则是存异。在确保"从犯"这一情节认定的基础上，"三年以下"仍在"五年以下"的范围内，这一"异"双方均可接受。在接受存异的基础上，再继续据理力争，从缓刑适用、司法解释、类似案例、刑法功能等层面，进一步争取降低刑期、适用缓刑。

"盈"的秘密 3：认罪认罚从宽制度下的有效辩护

稳扎稳打：逐一突破认罪认罚核心争议点

● 廖 行[*]

辩护策略

当前，随着认罪认罚从宽制度的全面推行，刑事案件逐步实现了在审查起诉阶段的程序分流。控辩双方可就定罪及量刑展开协商，构建出"合意型"的控辩关系新格局。在此情势下，辩护工作的重心必须前移，通过认罪认罚实质性解决问题，更有助于获得较大的从宽激励。为此，律师应当胆大心细，步步为营，既要全面研判案件，进行精细辩护，发挥核心辩点杠杆作用，又要综合运用策略，掌握谈判心理，为当事人争取最大限度的量刑减让。

案情简介

L 某为 S 省某国有平台公司原党委委员、副总经理、工会主席，在该公司及其分公司工作近 14 年。2021 年 7 月 5 日，在收到《关于敦促公司内部存在涉嫌违纪违法问题的人员主动说清问题的通知》后，L 某主动到公司纪委交代了收受某建筑公司老板 X 某送其 18 万元的相关情况，随后因为项目上的紧

---

[*] 北京盈科（成都）律师事务所刑事法律事务部主任、盈科全国刑事法律专业委员会副主任。

急情况离开。次日，L某接到公司纪委通知后再次前往交代违法违纪事实，并于当日被W县监察委采取留置措施调查，后被查明涉嫌贪污罪、受贿罪、行贿罪。

《起诉意见书》认定，L某在担任S省某国有平台公司P市分公司经理、总工程师和总公司副总经理等职务期间，利用职务便利，以虚增项目施工材料用量的方式，套取、截留公司资金361万元，其中个人贪污326万元。另外，L某多次利用职务便利，对多名工程老板在工程承揽、材料供应、验工计价、项目拨款等方面给予照顾，收受他人贿赂共计860万元，其中与他人共同受贿630万元（个人获得302万元）、个人单独受贿230万元。在担任S省某国有平台公司P市分公司经理期间，为谋取职务晋升等不正当利益，L某还向国家工作人员S某行贿40万元。

证据材料另显示，L某在留置期间还如实交代了组织尚未掌握的其他受贿事实以及贪污、行贿等违法犯罪问题。据统计，L某个人涉嫌犯罪所得金额为858万元，其中退还给行贿人80万元，给S某40万元，实际所得为738万元。至案件移送审查起诉时，L某的家属已代其退还567万元，此外上述退还给行贿人的80万元也已被追回。

由于职务犯罪本身具有特殊性，加之本案涉及罪名较多、金额较大，L某一方面希望通过认罪认罚争取从宽处理，另一方面又担心检察院的量刑建议过重使其无法承受。详细分析材料之后，笔者认为创造量刑协商有利基础的关键在于减轻情节的辩护，同时针对部分罪名成立与否提出意见，也能进一步增加谈判空间。笔者与L某达成一致：以认罪悔罪为前提，以量刑从宽为目标，有策略、有步骤地推动认罪认罚程序，争取最大幅度的量刑空间。

辩护过程

L 某在被留置期间，其家属找到笔者，称 L 某涉嫌受贿罪，结合纪委监委公布的信息"L 某涉嫌严重违纪违法，主动投案"，笔者提供了初步咨询意见。在案件被移送审查起诉的第二天，该家属联系笔者办理了委托手续。

接受委托后，笔者立刻调取了案卷材料，发现本案的实际情况与家属此前所介绍的情况大相径庭：L 某所涉嫌的罪名不止受贿，而是行贿、受贿、贪污三个罪名。而且，根据《起诉意见书》所认定的犯罪金额，L 某所涉嫌的贪污、受贿两个罪名的量刑幅度均在 10 年以上有期徒刑，另一个行贿罪的法定刑为 5 年以下有期徒刑，数罪并罚之下，辩护的难度和压力可想而知。由于案卷中各方行为人的笔录基本相互印证，且 L 某本人对案件基本事实不持异议，因此，本案不具备无罪辩护的空间，认罪认罚应当是 L 某的明智选择。但是，简单地认罪认罚无法达到减轻处罚的效果，数罪并罚的刑期仍会居高不下。笔者认为，充分运用自首的核心辩点，才能争取最大限度的从宽幅度。

一、从两罪自首到三罪自首

本案《起诉意见书》载明："L 某主动前往公司纪委交代了小部分受贿事实，在留置期间 L 某如实交代了办案机关尚未掌握的剩余大部分受贿事实和贪污、行贿事实。"按照《最高人民法院、最高人民检察院关于办理职务犯罪案件认定自首、立功等量刑情节若干问题的意见》中没有自动投案，但犯罪分子如实交代办案机关未掌握的罪行，与办案机关已掌握的罪行属不同种罪行的，以自首论的规定，可以得出 L 某受贿罪不构成自首，贪污罪、行贿罪成立特殊自首的结论。

贪污、行贿两罪成立自首，已然为辩护提供了有利条件。但是，笔者敏锐地关注到"L 某主动前往公司纪委"这一关键信息，认为有必要精准核实 L 某的到案详细经过。笔者通过会见了解到案发前L某曾连续2天主动到公司纪委交代违法违纪问题的事实：2021年7月5日，L某主动到公司纪委交代问题，后因其负责的某项目有紧急事务，在经允许后离开；次日，L某接到通知后再次主动前往公司纪委交代问题，随后被W县监察委带走调查并被留置。这足以说明两个核心问题：第一，L某首次投案符合"自动投案"的要件。《最高人民法院、最高人民检察院关于办理职务犯罪案件认定自首、立功等量刑情节若干问题的意见》规定，"犯罪分子向所在单位等办案机关以外的单位、组织或者有关负责人员投案的，应当视为自动投案"。第二，L某首次投案交代受贿事实不完整，系工作的客观原因导致，其虽因紧急事务离开，但当场表示会继续向组织交代。次日经单位纪委通知其再次前往，同样是基于自动投案的主观意图。此后，L某一直处于监委控制之下，并完整交代了受贿事实，其供述具有主动性、及时性和稳定性，极大地节约了司法资源。认定L某受贿罪构成自首，完全符合自首的立法目的和价值导向。

尽管笔者上述意见较为全面，但检察官第一时间仍未完全采纳，直至依职权向公司纪委调取了L某到案情况的详细说明，才认定L某涉嫌的受贿罪构成自首。至此，L某全部三个罪名均认定了自首情节。

二、从特殊自首到一般自首

此前，笔者将受贿罪的自首情节辩护作为重点，为突出主要矛盾，并未就L某涉嫌贪污罪、行贿罪的自首类型提出异议。但是，在受贿罪自首情节辩护成功，L某"自动投案"得以认定以后，笔者认为贪污罪、行贿罪应当成立一般自首，而非特殊自首。区分两者的意义：根据笔者所在省高级人民法院所发布的《〈关于常见犯罪的量刑指导意见〉实施细则》，一般自首的从轻幅度为"可以减少基准刑的40%以下"，而特别自首仅"可以减少基准刑的30%以下"；笔者同样检索了其他省份的《量刑指导意见》实施细则，发现在量刑从宽幅度层面一般自首优于特别自首的原则是一致的。

在笔者的坚持下，检察官也认为既然认定了L某"自动投案"，那么贪污罪、行贿罪也应该认定一般自首，按照一般自首的幅度进行减轻处罚。至此，L某具备了认罪认罚的良好条件。

三、量刑建议从15年到12年

在重点突破自首这一重大量刑情节的同时，为形成体系性的辩护意见，多维度说服检察官，争取更大幅度从宽量刑，笔者还对L某所涉嫌的三个罪名在犯罪构成方面进行了深入研究，发现L某涉嫌行贿罪存有一定争议。首先，《起诉意见书》认定L某行贿的基本事实是"L某为谋求职务晋升，向其领导S某行贿40万元"，而该笔款项却被查明直接来源于第三人X某，是X某为了取得某工程向L某行贿80万元后，L某拿出了其中的40万元交给了S某，而S某作为该工程的直接领导，事先知道X某会对其表示感谢并且提供了部分帮助，因此该行为应系共同受贿后的分赃行为。其次，为证明L某向S某交付40万元存在特定的请托事项，证据材料将L某之后的职务晋升认定为得到了S某的关照，但事实上S某在收受该笔款项时已经调离了原工作岗位，L某的职务晋升不在S某的职权范围内，该请托事项难以认定。笔者与检察官进行了深入交流，提出行贿罪的指控证据不足，不能排除合理性怀疑，违背常识、常理、常情。检察官认为笔者观点有一定合理性，但表示撤销对该罪名的指控难度很大，笔者提出即使不能撤销指控，也应当在量刑上体现出相应效果，检察官表示会予以慎重考虑。

为全面争取从宽处理，笔者协调家属在审查起诉阶段全部退赃，并将L某获得的各项奖励、荣誉和家庭情况向检察官作出说明，证明L某虽然涉嫌犯罪，但有其一定的行业特殊原因，其也曾为公司的发展壮大作出过贡献，加之悔罪态度良好，易于教育、改造。同时，L某平时在家十分关心照顾老人、女儿，其女儿正在就读高三面临高考，成绩十分优异，希望对 L 某量刑时综合考虑这些因素。以上观点打动了检察官，为认罪认罚做了进一步铺垫。

万事俱备，只欠东风。本案启动认罪认罚程序后，笔者与检察官就量刑建议进行反复磋商，各类从轻、减轻情节得以综合运用。最终，检察官提出数罪并罚的量刑建议从 15 年调整为 12 年，L 某在笔者见证下签署了《认罪认罚具结书》。法院的判决采纳了这一量刑建议，L 某表示服从判决。

辩护技巧

一、把握核心，以退为进

在认罪认罚从宽制度下，虽强调控辩双方通过协商达成合意，但辩护工作的本质不变。无论是面对法官还是检察官，核心都在于说服对方，因此仍要立足于案件本身，特别是要牢牢抓住核心辩点，充分论证说理，争取在量刑协商上实现有效突破。同时，认罪认罚案件中被追诉人的最大诉求在于从宽处罚，辩护人应围绕这一目标展开辩护，不仅可以提出量刑情节之辩，也可以适当对定罪和罪质提出异议，动摇指控的逻辑和力度，以此为量刑协商增加"筹码"。本案中，笔者重点质疑行贿罪的犯罪构成，并非一定追求对该罪的不予起诉，而是以此为条件争取更大幅度的从宽。

二、抽丝剥茧，层层递进

量刑协商是一个动态的过程，认罪认罚的结果并非一蹴而就。辩护人应事先做好统筹谋划，在充分了解案情的基础上，选择恰当的时机向检察官输出观点，提出专业意见。实践中，一个案件可能有诸多辩点，但有强弱、主次之分，如果不加区别一并提出，不仅会给检察官留下"眉毛胡子一把抓"的条理不清印象，也会淡化关键辩点所能发挥的作用。就本案而言，笔者并未在与检察官沟通初期就将所有观点和盘托出,而是采取了"先抓大放小,后层层补强"的策略,每当检察官讨论确定一个量刑建议时,笔者总能提出新的意见进一步争取,使得本案的量刑建议从最初的有期徒刑 15 年降为 14 年,再降到 13 年,最终降到 12 年,罚金也由 85 万元下调为 75 万元。上述变化,充分展示了控辩协商的交涉过程和辩护人在认罪认罚案件中的价值。

严守边界：在"认罪"范畴内进行事实抗辩

● 辛 明[*]

辩护策略

我国的认罪认罚从宽制度，自始就是从司法机关职权主义出发而设立的，这是与西方辩诉交易制度的核心区别之一。虽然有学者提出该制度中的"从宽"应作为涉案当事人的一种权利予以保护，但在司法实务中，如果司法机关坚持不适用该制度，在现行的刑事诉讼制度中并无明文的救济路径。同时，认罪认罚并不意味着公诉机关认定的任何案件的事实，辩方都必须"照单全收"，应在不影响认罪认罚从宽制度适用的前提下进行必要的事实辩护，以维护当事人的合法权益。

案情简介

L 某系某矿产企业的法定代表人，该企业于 2011 年承接了某省重要的高速公路建设的石料供应项目。同年，L 某与 P 某就合作安山岩矿石开采达成协议，并收购了 A 采石场，约定由 P 某确保 A 采石场采矿许可证的有效性，并

---

[*] 北京盈科（长春）律师事务所刑事辩护研究中心主任、盈科全国刑事法律专业委员会副主任。

经手办理安全生产许可等批准文件，L某负责投入和生产经营。

2011年年末，采石场附近的部队找到P某，提出采石场开采范围内有一处人防设施，采石场应停止生产，P某认为采石场有采矿许可证未予理会，但他疏忽了A采石场的采矿许可证到2012年4月12日就到期的问题，而部队已经将人防设施的情况通报给了当地的国土资源管理部门。等到A采石场采矿许可证需要办理延期的时候，国土资源管理部门直接回绝，而此时L某已经投入了2000多万元进行设备安装，如果就此停产，根据协议P某也要承担1000多万元的损失。

正所谓"利令智昏"，P某干脆不理会国土资源管理部门，直接找人伪造了一份延期的采矿许可证，并持伪造的证件办理了当年的安全生产许可证，申领了炸药继续生产，对此L某并不知情。2013年又到了（伪造的）采矿许可证到期的时候，L某从其他渠道听说一年前A采石场的采矿许可证并未办理延期，进而质问P某，P某才如实告知。L某大为震惊，心急如焚，面对高速公路建设企业雪片一般的催货通知，如果停产，不仅自己的巨额投入要化为乌有，而且要面临巨额索赔，自己的商誉也将毁于一旦。面对如此严峻的局面，L某仍然怀着侥幸心理，因为在那个时期，超期开采的现象比比皆是，L某认为一旦被发现无非缴纳罚款而已，并不会有多么严重的后果。所以同意P某继续通过伪造采矿许可证的方法延续A采石场的生产。

即便如此，L某也并未获得预期的收益，因为A采石场的产能并不能满足项目的石料需求，为了保证项目供应的及时性以避免违约，L某不得不从外地购入大量的安山岩矿石和石灰岩矿石，并以A采石场的名义供应给了高速公路建设单位，为此L某支付了大量的购石款项和运费，不仅无利润可言，而且由于外购部分与采石场自采部分并未清晰记账，给后续制造了很大麻烦。2016年，高速公路建设完毕，L某如释重负，撤出了全部人员和设备。2019年，

P某在利益的驱使下,与案外人又对A采石场的矿石进行开采,因压坏了相邻的乡道被群众举报,本案遂东窗事发。2020年10月,P某被抓捕归案,L某于同年11月自首。

辩护过程

笔者首次接触L某的时候,其处于刚刚自首但由于疫情防控尚未被采取强制措施的状态,而其公司的两名派驻到A采石场的工作人员均已被公安机关采取了刑事拘留强制措施。笔者根据L某陈述的案情,初步判定L某已构成了非法采矿罪,涉案的销售金额远远超过50万元,被判处3年以上有期徒刑的可能性非常大,而且销售金额被认定得越高,刑期相应也就越高。所以,本案的辩护核心就是尽可能地降低认定的销售金额,争取判处缓刑。

据L某自述,由于A采石场的产能不足,所以大量矿石是外购的,侦查机关让他本人提供证据对此加以证明。但由于A采石场的生产销售都是由L某负责的,而L某派驻到采石场的工作人员全都被刑事拘留,且被批准逮捕的概率非常高,所以想要收集提供证据,必须力争L某不被刑事拘留、逮捕。笔者给了L某两个应对建议:第一,如实供述并明确表示认罪认罚;第二,立即收集外购矿石和运费方面的证据,争取从销售金额中扣除。

对认罪认罚,L某心存顾虑,因为他本人只负责统筹,并不具体经手,对详细的数额并不十分清楚。在他的印象里,A采石场的项目是严重亏损的,实际销售金额也就200多万元,他担心如果贸然认可侦查机关给出的数额,将来会没有回旋余地。笔者向其解释了关于"认罪"的概念:根据《最高人民法院、最高人民检察院、公安部、国家安全部、司法部关于适用认罪认罚从宽制度的指导意见》(以下简称《意见》)第6条的规定,认罪认罚从宽制度中的

"认罪",是指犯罪嫌疑人、被告人自愿如实供述自己的罪行,对指控的犯罪事实没有异议。承认指控的主要犯罪事实,仅对个别事实情节提出异议,或者虽然对行为性质提出辩解但表示接受司法机关认定意见的,不影响"认罪"的认定。因此,只要L某如实供述非法采矿的基本事实,就已经符合认罪认罚从宽制度的适用前提,而对于具体销售金额这种需查证的事实,其完全可以根据实际情况作出认罪表示,比如,提出以具体经手人供述的数额和司法机关查证的证据为准,并且对自己不是具体经手人的事实予以强调。笔者认为,如果在此基础上L某能向侦查机关提供相当数量的退赃保证金,侦查机关是很有可能不对其采取羁押类强制措施的。

L某按照笔者的建议予以配合,在短时间内就收集了大量对自己有利的书证,并且主动去侦查机关说明情况。但涉及退赃保证金问题的时候,情况顿时变得复杂起来,因为初步的鉴定报告显示A采石场销售金额达7600余万元。对此笔者建议L某,不要立刻否认鉴定意见,而应着重强调自己提供证据的重要意义,并且申明此时不是退赃而是交纳保证金,希望侦查机关能给一个适当的数额。侦查机关在与L某协商后,最终要求L某交纳700万元的退赃保证金,同时对其取保候审。

然而案件到了审查起诉阶段,辩护工作的开展并不顺利。笔者团队虽然第一时间进行了卷宗的复制和查阅,但面对庞杂的证据材料,一个月的时间捉襟见肘。更困难的是,检察机关认定的销售数额为5000余万元,而笔者提供的证据显示涉案销售金额应为230余万元,如此巨大的差异让认罪认罚的协商陷入了僵局。检察机关态度非常坚决,如果本案想适用认罪认罚从宽制度,只能认可5000余万元的指控事实,并接受3年有期徒刑的量刑建议且不能适用缓刑。辩方若不认可指控事实,就不符合适用认罪认罚从宽制度的条件。虽然笔者建议检察人员将本案退回侦查机关补充侦查,对L某提供的证据进行进一步核实，但是检察人员认为鉴定意见已经显示得非常清楚，其也对案件材料中有利于L某的外购矿石和运费部分进行了扣除，没有退回补充侦查的必要。

面对如此压力，笔者并未退缩，仍然在积极争取与检察人员沟通。笔者认为检察人员对于"认罪认罚"的理解是片面的，因为依据"证据裁判原则"，如果L某未能提供足够有力的证据而进行事实辩解，可以认定其不认罪；但在L某已经提供了相应证据的情况下，必须经过核实之后才能判断何为事实。遗憾的是，检察人员并未接受笔者的意见，并将案件移送法院审理。

L某问笔者，事已至此，是不是就没办法适用认罪认罚从宽，没有可能判处缓刑了？笔者向其解释，根据《意见》的规定，"认罪认罚从宽制度贯穿刑事诉讼全过程，适用于侦查、起诉、审判各个阶段"。检察机关不应在没有对全部证据进行核实的情况下直接推定L某不认罪，我们可以在法院审判阶段继续争取，但不能消极等待，必须主动出击。笔者团队精心制作了举证手册，第一时间交到了办案法官手中。在举证手册的前言部分，笔者重申了L某认罪认罚的态度，并且以《意见》第6条为出发点，强调辩方的举证属于"承认指控的主要犯罪事实，仅对个别事实情节提出异议"的情形。笔者从六部分提出了扣减销售金额的理由和证据，并表示L某愿意接受司法机关的认定。这份举证手册在后续的案件审理中起到了积极的作用。

首次庭审中，法院充分保障了辩方的举证陈述，但在后来的法庭辩论阶段，公诉人表示由于L某不供述案件的主要事实，所以不成立自首，也不应认定为认罪认罚。笔者回应指出公诉机关不仅负有收集有罪证据的责任，也负有收集证明被告人无罪、罪轻证据的责任，对于辩方提供的证据，公诉机关应当进行核实后再发表认定意见，而不能简单地以不确实、充分予以否认，因为举证责任并不在辩方。同时笔者还指出，本案的主要犯罪事实是L某在《起诉书》指控的时间段里，在涉案地点参与了非法采矿的行为，L某对这些事实均表示承认。而公诉人据以认定指控事实的鉴定意见仅是依据在案其他证据作出的意见性证据，不是事实本身。因为辩方并未对鉴定意见的原有检材提出异议，就意味着对指控证据已经认可，只是辩方提供的证据足以证明鉴定意见所依据的原鉴定材料并不充分，如果对辩方提供的证据进行核实，必然会产生不同的结论。笔者的如上意见引起了法庭的重视，休庭后，法庭建议检察机关退回补充侦查，对辩方提供的证据进行核实。遗憾的是，侦查机关并没有配合开展核实工作。所幸法庭并未消极对待，法官在辩护人的配合下多次向多名证人取证，同时批准了辩方请求证人出庭作证的申请，另行组织两次庭审由控辩双方对证人进行质询。可喜的是，在最后一次庭审中，公诉人转变了态度，认可了L某主动到案并承认主要案件事实的观点，也认可了L某认罪的态度，同意认定L某的自首情节，但并不认可L某自愿认罚，因为控辩双方对犯罪数额的争议较大。最终的一审判决结果并不理想，法庭认定的犯罪数额仅扣减了200多万元的运费，虽然认定L某构成自首，仍判处L某3年有期徒刑。L某继续委托笔者提出上诉。该案经过二审审理，二审法院以事实不清、证据不足为由裁定发回重审。重审过程中，公诉人虽然仍坚持原公诉意见，但对于应返还的违法所得数额以及对L某适用缓刑的态度有所松动，重审法庭也在开庭审理后提前释明了态度，即从客观上考虑L某的违法所得金额，对于涉及运费的部分虽然认定为销售金额，但考虑到实际支出，不要求进行全部返还，即在L某已交纳的700万元保证金的基础上，让L某再返还1500万元即可，L某予以配合。最终重审改判L某犯非法采矿罪，判处有期徒刑3年，缓刑4年，罚金2万元。

辩护技巧

虽然本案被告人L某始终未能签署《认罪认罚具结书》，并非一宗典型的适用认罪认罚从宽制度的示例，但笔者认为，"认罪认罚从宽"不应只是制度的适用结果，也可以作为辩护律师可运用的"工具"，这也是笔者撰写本文的发心和意义所在。

就本案而言，公诉人起初将非法采矿行为和鉴定的销售数额同作为指控的犯罪事实予以认定，此时如果想达到具结的效果，当事人无从选择，只能"照单全收"。而对当事人来说，是否认罪认罚只是过程，从宽才是其追求的目标。在当事人与公诉人之间就犯罪基础行为并无争议的情况下，辩护律师完全可以运用"认罪认罚从宽"的基础理念进行事实抗辩，并为当事人争取"从宽"的目标利益。就同类案件而言，辩护律师应把握的核心要点如下：

1. 想要获取认罪认罚从宽的量刑利益，就不宜质疑核心指控证据。根据《意见》的规定，"认罪"认定的前提是"承认指控的主要犯罪事实"，而"主要犯罪事实"是依靠核心指控证据证明的，如果辩方质疑核心指控证据的证据能力和证明力，无疑是反对控方的指控，这样也就丧失了适用认罪认罚从宽的基础。

2. 鉴定意见虽为核心指控证据，但不受上一要点的限制。鉴定意见与其他证据不同，是以在案证据为基础，在案发之后形成的意见性证据。所以其证据能力基础是作出程序合法，其具有证明力的根基在于检材全面、真实合法且方法科学。如果不谈检材真实合法的问题，仅质疑检材全面性、鉴定程序合法性和科学性，更容易为控方和法庭所接受。

"盈"的秘密 3：认罪认罚从宽制度下的有效辩护

突破封锁：借助法庭辩护调整量刑建议

● 邢 波[*]

辩护策略

认罪认罚的从宽激励，是刑罚轻缓化的制度体现。实践中，退赃、退赔、谅解等情节，也具有激励性从宽性质。律师在量刑辩护过程中，要统筹兼顾、综合运用各类量刑情节，不能顾此失彼、左支右绌。如果控辩双方对量刑情节存在认识差异，量刑协商无法达成一致，辩方可以退为进，先就共识问题做认罪认罚，落实相应的从宽幅度，待审判阶段再继续就有关量刑情节展开辩护，通过法官推动检察机关调整量刑建议，或由法官直接在量刑建议以下判决。

案情简介

本案是一起典型的虚假诉讼案，李某（女）系虚假诉讼的原告，张某系虚假诉讼的被告，林某系李某聘请的诉讼代理人，李某、张某和林某在本案中共谋虚假诉讼事宜，构成共同犯罪。

2016 年年末，未婚的李某和已婚的刘某偶然相识，之后二人关系迅速升

---

[*] 北京市盈科（济南）律师事务所刑事诉讼部主任、盈科全国刑事法律专业委员会副主任。

温，最终发展为情人关系，并开始同居。同居期间，刘某将名下360余万元存款赠与李某，李某用上述款项购置了房屋；2017年年末，李某和刘某关系恶化，彻底分手，分手后的刘某要求李某返还所赠钱款，未果。刘某为要回赠与款项，遂让原配妻子吴某将李某起诉至法院，主张刘某的赠与无效。李某收到传票后，遂前往L律师事务所找到了该所主任严某，该所主任严某安排律师林某代理该案件。经过审理，法院最终判决李某败诉，李某应当返还受赠的财产。后该案进入执行程序，法院裁定将李某名下的房屋通过以物抵债的形式抵偿给吴某及刘某。

李某为逃避败诉的后果，挽回部分损失，再次来到L律师事务所找到主任严某和律师林某，商讨虚假诉讼事宜。林某告诉李某："可以找个人做张假欠条起诉你，分割你名下的财产。"李某根据林某的建议，找到自己姐姐和姐夫张某，确定了起诉的部分事宜。次日，张某从银行打印出账户上的流水，和李某一同前往L律师事务所找到律师林某，林某便在银行流水上划出了十几笔款项，共计109万元，林某告知李某所划款项可以借款名义起诉；后林某又给李某提供了欠条的模板，李某和张某遂拟了一张假欠条，内容为"今李某欠张某借款共计208万元，其中借款本金为109万元，从出借之日到2017年8月25日的利息共计99万元，之前出具的欠条、借条全部作废"。一切准备就绪后，张某向法院提起了虚假诉讼，林某作为李某的代理律师参与庭审，并故意不对伪造的欠条提出异议，法院最终判决李某向张某还款208万元。判决生效后，张某向法院申请分割李某名下的房屋，法院最终支持了张某的诉求，撤销了前述以物抵债的裁定。裁定撤销后，吴某的执行受到阻碍，吴某遂委托律师调取相关案卷，并发现了李某和张某虚假诉讼行为的相关线索，遂申请检察院进行法律监督。至此，本案案发。

2020年8月底，公安机关对本案正式立案调查，2021年2月，李某、张某、林某相继被批捕；林某被批捕后，笔者作为其辩护人介入本案。

辩护过程

笔者介入案件后，及时对林某进行了会见，并从林某处获悉了更多的案件细节。林某对其给李某提供虚假诉讼思路、勾画银行流水、提供欠条模板、出庭代理案件等事实均无异议，但称上述行为均系在律所主任严某指使下所为，其并非本案主犯，希望办案机关对其犯罪行为有一个客观真实的评价，其已经认识到了自己的错误，并真诚悔罪，希望能对其从轻处罚。

通过本次会见，笔者意识到本案已经不存在无罪辩护的空间，在初步把握案情的基础上，辩护的基本方向确定为罪轻辩护，落脚于对林某犯罪地位和作用的辩护。1个月后，侦查机关将本案移送审查起诉，但起诉意见书将林某列在了第一位，笔者始料未及。

一、审查起诉阶段量刑协商受阻，认罪认罚"心有不甘"

案件移送检察机关审查起诉后，笔者进行了阅卷。结合李某、林某、张某的口供，相关证人证言及其他证据，笔者认为本案定罪证据充分，遂开始认罪认罚的准备工作。经过初步沟通，检察机关给出意见：认罪认罚量刑建议为1年实刑，不认罪认罚则量刑建议为1年3个月实刑。笔者考虑到本案系虚假诉讼犯罪，该罪保护的客体是国家的正常司法秩序和他人的合法权益，吴某的合法权益在本案中受损，故可以认定其为受害者，依照法律规定，获取其谅解可以帮助林某从轻量刑。笔者再次联系承办检察官沟通"获取谅解"后的量刑建议，但承办检察官不置可否。鉴于此，笔者又准备了以下辩护意见，希望公诉机关能综合考虑全案情况，将量刑建议调整为缓刑或降低实刑刑期：

1. 认定林某系主犯的事实不清、证据不足。起诉意见书中称"为了获取非法利益，李某找到律师林某商量如何保全财产，林某提议伪造虚假的债务关系，找人以此为由起诉李某分割财产"，笔者认为该部分事实存疑。因为笔者发现，在李某的数次供述中，既说过虚假诉讼系律师林某提议，又说过虚假诉讼系主任严某提议；林某在供述中也称曾和李某、严某在办公室共同商议作虚假诉讼，但严某在询问笔录中称从未和李某见过面。综合上述情况，笔者认为，不能排除对"严某提议虚假诉讼"的合理怀疑，故指控林某系犯意提起者的证据不足。

2.综观全案，林某的行为并未起到主要作用。综合林某在本案中发挥的作用和所处的地位，将其列为第一被告人明显不妥。首先，林某在本案中并不处于支配和主导地位，启动和推进诉讼的决定权掌握在李某和张某的手中，林某只是起到帮助李某达成目的的作用；其次，林某不是犯罪利益的直接获得者，同案犯李某才是本案最大的既得利益者；最后，林某未参与执行程序，林某并不是吴某利益受损的直接责任人。

承办检察官对笔者的辩护意见和敬业精神给予了肯定，但仍然坚持1年实刑的量刑建议，拒绝给予量刑减让。公诉人的观点是，虚假诉讼活动损害的主要是正常的司法秩序，近期的刑事政策是对该行为从严惩处，吴某确属受害者，其谅解工作可以开展，但是量刑建议已给到了最低，无法突破1年实刑。上述观点，笔者和林某都无法认可和接受。随之而来的问题是，是否签署《认罪认罚具结书》？因为控辩双方对量刑情节有所争议，笔者一时也有所犹豫，一旦认罪认罚，再想突破1年实刑，确有难度；如果不认罪认罚或者到审判阶段再认罪认罚，那么认罪认罚从宽的幅度势必缩减，即便法官基于"谅解"情节决定给予量刑减让，最终仍可能判处1年以上的实刑。因此，笔者更倾向于林某先认罪认罚，再对"谅解"情节进行争取。确定好上述思路后，笔者再次会见了林某，和林某充分说明了上述情况及相应的风险，林某最终同意了在审查起诉阶段认罪认罚，并且同意笔者继续开展获取谅解的工作。后林某在笔者的见证下签署《认罪认罚具结书》，具结书载明的量刑建议为"1年有期徒刑"。

二、审判阶段"谅解"辩护成功，量刑建议终获调整

检察机关提起公诉后，《起诉书》将林某列为第二被告人，采纳了笔者关于"林某在本案中发挥的作用低于李某"的辩护意见，笔者稍稍感到一丝宽慰。

收到《起诉书》次日，笔者约见了林某的家属，商讨获取谅解的事宜，并征求吴某对林某出具谅解书的意愿。大约1周后，林某的父亲打电话告知笔者，吴某称只要给予适当的经济补偿，可以出具谅解书。趁热打铁，笔者随即和承办法官电话联系，就本案的基本情况进行了沟通，并简要陈述了辩护意见，包括林某系受其主任指使而实施犯罪、林某未参与后续的执行程序、林某在本案中发挥的作用较小等。当然，最关键的意见还是关于谅解情节如何予以评价和处理的问题。对于该争议问题，承办法官在电话中同样没有直接表明态度，而是建议笔者继续同承办检察官协商，并称在检察院的量刑建议以下判决存在诸多困难，不仅容易引起检察院抗诉，还有可能引发检法矛盾。

笔者再次拨通了承办检察官的电话，但依然无法就量刑问题达成一致，谅解情节的问题亟待法官解决。笔者详细阐述了本案应当对谅解情节给予量刑减让的事实依据、法律依据，并辅以相关的类案检索报告。承办法官表态：若想开展谅解工作就尽快去做，但其无法承诺一定会有效果。笔者随即通知了林某的家属，告知了相关风险，林某的父母决定为了林某放手一搏。谅解工作开展很顺利，开庭当天，林某的父亲将这份"沉甸甸"的谅解书交到了笔者手中。

庭审中，笔者提交了该份谅解书进行举证，公诉人在质证时依旧强调虚假诉讼侵害的主要是国家的司法秩序，吴某的谅解不足以减轻林某的刑罚，对于

1年实刑的量刑建议，不予调整。笔者并未感到意外，也不寄希望于检察官调整量刑建议，但并未放弃继续说服法官。笔者着力提出"量刑减让"的正当性和必要性，林某父母付出的巨大经济代价也应给予充分考虑和回应，承办法官表示其非常重视谅解这一情节的法律评价和量刑体现问题，最终结论要根据上会研究结果确定。笔者内心非常期待，也抱有莫名的信心，案件会有转机。果然，时隔不久，承办法官便来电告知笔者，公诉人接受了笔者的辩护意见，将量刑建议从"1年有期徒刑"变更为"10个月有期徒刑"，笔者如释重负，不胜欣喜。

本案不是重大刑事犯罪，减让的2个月刑期也不算长，但是刑案无小事，不仅关系到当事人的人身自由，还关系到一个家庭的期盼和团聚。笔者深感守土有责，唯有寸土必争。虽然颇为周折，但庆幸没有放弃，最后顺利达成目标。笔者向当事人及其家属交上了一份合格的答卷，他们也对笔者由衷感激，这一刻的成就感不言而喻。

辩护技巧

刑辩如棋局，破局者生，掌局者赢。在刑事辩护这盘棋中，辩护人难做掌局者，但适时成为破局者，便能乘势为当事人开辟一条自由之路。笔者认为，在本案"量刑协商"的过程中，破局的技巧有二。

一、理性认罪认罚，取得阶段性成果

本案中，笔者认识到，谅解情节被正确评价所带来的量刑减让，与认罪认罚所带来的量刑减让，二者的幅度可能相当，既然难分伯仲，就不能为了酌定从轻的谅解情节，放弃法定的认罪认罚从宽机会。况且，审查起诉阶段未认定的相关情节，即便认罪认罚，也未必影响在审判阶段的认定。因此，在类似林

某的案件中，不妨先认罪并接受量刑建议，以该阶段性成果作为审判阶段"量刑辩护"的起点。需要注意的是，倘若争议焦点会大幅度影响量刑，过早认罪认罚则不可取。

二、坚持量刑辩护，推动量刑建议调整

在本案中，笔者借助法官行使量刑权，打破了检察官的量刑建议封锁，实现了量刑上的突破。认罪认罚案件中，"量刑协商"主要是控辩双方之间的博弈，通常被控方主导，辩方往往力不从心。在请求控方给予量刑减让不能的情况下，转而通过说服法官的方式实现量刑突破，是较为可行的路径。这一路径能够为推动检察机关调整量刑建议留出空间。检法之间对于同一情节的认识分歧现实存在，如果审判阶段认定了新的情节，并据此在量刑建议以下判决则并不违背认罪认罚之法律规定。

梅开二度：量刑建议从实刑到缓刑的转变

● 李　明*

辩护策略

　　认罪认罚从宽制度的确立，标志着我国司法工作向务实、高效与能动方向转变，当事人的认罪态度及个人经历、品格、一贯表现等因素将对量刑产生更大的影响。面对刑事辩护工作新的机遇与挑战，辩护人应深入研究认罪认罚从宽制度的原理及内涵，在当事人自愿认罪认罚的情况下，辩护人仍需高度重视与办案单位的沟通协商，积极推进"教育为主、惩罚为辅"司法政策在实践中的运用，力求为当事人争取更大的权益。

案情简介

　　2019年2月，吴某在QQ群认识了"冰雨"，"冰雨"向吴某发送了赌博App下载链接，并告知吴某可以自己玩也可以发展下线玩家获取佣金，佣金金额是下线人员充值金额的千分之一，佣金可以随时通过软件提现到绑定的银行卡。吴某通过"冰雨"发的链接下载了"黄牛""一路发娱乐""皇家"三个赌

---

* 北京盈科（沈阳）律师事务所刑事法律事务部主任、盈科全国刑事法律专业委员会副主任。

博 App，并按照提示进行了安装和注册。

2019年3月，吴某将此赌博 App 推荐给了部分朋友，和朋友一起玩"一路发娱乐"赌博 App 中的游戏，并发展了下线吕某。

2019年8月，吕某将"一路发娱乐"赌博 App 介绍给了李某，将李某发展为自己的下线。

2019年9月，李某创建微信群开始宣传"一路发娱乐"赌博 App 中的诸多游戏和玩法，先后创建了"一路发精彩人生""一路发发发"等微信群。李某不仅在微信群中介绍游戏玩法、宣传博彩信息，还通过线下讲课的方式给群友们讲授赌博 App 里各种游戏的规则、投注技巧及对下一期中奖率的分析等内容。李某的丈夫王某在微信群里与李某配合，用三个微信号在微信群里扮演不同角色，称李某为老师，在微信群里发布虚假的赢钱截图，有时会和李某在群里互动，说一些"太准了、太牛了、太神了"等夸赞李某的话语，诱惑群里其他人进行投注以便获取佣金，很快发展了活跃玩家吉某、那某、韩某等下线。

2019年11月，被害人刘某加入李某创建的"一路发精彩人生"微信群，多次参加李某线下的课程，并参与"一路发娱乐"赌博 App 中"腾讯分分彩"的游戏。该游戏的基本玩法是从10个号码中选择，中奖结果可能是1~3个号码，选中1个号码投注100元中了奖就是189元，还有投注买单或买双或买哪个号码不中奖等多种玩法，玩法不同赔率也不同。被害人刘某起初还偶有赢钱，到后来就一直输钱，总共输了47万余元。

2020年4月3日，被害人刘某得知李某与王某是夫妻，微信群里晒的大额奖金截图都是虚假的，才恍然大悟并立即报警。2020年4~11月，李某、王某、吕某、吴某等因涉嫌开设赌场罪陆续被某公安分局刑事拘留。吴某始终认罪认罚，因律师有力推动，量刑建议发生实质性变化，最终获判缓刑。

辩护过程

一、延迟介入，陷入被动

吴某妻子经人介绍与笔者取得了联系，电话中进行了简单沟通，其对吴某具体的涉案行为了解不多，除公安机关抓捕时间及案件简单情况外，没有更多的信息。笔者初步分析，吴某构成犯罪的可能性较大。由于新冠疫情期间会见非常困难，短时间内无法完成会见吴某的工作，加之吴某妻子在家独自照顾1岁左右的孩子及家中的老人出行不便，而且对于基本可以确定构成犯罪的案件还是否要委托律师进行辩护一直犹豫不决，委托手续一拖再拖。

吴某妻子最终确定委托时，案件已处于审查起诉阶段末期。时间紧迫，笔者与团队律师于次日下午前往看守所会见了吴某。吴某30多岁，斯文礼貌，表达简洁清晰。谈话过程中，他对自己的行为真诚悔罪，对因自己致使妻子独自承担家庭重任更深感自责。他是笔者遇到的众多嫌疑人中非常特别的一个，让人发自内心地想帮助他。笔者还得知，会见当日上午，公诉人刚刚通过网络视频提审过他，并且已经签署了《认罪认罚具结书》，量刑建议是4年6个月，其对犯罪事实的指控与量刑建议均没有提出异议，但还是希望能获得轻判，早日与家人团聚。

根据《人民检察院办理认罪认罚案件开展量刑建议工作的指导意见》第30条的规定，对于认罪认罚案件，犯罪嫌疑人签署具结书后，没有新的事实和证据，且犯罪嫌疑人未反悔的，人民检察院不得撤销具结书、变更量刑建议。吴某已签署《认罪认罚具结书》且对4年6个月的量刑建议没有异议，这无疑大大压缩了辩护的空间。

二、深挖细节，寻求转机

笔者阅卷后，发现本案证据较为清晰，证据链条较为完整。《起诉意见书》中表述，2019年8月至2020年11月，吴某在"一路发娱乐"赌博App担任代理，通过微信链接邀请他人进入该网站充值，并以"腾讯时时彩"等多种形式进行赌博赚取佣金，发展下级代理吕某，充值投注达100余万元。吕某在"一路发娱乐"赌博App担任代理，发展下级代理李某（另案处理）等人，李某发展的下线那某、吉某、韩某等人充值投注金额达60余万元。显然，犯罪嫌疑人吴某已构成开设赌场罪且属于情节严重的情形，量刑区间为3年以上10年以下有期徒刑，并处罚金。量刑建议看似并无不妥，如无新的事实与证据，在吴某已签署《认罪认罚具结书》的情况下，改变量刑结果的机会较为渺茫。

笔者认为，要想寻求突破，辩护思路便不能停留于浅层，必须深挖每一个细节，并与团队律师确定了以下辩护思路和工作方案：第一，吴某在本案中实施的是招募下级代理收取佣金的行为，其并非涉案App的建立者、运营者、维护者，亦非最终获利者。虽然司法解释将"为赌博网站招募下级代理"的行为认定为开设赌场的行为，但其与"开设赌场"具有本质区别，代理行为的本质在于拉人参赌，实质上属于对开设赌场的帮助行为。故笔者认为，对本案量刑时，不应因上游涉案人员未归案，以及吴某在本案排名靠前即认定其罪责等同于涉案网站的"开设者"，即便无法认定为从犯，也应当考虑吴某在本案中的地位、实际参与程度、具体作用以及危害后果等情节，确保罚当其罪，避免罪责刑失衡。第二，本案除了吴某，其余犯罪嫌疑人均处于取保候审状态，且均为缓刑量刑建议，很明显检察机关仅将吴某认定为本案主犯，量刑建议为4年6个月的实刑。笔者认为，吴某在本案中实施的行为与其他嫌疑人无异，均是发展下线获取佣金。虽然吴某为吕某的上线，但各嫌疑人的处罚程度不至于如此悬殊。对于共同犯罪案件，检察机关提出量刑建议时，应当注意各犯罪嫌疑人之间的量刑平衡。第三，笔者搜索了大量的指导性案例、参考性案例、本地区法院裁判案例，发现了与本案类似的犯罪事实和情节，存在涉案人数更多、金额大于本案但判处缓刑的司法判例，进一步说明为吴某争取缓刑具有实践上的操作空间。最终，笔者与团队律师将吴某在犯罪中所起的作用、涉案赌资、涉案人数等逐一对比、统计，形成检索报告，以供承办检察官参考。

三、全面突破，实现改变

笔者约见检察官进行当面沟通，在沟通过程中，笔者感受到检察官业务能力很强，有判断力，也很有担当。鉴于本案事实部分争议不大，我们对案情进行简单沟通后，笔者着重向检察官谈了自己对吴某的认识，也表达了吴某及家人愿意全部退赃并想尽办法筹措罚金，只求能够判处缓刑，早日回归社会，承担家庭责任的诉求，恳请检察官充分考虑吴某的犯罪情节、悔罪表现，并体谅吴某家庭的特殊情况。通过沟通，承办检察官与笔者达成诸多共识，但对于提出缓刑量刑建议还较为犹豫。

为此，笔者进一步提出吴某在全案中处于从属地位、对吴某应以"教育为主、惩罚为辅"的意见，并提供了类案判处缓刑的判例，要求统一法律适用，意在帮助检察官去除提出缓刑建议的障碍。本次沟通可谓非常及时、有效，虽然承办检察官没有当即同意，但表态会认真研究笔者的意见。笔者与团队律师继续努力，又向检察官提交了吴某过往获得的一些荣誉资料，孩子、妻子及老人的照片，以及家人朋友致检察官的一封信，于理于情全面争取检察机关能兼顾法律效果与社会效果，用公正和温度给吴某一次机会，重新签署《认罪认罚具结书》。

功夫不负有心人。几天后，承办检察官回复，同意让吴某重新签署《认罪认罚具结书》，量刑建议从有期徒刑4年6个月改为建议判处有期徒刑4年，

「盈」的秘密3：认罪认罚从宽制度下的有效辩护

如提前缴纳罚金，可建议判处有期徒刑3年，缓刑5年。量刑建议的重大改变，为获得缓刑判决打下了基础，案件取得阶段性胜利。

本案提起公诉后，吴某真诚悔罪并及时全额缴纳了罚金，法院经审理，确认了吴某认罪认罚的自愿性，采纳了检察机关的量刑建议，判决吴某犯开设赌场罪，判处有期徒刑3年，缓刑5年。

吴某无疑是幸运的，遇到了负责任、有担当、有温度的检察官与法官，没有错失年幼女儿的成长，重新开启了新的人生旅程。

辩护技巧

当事人签署了《认罪认罚具结书》，并不意味着辩护工作就失去了实质意义。辩护律师仍然要挖掘更多量刑的细节，确立严密且全面的辩护方案，并辅之搜索大量类案裁判结果作为与公诉人协商的依据，充分调动主观能动性。具体而言有以下两点辩护技巧。

一、重新签署《认罪认罚具结书》，实践中具有现实操作可能性

对于罪轻案件、认罪认罚案件而言，控辩双方量刑协商的主战场为审查起诉阶段，不可轻视该阶段的沟通价值。司法实践中，在已签署《认罪认罚具结书》的情况下，很多辩护人认为"大势已去"，检察机关调整量刑建议的可能很小，就不再积极开展辩护工作。事实上，重新签署《认罪认罚具结书》具有现实可能性，对于一些有量刑辩护余地的案件，辩护人一定要破除固有思维，继续全力推进辩护工作，争取将这种可能性转化为现实。

二、重新签署《认罪认罚具结书》，需要辩护人充分发挥能动性

《认罪认罚具结书》在签署后已经具有法律效力，如果无正当理由对量刑建议提出异议，不仅无助于解决问题，还可能造成检察机关撤销认罪认罚等不利后果。一方面，辩护人要注意把握"认罪彻底"的核心，通过说理释法，晓以利害，促进当事人从内心深处真诚认罪悔罪；另一方面，辩护人要重点阐明"认罚不当"的理由。既要立足于案件证据分析当事人的犯罪地位和作用，也要穷尽路径收集有利于宽缓量刑的酌定情节与案例支撑，帮助公诉人全面了解案件情况和类案处理情况。

梅开二度：量刑建议从实刑到缓刑的转变

无罪坚守：认罪认罚案件的实质审查

● 张福杰[*]

辩护策略

认罪认罚从宽制度自全面推行以来，不仅在繁简分流、提高诉讼效率、节约司法资源方面发挥了重要作用，也对更好地惩罚犯罪、保障人权、促进社会公平正义有明显的推进效果。作为一种重要的从宽处罚情节，"认罪认罚"制度对律师的辩护工作有着相当积极的影响，但我们必须警惕认罪认罚案件的形式审查倾向，做好案件事实和证据的全面审查工作，坚持证据裁判原则和法定证明标准，这是律师作为辩护人的职责所在，也是认罪认罚从宽制度的应然要求。

案情简介

2020年3月29日，王五约马九、马十、徐六（女，2006年1月10日生）到其家中玩耍，后王五提出一起去张三家。四人到张三家后，马九、马十提出

---

[*] 北京市盈科（常州）律师事务所刑事法律事务部主任、盈科全国刑事法律专业委员会副秘书长。

与徐六一起回家拿试卷，张三、王五对徐六进行阻拦并将院子大门关上，两人拉扯、搂抱徐六，将其带至张三卧室的床上。王五强行控制徐六的双手，与张三一起对徐六亲吻、猥亵并拍摄照片、录像。

2020年4月某天下午，在张三家中，张三、王五不顾于十一（女，2005年5月4日生）的反对，强行摸于十一的胸部。4月24日晚，张三与王二将于十一带到公园假山上，两人不顾于十一的反抗，采取抚摸胸部的方式对于十一进行猥亵。4月27日，在张三家中，张三与王二强行抚摸于十一的胸部，遭到于十一的反抗，后张三在明知于十一来月经的情况下，将于十一抱到床上进行猥亵，遭到于十一的强烈反抗，张三、王二两人分别按住于十一的一只胳膊，强行抚摸于十一的胸部。

2020年4月另一天下午，刘七（女，2003年9月19日生）与朋友4人一起到张三家中玩耍，其间张三将刘七拖入家中客厅西侧的卧室，欲对刘七进行猥亵。刘七拒绝并将其朋友叫进卧室寻求保护。后张三打电话叫来王五，两人将刘七的朋友赶出卧室后将门反锁，不顾刘七反抗对其胸部、阴部进行猥亵，在刘七答应与王五谈对象后，二人才停止猥亵行为。

2020年4月，张三要求王十二（未满14周岁）每天到其家中打卡报到，对王十二问话。某天晚上有多人在张三家中玩耍，王十二到张三家后，张三便让王十二头顶书站着，其间有人打了王十二，又让王十二坐在椅子上，用绳子捆着，有两人拿着铁叉站在王十二身后，张三录制了视频，还让王十二在院子里跑圈、学蛙跳、做俯卧撑等。后张三将录制的视频发到由其建立的100多人的QQ群中，还在该群中发送让王十二"军训、罚站"之类的文字信息，以显示其威风，造成了恶劣的社会影响。

在审查起诉阶段，检察院对张三作出了涉嫌强制猥亵罪4年有期徒刑、涉嫌寻衅滋事罪3年有期徒刑，数罪并罚6年有期徒刑的量刑建议。张三虽表示认罪，但认为量刑过重，拒绝签署《认罪认罚具结书》。同案的王五、王二被指控涉嫌强制猥亵罪，量刑建议分别为2年6个月有期徒刑、1年6个月有期徒刑，二人均签署了《认罪认罚具结书》。

辩护过程

本案是发生在笔者老家的案件，接受张三家属的委托时案件已经进入审判阶段。当时看守所的疫情防控措施极其严格，律师预约会见十分不易，笔者预约的会见安排到了4天之后，于是先行查阅了卷宗。

阅卷之后，综合研判全案证据，笔者认为，本案指控张三犯寻衅滋事罪不能成立，且公诉机关提出的量刑建议明显过重。有了相对明确的辩护方向之后，笔者按约前往会见张三。当时只能安排视频会见，会见效果很差，需要大声"喊着"交流。张三表示对于《起诉书》指控的事实是认可的，愿意认罪，但他觉得公诉机关的量刑建议过重。笔者"扯着嗓子"向张三阐明了对于本案的观点和拟辩护的策略，张三本人对于寻衅滋事罪是否成立并不看重，不管是一个罪名还是两个罪名，只要量刑能够降下来他都能够接受，表现出典型的"重结果、轻过程"的当事人心态。

会见完张三，笔者约承办法官当面进行沟通，承办法官欣然答应，在接待区与笔者交流了近1小时。笔者着重表明了三个观点：第一，公诉机关指控张三涉嫌寻衅滋事罪的证据不足，张三的上述行为达不到寻衅滋事罪的入罪标准，希望法院能够建议公诉机关撤回该项指控；第二，公诉机关指控张三涉嫌强制猥亵罪的量刑建议明显过重，应当予以调整；第三，笔者恳请法院能够延期审理本案，以给予辩护律师更充分的时间与公诉人就上述两个问题进行沟通。笔者认为，公诉机关撤回对张三寻衅滋事罪的指控，仅就强制猥亵罪进行认罪认罚量刑协商，对于本案最终的审理更为妥当。法官听完笔者的上述意见，表示对于寻衅滋事罪是否成立，辩护律师完全可以在庭审中充分发表辩护意见，合议庭会认真听取，仔细审查在案证据是否确实、充分。另外，法官也同意了本案延期审理，让笔者与公诉人就寻衅滋事罪的定罪以及强制猥亵罪的量刑有充足的时间进行交流。事后证明，法官对于笔者提出的合理诉求给予程序上的保障，是本案取得圆满结果的关键因素之一。

从法院大门出来的那一刻，笔者内心是放松的，不管最终结果如何，案件还是朝着期待的方向发展，只要能够庭前与检察院进行良好的沟通就意味着有了庭审外的第二次辩护机会。笔者随即联系了检察官，表明自己的身份，告知案件已经延期审理并希望能够当面沟通，检察官表示已经接到法官的通知，答应在第二天上午专门听取笔者的意见。

第二天，笔者按时赴约，双方进行了简单的自我介绍之后就直奔主题。笔者向检察官细致地阐明了对于指控张三寻衅滋事罪不能成立的定罪问题，以及强制猥亵罪量刑建议过重的意见，进而提出请求检察机关撤回对张三寻衅滋事罪的指控，仅就强制猥亵罪进行认罪认罚量刑协商。检察官认真倾听了笔者的意见，并不时在笔记本上记录，但他表示本案是经过集体讨论的，他们认为指控张三寻衅滋事罪的证据是充分的，因此，检察官本人无法就撤回指控给予答复，但可以对认罪认罚量刑进行协商，表示会充分考虑笔者的辩护意见，对张三认罪认罚之后的两罪并罚量刑建议可以调整为4年6个月至5年有期徒刑。然而，笔者坚持认为寻衅滋事罪的指控应当被撤回，协商一时陷入了僵局。于是笔者转变思路，试探性地提出一个建议，即公诉机关可以保留两个罪名的指控，但按照强制猥亵罪一个罪名确定数罪并罚之后的量刑建议，这样既能打消公诉机关撤回指控的"抗拒"心理，又能不损害当事人的实质利益，双方比较容易达成一致。检察官听后有所触动，表示需向领导请示，并希望笔者提供书面的辩护意见以供他们参考。笔者心知案件转机已出现，于是立即提供了早已备好的书面辩护意见，再次恳请检察官就寻衅滋事罪的证据和入罪标准问题进行综合评判，希望最终的量刑建议能够调整为 3 年，以便张三尽快签署《认罪认罚具结书》。

1 周之后，笔者接到了检察官的回复：保留两个罪名指控，强制猥亵罪的量刑建议调整为 3 年，寻衅滋事罪的量刑建议调整为 1 年，数罪并罚之后的量刑建议调整为 3 年 6 个月。这样的量刑建议与笔者的意见十分接近，家属及当事人对这个结果都非常满意。笔者答复检察官，张三愿意签署《认罪认罚具结书》，但关于寻衅滋事罪是否成立的问题，笔者仍然持保留意见，希望检察官允许笔者在庭审中发表独立辩护意见，由合议庭进行最终审查，这也是庭审实质审查的要求，检察官表示同意。这样的提前告知是十分有必要的，能够避免庭审中可能发生的控辩冲突，也能够尽量避免影响《认罪认罚具结书》的效力。

笔者紧接着联系了承办法官，告知了《认罪认罚具结书》的签署情况，并明确表示虽然张三签署了具结书，但控辩双方就寻衅滋事罪是否成立并未达成一致，希望允许笔者就此问题在庭审中发表独立辩护意见，以便合议庭进行实质审查。事后证明，这样的庭前沟通非常重要，法官一开始明显是抗拒的，她认为既然已经签署了具结书，律师又在庭审中发表无罪辩护意见是极其不合适的。笔者认真地向法官阐明了认罪认罚案件律师仍可以发表独立辩护意见的理由，并提供了相应的法律规定、案例及权威观点，法官最终同意笔者在庭审中发表独立辩护意见。

庭审如期举行，法庭上笔者以礼貌平和的语气发表了本案指控张三寻衅滋事罪的证据不足、达不到入罪标准的辩护意见。因为事先与检察官、法官均就此问题有过沟通，因此，并未引起控辩、辩审冲突。但庭审还是出现了突发状况，于十一的法定代理人当庭强烈要求严惩张三，言语颇为激烈，情绪也十分激动。笔者积极展开应对,先是向被害人所遭受的伤害表示同情,并表示张三已经进行了深刻反思,对自己的行为十分悔恨,张三也将为自己的行为付出应有的代价,另外建议张三在最后陈述环节向于十一真诚道歉,于十一的法定代理人情绪逐渐平缓,庭审得以顺利结束。

最终,法院对笔者提出的"指控张三纠集多人、多次对被害人王十二进行殴打无相关证据证实,指控其行为造成恶劣社会影响事实不清、证据不足,其行为不构成寻衅滋事罪"的辩护意见予以采纳,认定指控张三犯寻衅滋事罪不能成立,仅以强制猥亵罪判处张三有期徒刑3年。张三未提出上诉,检察院亦未提出抗诉。至此,本案画上了圆满的句号。本案在签署了《认罪认罚具结书》的前提下,寻衅滋事罪无罪辩护成功,不失为一场有效辩护,证实笔者采取的辩护策略是正确且具有可操作性的。

辩护技巧

当事人认罪认罚与律师独立辩护权的冲突是当前客观存在的一个严峻问题,律师应当重视这个问题,并采取有效方式化解这一冲突,实现辩护效果最优化。在认罪认罚案件中提出无罪辩护意见,律师应注意以下两个问题。

一、专业辩护是基础

实践中,认定被告人有罪的证明标准不能因被告人认罪认罚而降低。但是,一旦当事人对事实问题没有异议,只对量刑轻重提出意见,往往会促使律师将工作重心放在量刑辩护上。然而,无论是罪与非罪问题,还是罪数问题,都关乎刑事责任的轻重,直接影响到是否认罪认罚以及量刑协商的基础。在认罪认罚案件中,律师敢于提出无罪辩护意见,尤其是对部分罪名提出有理有据的无罪辩护意见,会对《认罪认罚具结书》的签署和最终裁判起到关键作用。

因此，律师对卷宗的审查不能流于形式，应当熟悉案件事实、证据和适用的法律。只有这样才能发表高质量的辩护意见，进而提高辩护意见的采纳概率。

二、沟通方式是保障

在认罪认罚案件中，独立发表无罪辩护意见，需要采取恰当的工作方式。笔者认为，全面、充分地发表意见是必要的，一定不要因担心泄露底牌而遮遮掩掩，此举会导致检察官否定律师的专业性，进而影响辩护效果。若后期开庭时贸然提出独立辩护意见，可能会出现不可控制的局面以及刑期提高的不利后果。律师本着尊重的原则，全面提出专业的辩护意见，即使控辩双方无法达成一致，当事人亦可以签署留有余地的具结书，将争议的问题留到庭审中进行辩论。基于认罪认罚案件的特殊性，在庭审中搞突然袭击是不可取的。律师的辩护不仅体现在庭审中，庭前、庭后的沟通亦是重要的辩护机会，要抓住一切可能的机会，用专业的意见和有效的沟通，为当事人争取最好的结果。

取舍有度:"组合拳"助推最大限度从宽

● 唐小娟[*]

辩护策略

在认罪认罚制度下,对于"认罪"的把握是指犯罪嫌疑人、被告人自愿如实供述自己的罪行,对指控的犯罪事实没有异议。但在司法实践中,对事实没有异议不代表对罪名没有异议,而如果不认可检察机关提出的罪名,又难以适用认罪认罚,继而丧失量刑从宽的红利。因此,辩护人办理认罪认罚案件,要准确把握案件的核心问题,破除罪名辩护的"执念",综合考量各类量刑情节的适用,通过"组合拳"争取认罪认罚的有利量刑结果。

案情简介

D某系个体工商户,从事了十几年的粮食收购生意。2019年1月的一天,D某正在院子里盘算着新收的一批玉米供给生产淀粉的Y公司能赚多少钱时,两个陌生人A某和B某停下车来,问D某:"你这玉米卖吗?"D某打

---

[*] 北京市盈科(银川)律师事务所刑事法律事务部主任、盈科全国刑事法律专业委员会副秘书长。

量了一下来人，随口说："卖啊，多少钱收？"来人说："1斤9毛7，我们找车来拉"，D某一听，这和Y公司最近的收购价一样啊，而且卖给Y公司要自己找车送过去，还要扣杂质、扣水分，算下来赚得也没这么多，于是就同意了。

第二天A某果然带着车来装玉米了，并且过完磅后，当场付了款。D某心下好奇他们要把玉米供到哪里去，于是开着车尾随，结果发现装玉米的车来到了Y公司。D某心想，这不合理啊，同样的价格收了再供，还要承担运费和扣除杂质的损失，这1斤至少赔5分钱，1车30吨就要赔3000元，他们的利润在哪里呢？一定有什么猫腻。但这也和自己没关系，反正自己能多赚一分是一分。此后半个月左右A某和B某又从D某处收购了8车玉米，照例先付款后拉货。一天，A某找到D某，说最近资金紧张，让D某以Y公司一个大客户的名义给Y公司供玉米，到时大客户把款直接转给D某，D某扣除自己应得的部分再把剩余的款项给A某。这时D某更加确信，A某不是和Y公司的人有勾结，就是在磅秤上做了手脚。看D某犹豫，A某说："你放心，你赚你的钱，我有我的门道，我们有人，不会有事，就算出了事也是我们承担。"D某考虑再三，得知同行C某也在给A某供玉米，觉得就算有事也是A某的事，和自己没关系，于是便答应了。

2019年1月25日，Y公司的一个负责人偶然发现一批玉米过磅时有1车显示45吨多，但车上拉的玉米目测显然没有那么多，于是安排换了个地磅复秤，竟然发现有6车都相差15吨，于是报警。A某和B某见状逃之夭夭，C某得知后给D某打了个电话，说出事了，快到派出所去一趟把事情说清楚吧。D某来到派出所，办案人问："你今天来派出所有什么事？"D某回答："C某给我打电话说从我和他手里拉玉米的货车出事了（我就知道是从我手里买玉米的A某在秤上做手脚让Y公司查出来了），我也来把事情说清楚。"但是D某在询问笔录中只说了前面的过程，没有说帮 A 某结算货款的行为。3 天后 C 某和 D 某二人均被刑事拘留。

辩护过程

一、侦查阶段不批准逮捕后又被捕，一波三折

2019 年 2 月 9 日，笔者接受 D 某家属的委托后前去会见，D 某后悔不已，连声唉叹："唉，一斤就多赚了几分钱，怎么也没有想到我能和诈骗扯上关系。我这一进来，媳妇可怎么办啊，大儿子青春期正叛逆呢，小儿子还那么小，媳妇也没法去上班……"了解完基本案情，笔者和侦查人员进行了沟通，提出能否为 D 某办理取保候审。侦查人员认为本案是团伙作案，D 某与 A 某、B 某、C 某是共同犯罪，且涉案金额特别巨大，同案犯 A 某、B 某在逃，公安机关不可能给 D 某办理取保候审。

2019 年 2 月 26 日，公安机关提请检察院对 C 某和 D 某批准逮捕。笔者与检察官进行了沟通，并递交了《建议对 D 某不予批准逮捕的法律意见书》，提出 D 某与 A 某、B 某及 C 某不构成诈骗罪共犯，主要理由：一是 D 某与 A 某、B 某事前没有共谋，对于二人如何通过磅秤做手脚，D 某并不清楚也未参与；二是 D 某对 C 某给 A 某、B 某供应玉米的行为没有提供帮助，其与 C 某不构成共同犯罪，不应对 C 某的行为承担责任；三是 D 某为 A 某、B 某提供结算的行为，应认定构成掩饰隐瞒犯罪所得、犯罪所得收益罪；四是即便构成犯罪，对 D 某也无逮捕必要性。2019 年 3 月 5 日，检察院以事实不清、证据不足不予批准逮捕 C 某和 D 某，公安机关变更强制措施为取保候审。

然而在 D 某被取保候审 10 个多月后的 2020 年 1 月，A 某被抓获归案，B 某在外省因涉嫌盗窃罪也被抓获羁押，公安机关提请逮捕 A 某、C 某和 D 某，检察院以涉嫌诈骗罪批准逮捕了三人。

二、审查起诉阶段认罪认罚有效协商，争取从轻

2019年11月，公安机关在侦查终结后将本案移送审查起诉。《起诉意见书》认定：犯罪嫌疑人A某、B某（河南在押）经预谋、踩点，购买电子磅秤遥控器（电路板），并于某日凌晨窜至Y公司西侧外墙，二人翻墙进入公司，B某翻窗潜入磅秤显示器办公室，将购买的电路板安装在电子磅秤显示器内。后二人与C某、D某达成玉米销售口头约定，由A某、B某高价收购C某、D某的玉米，并负责大车运费。A某、B某在拉运玉米的大车后侧粘贴反光膜，当大车进入Y公司过磅时，二人通过操控遥控器增加玉米的重量以骗取钱款。C某、D某知道Y公司的收购价格，明知供应给Y公司的玉米重量与实际不符，为了获取高额利益，向Y公司大客户提供银行卡、姓名，并将恶意虚假增加的玉米款收取后给A某、B某结算。经Y公司统计，4名犯罪嫌疑人以大客户名义共计供应玉米104车，按每车多出15吨、单价1920元计算，损失约为300万余元。该公司通知大客户停付玉米款后挽回损失130余万元，实际损失金额为170余万元。

阅完卷后，笔者通过梳理案件经过，认为A某、B某实施诈骗的过程可以划分为五个环节：一是在电子磅秤上安装电路板；二是找C某、D某等人购买玉米；三是联系司机拉运玉米并粘贴反光膜；四是过磅时操纵遥控器，虚增玉米重量；五是通过C某、D某结算玉米款。在这五个环节中，第一、三、四个环节中D某完全没有参与，具体怎么操作也并不知情；第二个环节中D某给A某、B某供应玉米并无违法之处；只有在第五个环节中D某为A某、B某提供账户进行结算，应定性为掩饰、隐瞒犯罪所得罪。笔者将上述观点与公诉人进行沟通时，公诉人认为D某明知A某、B某通过在磅秤上做手脚的方式实施诈骗，仍然供应玉米并进行结算，应认定为共同犯罪。若D某认罪认罚，可认定其为从犯，给予最大幅度减轻处罚。

虽然 D 某对其行为定性为诈骗罪有点不能接受，但笔者通过会见，为其分析了认罪认罚的利弊后，D 某提出罪名不再坚持，尽可能从轻判处，最好能争取缓刑。于是笔者在辩护方向上放弃了罪名之争，改为争取量刑情节。D 某供应玉米 15 车，按每车 15 吨、每吨 1920 元计算，涉案金额为 427,950 元，按照量刑标准，基准刑在 9 年左右，即便认定为从犯，仍然不可能降到判处缓刑的标准。只有涉案金额减少并且争取到更为有利的情节，才有可能降到 3 年以下有期徒刑，具备适用缓刑的标准。

对于涉案金额，笔者从以下几个方面着手展开辩护：一是既遂金额的认定。现场查扣的 2 车认定为未遂没有争议，存在争议的是 D 某供应的 15 车玉米中，已结算 11 车，除现场查扣的 2 车外，货款尚未支付的 2 车能否认定为未遂的问题。公诉人的观点是诈骗行为已经实施完毕，应认定为既遂。而笔者认为，诈骗罪是侵财型犯罪，应以实际取得款项为既遂标准，案发时 Y 公司暂扣应付款，并没有实际支付给 D 某，诈骗行为没有完成，应认定为未遂。后公诉人采纳了笔者的意见，起诉时认定既遂 11 车，未遂 4 车。二是每车虚假增重的认定。根据 A 某、B 某的供述，遥控器上共有 4 个键，分别对应 5 吨、10 吨、15 吨、20 吨，在具体操作时按 10 吨和 15 吨比较多，也有因未看清贴反光膜的车而没有按键增加重量的情况，因此辩护人提出全部以每车虚假增重 15 吨计算不符合客观事实。然而，由于无法对全部 104 车到底增重了多少进行认定，起诉时公诉人仍然以每车增加 15 吨计算，笔者只能将这一问题留待审判阶段再行提出。三是关于单价的问题。通过阅卷，笔者发现 Y 公司在和大客户结算时，单价是变化的，有时每吨 1920 元，有时每吨 1940 元、1900 元或 1880 元不等。最终公诉人采纳了笔者的意见，计算出 A 某开始向 Y 公司供应玉米至案发被查获的时间段内均价每吨为 1902 元。至此，认定 D 某涉案既遂金额为 313,830 元，基准刑降为有期徒刑 6 年多。

　　在量刑情节上，能最大幅度减轻处罚的就是自首情节了。当笔者提出应认定 D 某具有自首情节时，公诉人认为虽然 D 某自动投案，但到案后第一时间并没有如实供述，只避重就轻地说了 A 某和 B 某购买玉米的过程，对于其明知二人在秤上做手脚后仍然给其供玉米并进行结算的事只字未提，不能认定具有自首情节。笔者进一步分析认为，2019 年 1 月 26 日 D 某主动到派出所后，虽然第一次的询问笔录没有陈述其给 A 某、B 某提供资金结算的事，但是在次日也就是 1 月 27 日尚未受到讯问也未被采取强制措施的情况下，在接到公安机关的电话后又立即主动到案，并且如实供述了全部事实。根据《最高人民法院关于处理自首和立功具体应用法律若干问题的解释》的规定，应认定有归案的主动性和自动性，符合自首的认定条件，这一意见后来也得到了公诉人的认可。

　　为了争取更多的量刑情节，经笔者沟通，D 某的家属主动退赔了 8 万余元损失。最终在认定 D 某系从犯、具有自首情节、自愿认罪认罚且积极退赔损失的情况下，公诉人将量刑建议调整为 3 年有期徒刑。笔者顺势提出了建议缓刑的意见，但公诉人表示本案给 Y 公司造成的损失巨大，同案 A 某、B 某、C 某的量刑建议均为 10 年以上有期徒刑，给 D 某 3 年有期徒刑的量刑建议，已经是综合考虑给予的最大幅度减轻处罚，没有办法再建议适用缓刑，等法院判决时考量是否可以适用缓刑。

　　三、审判阶段再提数额认定，获减轻判处

　　在审判环节，笔者再次提出了认定虚增数量不能全部以每车 15 吨计算的问题，同时 D 某提供了一个关键的信息：A 某、B 某在向 D 某购买玉米时要去一个加油站过磅，过磅费是 1 吨 1 元，过磅的钱是 D 某出的。于是法院要求补充侦查相关事实。侦查机关调取了 Y 公司的过磅单，结合 D 某在某加油站过磅的证人证言及微信转账记录，确定 D 某在 2019 年 1 月 13 日供应的 4 车玉米支付了过磅费 181 元，过磅费按每吨 1 元计收，说明当日 4 车初次过磅毛重共为 181 吨，Y 公司过磅单显示这 4 车玉米毛重总计 220.35 吨，4 车共增加了 39.35 吨，平均每车 10 吨左右，并不是 15 吨，D 某涉案的既遂金额进一步减少。综合考虑全案情况，最终一审法院判处 D 某有期徒刑 2 年，并处罚金 5 万元。A 某被判处有期徒刑 13 年，并处罚金 15 万元；B 某因涉嫌盗窃罪另案处理；C 某也被认定为从犯，判处有期徒刑 7 年 8 个月，并处罚金 10 万元（该案 C 某上诉后发回重审又获从轻判处）。

辩护技巧

通过本案的办理，笔者总结了以下辩护技巧，可供在办案中参考：

一、全面分析，精准定位辩护方向

笔者认为在拿到一个案件后首先要对案件进行全面而深入的分析，明确当事人在案件中的角色和行为性质，围绕关键法律问题，确定核心辩护策略。

二、有效沟通，争取公诉人的理解和支持

在审查起诉阶段，笔者与公诉人进行了积极有效的沟通，阐明了 D 某的行为性质和量刑情节，争取到了公诉人对 D 某从犯地位、自首情节的认定，为减轻处罚奠定了基础。

三、适时具结，充分运用认罪认罚制度

充分理解认罪认罚制度的精神和目的，引导当事人在认识到自身行为的法律后果后，自愿选择认罪认罚，从而在法律允许的范围内争取到最大幅度的从轻处罚。

四、持续跟进，在审判阶段"再下一城"

即使在 D 某认罪认罚之后，笔者也没有放弃任何可能的辩护机会，在审判阶段再次提出对涉案金额和虚增重量的异议，并成功促使法院重新审查相关事实，进一步减轻了 D 某的刑罚。

利益平衡：在二审中实现认罪认罚的效果

● 郭　剑[*]

辩护策略

在刑事诉讼中，当事人是否自愿认罪认罚，会受到诸多因素的影响，在不同阶段也会有不同的选择和认识的转变。作为辩护人，应当在尊重当事人意愿的前提下，帮助当事人分析利弊，引导其作出明智选择，并为其制定匹配的辩护策略。在司法实务中，如果在一审阶段不认罪，二审再认罪认罚，虽然对当事人来说是个"保底"的选择，但二审法院启动认罪认罚的概率较低，难度很大。要选择采取这种辩护策略，律师必须目标坚定、方案得当，还要展现出交涉的能力与艺术。

案情简介

2019年5月，W某（笔者的委托人）被公安机关以T典当公司实际股东的身份，认定为非法吸收公众存款罪的犯罪嫌疑人立案侦查。同案人还有L某、G某、Y某、A某等。笔者接受委托之时，W某已被刑事拘留。经笔者

---

[*] 北京盈科（晋城）律师事务所刑事法律事务部主任、盈科全国刑事法律专业委员会副秘书长。

申请，公安机关决定对其变更强制措施为取保候审。

本案的《起诉意见书》认定，2006年7月初，W某等人经商议决定成立典当公司，同年9月T典当公司成立。截至2011年9月，该典当公司登记股东历经数次变更后，实际股东为W某等人。T典当公司的经营范围为动产质押典当业务、鉴定评估及咨询服务，但其在未经中国人民银行批准的情况下，以与客户签订股权证为名，面向不特定对象吸收存款。截至2018年2月18日，该公司假借对外典当质押的名义，以高利息、返现金为诱饵，与社会不特定公众签订股权证、理财合同，收取优先股股金49,073,651元（后支出优先股股金18,028,412元及利息1,464,170.12元）、员工股股金6,804,000元（后支出员工股股金1,982,644.6元及利息843,912.16元）、临时借款3,155,000元（后归还借款225,540元及利息25,977.9元），同时发放工资提成6,690,303.97元、股东利润分配15,184,645.76元、发放贷款345,666,329元。T典当公司及W某等五人均涉嫌犯非法吸收公众存款罪。

审查起诉期间，笔者多次与检察官深入沟通，就案件的相关事实和法律适用问题交换意见，检察官在充分听取律师意见的情况下，两次将案件退回补充侦查，并积极组织各嫌疑人及T典当公司代表协商集资款的清退事宜。经多次协商，检察官同意在犯罪嫌疑人认罪认罚并继续退赔的情况下，建议适用缓刑。虽然《起诉书》采纳了笔者的意见，认定本案构成单位犯罪，并对公安机关认定的集资金额重新进行了认定，但由于W某拒绝承认自己是公司的实际股东，不同意承担集资款的退赔责任，检察机关对其量刑建议确定为有期徒刑3~5年。

辩护过程

原本W某在审查起诉阶段是有认罪认罚意愿的，但因其要承担的退赔款项达 500 余万元，且在案关于 W 某是 T 典当公司实际股东的证据不足，W 某提交的一些证据可以证实 S 公司是 T 典当公司实际股东的事实，也可以形成 W 某并非 T 典当公司实际股东的合理怀疑。对此检察官两次退回补充侦查，要求公安机关补充该事实的相关证据，但公安机关在两次补充侦查中，均未能补充收集到充分的证据。因此，在本案事实存疑、证据不足的情况下，W 某不愿认罪认罚，拒绝承担有罪后果及巨额退赔，坚持要求笔者作无罪辩护。

虽然 W 某明确表示其为了追求公正判决愿意承担可能的不利后果，但笔者根据以往的办案经验，深知此案在历经两次补充侦查、大部分嫌疑人自愿认罪认罚、涉及众多集资人利益、社会关注度极高的情况下，法院支持检察院起诉的可能性非常大。而 W 某作为第一次经历刑事案件的当事人，缺乏对刑事审判现状的认识，一旦面对不利的判决结果，很有可能会后悔。基于这种情况，笔者根据对案件情况的整体分析和结果预判，与 W 某进行了深入充分的沟通。在 W 某强烈坚持进行无罪辩护的情况下，笔者同意进行无罪辩护，但同时与 W 某达成一致意见：如果法院判决其有罪，通过上诉争取认罪认罚获取缓刑是本案可接受的底线。虽然二审认罪认罚难度较大，但当下坚持无罪辩护，既有可能争取无罪的最好结果，也不会失去上诉的机会，也算是"进而取其高"和"退而求其次"之间的一种平衡。

确定了辩护策略后，笔者一方面积极做无罪辩护的准备，另一方面仍然在不断主动与检察官和法官进行沟通，希望让检察官和法官理解笔者和 W 某作无罪辩护的真实想法。在与检察官、法官沟通过程中，笔者不断强调本案的争议焦点为，有无充分的证据证明 W 某是 T 典当公司的实际股东。在案证据显示，S 公司是 T 典当公司的登记股东，而 W 某代表 S 公司参加过 T 典当公司的股东会，并且接受过 T 典当公司的股东分红。但 W 某也提供了其向 S 公司原法定代表人 M 某的转账记录，虽然无法与分红记录一一对应，但足以对分红款的收款事实形成合理怀疑。同时，笔者向法庭提交了曾经为M某工作过的司机P某和参与过T典当公司财务审计工作的会计师事务所工作人员D某的调查笔录，可以证明W某曾受雇于S公司，并向M某汇报过T典当公司的经营状况，这些证据结合多份有M某签名的T典当公司的《董事会决议》《法定代表人免职文件》《经理任职文件》《S公司章程修正案》等在案证据，也足以对S公司是T典当公司实际股东的事实形成证据链。另外，因疫情原因，公安机关对于M某及其儿子小M某的询问笔录是通过远程方式完成的，二人虽然均不承认S公司是T典当公司的真实股东，但证言内容存在诸多不合理之处。为查明案件事实，笔者通过与检察官、法官提前沟通，在庭前会议上申请M某、小M某到庭作证，获得了法官的许可。

在正式开庭审理过程中，笔者紧紧围绕争议焦点，在举证质证环节将证明W某为股东的证据和证明S公司为实际股东的证据进行对比展示，直观展现出证明W某是股东的证据主要是猜测性的言词证据。关于股东会决议签字和收取分红款的证据，W某给出了合理解释并提交了证据，且证明S公司是股东的证据大部分是有S公司盖章和M某签名的书证，可信度更高。根据刑事诉讼证据规则，客观书证的证明力明显大于言词证据，因此不应认定W某是T典当公司的股东。另外，M某、小M某以远程视频方式出庭作证时，在笔者的发问之下，二人的证言相互矛盾，且与之前的询问笔录存在诸多出入，无法自圆其说，甚至一度情绪失控。二人的证言无法证明W某是T典当公司的实际股东。关于此事实的认定，公诉人在法庭辩论环节也表示，对于S公司是否系T典当公司实际股东的事实，应当由公安机关继续侦查，如果查明S公司是T典当公司的真实股东，应当追究相应的责任。但遗憾的是，公诉人依然坚持W某应当承担本案的刑事责任。公诉人在发表量刑建议时，明确表示由于W某不自愿认罪认罚，因此建议判处实刑。法官也征询了W某关于认罪认罚和退赔的意见,但 W 某仍坚称自己无罪。庭审后,法官继续就退赔事宜与 W 某沟通,并委托司法行政机关对 W 某进行社区矫正调查,但 W 某坚持自己无罪。最终,法院一审判决 W 某构成非法吸收公众存款罪,判处有期徒刑 3 年 6 个月。其他被告人因认罪认罚并积极退赔,均被判决适用缓刑。

一审判决后,W 某意识到自己将面临牢狱之灾,思想发生了变化,愿意接受笔者在一审的建议,希望能够通过认罪认罚并承担退赔责任,二审被改判缓刑。但按照当时二审法院的常规操作,一审判决实刑的当事人必须立即收押,否则不接受一审法院移送的案卷。但如果当事人被收押,就意味着二审改判缓刑的难度大大增加。笔者需要在上诉期内说服一审法院对 W 某暂不收押,再说服二审法院在当事人不收押的情况下接收案件。可二审法院不接收案件就无法确定承办法官,也就无法确定该与哪位法官进行沟通协商,事情一时陷入了僵局。

笔者通过分析,作出以下判断:第一,一审判决存在问题,如果当事人坚持无罪上诉,一审法官面临错案风险;第二,本案检察官和一审法官都希望 W 某认罪认罚并退赔。笔者在征求当事人意见后,主动与一审法官沟通,表达了当事人愿意认罪认罚的想法,并阐明如果当事人被收押,其只能坚持无罪意见上诉乃至申诉,案件就丧失了回转的余地。经过沟通,一审法官同意了笔者的意见,与二审法院沟通之后,同意当事人在不收押的情况下提起上诉。

二审程序启动后,笔者又主动与二审的承办法官进行沟通,详细阐述了本案侦查、审查起诉、一审各个阶段的办案人员对本案的认识、态度及 W 某在本案各个阶段的心路历程,希望二审法院能够对 W 某从轻处罚并适用缓刑。二审法官认可笔者的意见,但表示虽然 W 某二审自愿认罪认罚并愿意承担退赔责任,依法应当从宽处理,但在二审阶段认罪认罚与其他同案人在审查起诉

"盈"的秘密3：认罪认罚从宽制度下的有效辩护

阶段即认罪认罚在量刑上应当有所区别，因此二审直接适用缓刑存在难度。笔者并未气馁，又将本案一审判决存在的问题向二审法官进行了阐述，指出 W 某前期未认罪认罚有其客观原因，并分析了如果无法适用缓刑，W 某将被迫坚持无罪辩护，不仅耗费司法资源、增加诉讼风险，也会因集资人的损失得不到弥补而将带来不利的社会影响。最终，二审法官在充分听取了笔者的意见后，结合案件实际情况，经合议认为可以对 W 某改判缓刑。W 某主动到法院退赔集资款，并签署了《认罪认罚具结书》。

辩护技巧

认罪认罚是一把"双刃剑"，一般案件的认罪认罚，可以提前锁定结果，实现当事人的预期；但对于"带病"案件，一味地说服当事人认罪认罚，则是对当事人信任的辜负，也与律师的职责相悖。对此，应当注意以下两个方面的辩护技巧：

一、在当事人不认罪时，要取得办案人员的理解

当事人对案件事实认定有异议时，基于对司法公正的信任，是不愿认罪认罚的。而办案人员可能难以认同，会产生对抗情绪。这时，律师应当结合案件事实、证据和法律适用问题，向办案人员充分说明当事人的真实想法及其缘由，尽量取得办案人员的理解，减少双方的冲突。这样在当事人认识转变时，可顺利寻求双方都能接受的处理方案，降低因情绪对抗产生的不利风险。

二、在当事人自愿认罪时，要获得办案人员的认同

认罪认罚本质上是一种协商，并非当事人一方可以决定。实践中，确实存在检法机关主导认罪认罚时当事人不同意，而当事人转念再申请适用认罪认罚时也被拒绝的情况。认罪认罚从宽制度的设计虽然鼓励当事人尽早认罪认罚，但并未剥夺其较晚认罪认罚的权利。二审认罪认罚有法可依，只是法院往往缺乏适用的积极性。因此，律师要对二审认罪认罚的价值进行充分阐释，使法院认识到认罪认罚不仅关乎当事人的刑事责任，更有利于息讼止争和服务大局，为法官启动认罪认罚程序提供充足的动力。

利益平衡：在二审中实现认罪认罚的效果

稳中求进：将争议问题留到下一程序

● 魏俊卿[*]

辩护策略

检察机关充分听取辩护律师意见，控辩双方充分协商，是发挥认罪认罚从宽制度价值的关键所在。当前，量刑协商程序、平等协商机制尚不健全，协商不充分、不彻底的问题普遍存在。这就要求辩护律师要增强责任心，及时、主动与承办检察官进行有理有据的沟通。如果控辩双方对影响量刑的部分情节存在分歧，辩护律师要尽量说服承办检察官采用幅度刑量刑建议，摆脱掣肘、稳中求进，最大限度地维护当事人合法权益。

案情简介

2019年7月的一天晚上，被告人C某（男，2002年7月13日生）与被害人Z某（女，2004年1月18日生，当时初中刚毕业，与被告人C某系恋爱关系）相约一起吃饭，后C某及其朋友W某（男）与被害人Z某及其朋友M某（女）见面后，四人一起到某烧烤摊吃饭喝酒。其间，Z某主动到吧台要

---

[*] 北京盈科（洛阳）律师事务所刑事法律事务部主任、盈科全国刑事法律专业委员会副秘书长。

了多瓶白酒，C 某担心 Z 某喝醉，中途曾劝阻但未果。当晚，C 某、Z 某和 M 某均饮了不少白酒。四人吃饭喝酒至次日凌晨，后一起乘坐出租车到 C 某租住房内休息。C 某与被害人 Z 某共居一室，C 某趁被害人 Z 某醉酒之际，强行与 Z 某发生了性关系。次日中午，Z 某醒来后自己离开 C 某租住房。当时，Z 某未报警，并在同年七八月与 C 某一直保持手机联系。二人于 9 月结束恋爱关系。

2019 年 10 月 2 日凌晨 1 时许，被告人 C 某酒后驾驶自家越野车来到 A 县 B 镇被害人 Z 某家所在的村里，寻找被害人 Z 某，并打电话、发短信联系 Z 某。在 C 某的强烈要求下，Z 某从家中出来与 C 某见面。C 某驾车将 Z 某带至 A 县 C 乡某水库附近、某村路口及 B 镇寺河水库大坝等地，在越野车内，C 某强行亲吻 Z 某，并将手伸进 Z 某阴道，多次意图强奸 Z 某，遭到 Z 某的强烈反抗，C 某未得逞。后在 Z 某的要求下，C 某驾车将 Z 某送回家中。当日凌晨 6 时 18 分，Z 某在其奶奶的陪同下到 A 县公安局 C 乡派出所报案。

2019 年 10 月 2 日上午，A 县公安局 C 乡派出所民警到 C 某家中，当时 C 某外出未在家，派出所民警让 C 某母亲给 C 某打电话，后 C 某返回家中。民警将 C 某传唤至派出所，C 某到案后如实供述了上述犯罪事实。同日，C 某被 A 县公安局刑事拘留。2019 年 10 月 16 日，经 A 县人民检察院批准，C 某被 A 县公安局执行逮捕。案发后，C 某亲属赔偿 Z 某亲属 6 万元，Z 某对 C 某表示谅解。

2019 年 12 月 4 日，A 县公安局以 C 某涉嫌强奸罪向 A 县人民检察院移送审查起诉。2020 年 1 月 8 日，A 县人民检察院以 C 某犯强奸罪向 A 县人民法院提起公诉。

辩护过程

在本案审查起诉阶段，笔者和本所其他律师接受 C 某父亲委托，担任 C

某的辩护人。通过阅卷和会见，笔者认为 C 某的行为构成强奸罪并无争议，在案证据较为充分。为此，笔者与 C 某确立了量刑辩护的思路，重点挖掘量刑情节，为与检察官进行有效的量刑协商奠定基础。

一、争取谅解，化解矛盾，为量刑协商打好基础

本案涉及两次强奸行为，被害人系未成年人，还在校就读，是对 C 某宽缓量刑的不利因素。尽管本案第一次强奸行为发生在二人谈恋爱期间，第二次强奸行为属于犯罪未遂，C 某作案时未满 18 周岁，且一贯表现好、无前科，但即使 C 某认罪认罚，量刑仍可能在有期徒刑 4 年以上。

实践中，如果强奸类案件不能取得被害人谅解，被害人坚持主张从重处罚，会给检法两院造成很大压力，进而直接影响量刑从宽幅度。因此，强奸类案件适用认罪认罚从宽制度，还应格外重视修复社会关系，正所谓"解铃还须系铃人"。笔者与 C 某父母进行了深入沟通，释明了本案可能的法律后果，建议积极对被害人进行赔偿并取得谅解，告知他们该谅解关乎认罪认罚的实际效果，必须全力争取。C 某父母充分理解，并付诸行动。几天后，C 某父母与被害人父母达成了赔偿 6 万元的协议，随即赔付到位，取得了被害人及其亲属的谅解。拿到谅解书后，C 某的认罪认罚之路就平坦了许多。

二、发现自首，力争未果，将争议留到下一阶段

本案中，赔偿、谅解的酌定情节固然重要，但自首、立功的法定情节显然更加重要。卷宗中记载 C 某的到案经过：2019 年 10 月 2 日 10 时在其住处将其传唤至派出所。在会见 C 某以及向其父母了解到案经过时，各方均称派出所民警到家中将 C 某带走，民警去之前没有打过电话。因此，笔者起初认为 C 某不构成自首。

鉴于 C 某提到他与 Z 某在 2019 年 7 月第一次发生性关系后还一直保持联系，这一点若属实，对量刑或有帮助。为此，笔者查阅了 C 某手机在 2019 年

7月1日至10月2日的通话记录。在这一过程中，笔者意外发现：C某被传唤当日，其手机在10时45分46秒有一个已接来电，当日10时47分还有一个主叫电话。既然C某在当日10时已被民警带走，其所用手机怎么还在此后有两次通话呢？带着这个疑问，笔者再次约见了C某父母。这才了解到C某真实的到案经过：2019年10月2日上午10时许，派出所民警到C某家中，当时C某不在家，正在A县B镇B村某银行帮其母亲办理取款业务。民警告知C某的父母需向C某了解情况，让他们给C某打电话。C某的母亲用自己的手机在10时45分46秒给C某打电话，称派出所的人来家里找他，让他快点回来，C某答应。10时47分C某给其母亲打电话，询问要不要捎点菜回去。11时左右C某回到家中，民警带C某回到派出所，做完第一份讯问笔录后，C某被刑事拘留。

得知这一情况后，笔者"喜出望外"。如果当时C某知道民警是因为当天凌晨强奸Z某一事找他，那C某的行为就应认定为自首。于是，笔者再次会见了C某。C某称其母亲打电话说民警找他时，他已知道原因，强奸Z某这件事刚刚发生，他没有其他违法犯罪行为。会见结束后，笔者让C某的母亲自书了一份证言，详细陈述了C某被民警带走的经过。笔者将收集的证言、通话记录、赔偿协议、谅解书等材料进行了整理，认真撰写了辩护意见，连同收集的证据材料一并提交给了主办检察官，提出应当认定C某成立自首，并申请进行认罪认罚量刑协商。

1周后，笔者接到检察官通知前往检察院。检察官表示，针对笔者提出的C某的详细到案经过，其已向侦查机关核实，对该事实并无异议，但又认为C某是在家中被动被民警带走的，缺乏投案的主动性，不能认定为自首。同时还表示，经研究，检察院给出的量刑建议是有期徒刑3年。

笔者认为，C某明知民警在家中等待，只要一回家就会被带走，有逃跑可能而没有选择逃跑，仍然回到家中，自愿配合民警调查，并如实供述了全部犯罪事实，完全符合自首的立法精神，应认定为自首，要求下调量刑建议为有期徒刑2年。

由于存在认识上的分歧，主办检察官表示，将继续考虑笔者的意见并集体研究后再作答复。几天之后，笔者还没有接到电话，担心检察院不再进行量刑协商直接提起公诉，影响C某认罪认罚。于是，笔者再次与C某及其父母沟通，尽管自首情节非常重要，但即使检察机关没有认定，到法院仍有机会，建议暂时搁置争议，争取让检察院给出有期徒刑2~3年的幅度刑量刑建议，到法院再进行自首辩护，C某及其父母表示认同。

随后，笔者联系主办检察官，检察官认同了这一建议，但表示目前要求一般情况下要作确定刑量刑建议。笔者提出，本案之所以无法就量刑建议达成一致，是因为对量刑情节存在争议，将这个争议留待法院审理阶段解决，也能减轻双方压力。经研究，检察院同意笔者提出的幅度刑量刑建议，笔者与主办检察官共同见证C某签署了《认罪认罚具结书》。

三、据理力争，自首认定，被告人获得最低量刑

案件起诉到法院后，笔者丝毫没有懈怠。在庭审前会见了C某，告知其庭审流程和注意事项，与其确认了辩护思路，重点提示其在法庭上详细陈述自己的到案经过，给法官留下深刻印象。

本案开庭较为顺利，法庭调查达到了预期目标。笔者重点提交了C某构成自首及第一次强奸行为发生后二人还保持长期联系的证据材料，并提交了笔者办理过的认定为自首的类案。

法庭辩论时，笔者提出了C某具有未成年人、自首、赔偿、谅解等七个方面的减轻、从轻处罚情节，并将构成自首的意见予以着重阐述。根据《最高人民法院关于处理自首和立功若干具体问题的意见》的规定，明知他人报案而在现场等待，抓捕时无拒捕行为，供认犯罪事实的，以及其他符合立法本意，应当视为自动投案的情形，都应当认定为自动投案，不能违背自首的立法原意作出不利于被告人的限缩解释。本案中 C 某的行为成立"自动投案"和"如实供述"，符合自首的构成要件，应当予以认定。笔者提出，检察院的量刑建议没有考虑这一重要情节，建议对 C 某判处 2 年以下有期徒刑。

最终，A 县人民法院采纳了辩护意见，认定了自首情节，最终判处有期徒刑 2 年。对这个判决结果，C 某及其父母都很满意，没有提起上诉，检察院也未抗诉。

辩护技巧

一、关注细节，破除干扰

实践中，由于认罪认罚案件争议较小，相对于无罪辩护案件而言，律师的阅卷压力更小。但是，由于认罪认罚案件证明标准并未降低，阅卷标准也不能下降。"魔鬼藏在细节里"，律师要保持阅卷的敏锐度，关注每一个不合理之处所蕴含的信息。为此，要重视物证、书证、视听资料等客观证据，注重对言词证据的验证，防止因理解能力、认识能力影响而受到错误信息的干扰。本案中，笔者从 C 某的通话记录中发现疑点，并抓住这个疑点展开调查，还原了被告人的详细到案经过，挖掘出对量刑极为重要的自首情节。

二、着眼大局，以退为进

实践中，量刑情节能否认定，直接影响量刑协商的基础，进而影响量刑建议的高低。如果控辩双方对自首、立功、从犯等法定情节的认识不一致，量刑建议不符合心理预期，是否要认罪认罚？显然，如果轻易拒绝，可能会造成较为不利的后果。笔者认为，不妨先固定阶段性成果，同时为进一步辩护留出余

「盈」的秘密 3：认罪认罚从宽制度下的有效辩护

地。本案在审查起诉阶段，自首情节未得到检察机关认可，导致控辩双方在量刑建议上存在分歧。笔者抓大放小，以退为进，主动提出幅度刑量刑建议，被检察机关采纳，为下一步争取法院就低量刑打下了基础，最终的成功辩护自然水到渠成。

统筹精算：认罪认罚的标准姿势

● 韩正武[*]

辩护策略

认罪认罚从宽制度是当前司法改革的重中之重，其推进和落实绝不是削弱刑事辩护的空间和力度，而是对律师辩护艺术提出更高的要求，充分考验辩护律师统揽总局、驾驭全过程刑事辩护的能力。在现有刑事法律框架下，律师要精准筹划，展现认罪认罚从宽制度运用的标准姿势，用足、用准从宽情节，尽可能释放出制度红利，争取对被告人最有利的刑事处罚。

案情简介

2018年6月至2020年12月，被告人鄢某某为牟利建立赌博网站，并指使其表弟蔡某在位于福州市某广场B区1座402单元住处，通过重新修改源代码帮助其搭建及日常维护运营"虾米28"赌博网站。2020年年初，该网站更改域名为"元气28"（网站网址为www.nm288.cn）。"元气28"网站有"急速28""急速16"等共计27个赌博类型。被告人鄢某某通过招募、发展网络

---

[*] 北京市盈科（福州）律师事务所刑事法律事务部主任、盈科刑辩学院副院长。

代理"恒发点卡""锦鲤点卡""28总代理""诚信点卡""久妹点卡"等为参赌者充值上分，招揽了叶某某、李某某等参与网络赌博，并通过设置虚拟机器人等手段拉抬网站人气。短短两年半时间，通过网络参与赌博的流水即达数百万元，人数达数百人。被告人鄢某某从中获利20余万元。经福州市公安局某某分局网络安全保卫大队对上述网站电子数据进行检查，确认"元气28"网站具有统计报表、游戏设置、会员管理、上下分兑换等疑似非法网络赌博功能。2020年12月，蔡某被福州市公安局某某分局刑事拘留，随即交代了其伙同鄢某某非法开设网络赌场的行为，并提供了相关电子数据。2021年1月，蔡某被批准逮捕。2021年2月底，被告人鄢某某及家属委托笔者和廖新凤律师提供法律帮助。在充分听取了案情介绍以及侦查机关已开展的相关调查取证工作后，经笔者建议，2021年3月1日，被告人鄢某某主动到福州市公安局某某分局某某派出所投案自首，并主动交代了全部案情。侦查机关根据被告人鄢某某的交代，迅速调查收集并固定了证人林某某、叶某某、汪某某、李某某的证言，以及提取笔录、扣押清单、现场作案工具照片、微信、支付宝转账记录、赌博网站界面截屏、微信聊天记录截图、投注历史记录、银行交易流水明细、电子数据检查笔、司法鉴定意见书、网站数据分析报告、行政处罚决定书、收费票据、情况说明等相关证据。2021年6月，侦查机关将本案移送检察机关审查起诉。审查起诉期间，笔者作为鄢某某的辩护人，根据鄢某某的认罪悔罪态度及其具有自首等情节，多次与主办检察官电话或当面沟通，初步达成了认罪认罚具结内容，检察机关提出4年有期徒刑的量刑建议，被告人予以接受并在笔者的见证下签订了书面具结协议。具结协议签订后，考虑到具结协议并不随案移送法院，而是以公诉机关的书面量刑建议为准，笔者并没有停止与主办检察官的沟通。经过多次电话沟通，最终检察机关作出让步，同意在案件移送起诉前将量刑建议更改为3年10个月，并于2021年7月向法院提起公诉。审判阶段，在精心准备和分点布局辩护下，最终法院在公诉机关 3 年 10 个月的量刑建议下作出有期徒刑 2 年 6 个月的判决，比同案从犯蔡某的量刑还少 6 个月。

辩护过程

不少辩护律师认为，认罪认罚从宽制度的推行大大压缩了刑事律师的辩护空间，对此笔者有不同观点。笔者认为，该制度的推行客观上确实改变了传统的辩护模式，但并非对辩护权的削弱，而是大大强化了辩护权的功能。传统的辩护场域主要是法庭，辩护工作更多通过法庭来展现。而认罪认罚从宽制度的推行使得辩护工作大大提前。根据最高人民检察院发布的数据，目前超过 80% 的刑事案件适用认罪认罚程序，相应地，80% 的案件主体性辩护工作也是在审查起诉阶段完成的，甚至如本案前置于刑事案件立案之前即开始有效辩护。如果说原有辩护模式是通过辩护律师法庭上的唇枪舌剑和判决结果来展现，那么认罪认罚从宽制度的推行更多是全方位考察刑事辩护律师审时度势、把控全局的能力，包括阶段性刑事政策走向，在卷证据结构，检察官的办案风格，说服检察官、法官的沟通能力，不认罪认罚结果的精准性预判能力，法庭上进退有据的分寸感，以及判决结果对认罪协商过程的展现度等。对于大多数可能适用认罪认罚程序的刑事案件来说，机械消极的应付性、形式化辩护，于当事人而言都是不可逆的损害，甚至是一场灾难。

本案从被告人主动投案自首到最终法院在公诉机关建议量刑 3 年 10 个月以下再次大幅减让 16 个月，判处有期徒刑 2 年 6 个月，比同案另案处理的从犯蔡某还少 6 个月，离不开辩护律师的统筹推动和精心辩护。每一个司法环节均体现了辩护律师的积极主动作为，把认罪认罚从宽制度优势发挥到极致，最大限度地维护了被告人的合法权益。

一、精准研判——打造"自首"的法定从轻、减轻情节

2021年2月底，鄢某某及家属经朋友介绍找到了笔者。此时同案人蔡某已被批准逮捕。经与鄢某某及家属充分沟通，笔者认为，鉴于侦查机关已根据蔡某供述，调取并固定了包括电子数据在内的大量客观性证据材料，已经掌握了鄢某某涉嫌开设赌场罪的主要犯罪事实，只是还没有采取刑事强制措施而已。在此情况下，为争取对被告人最有利的处罚结果，笔者建议鄢某某尽快主动投案，积极争取"自首"的法定从轻、减轻处罚情节。2021年3月1日鄢某某主动到侦查机关投案，并如实向办案人员交代了其伙同蔡某网上开设赌场的全部犯罪事实。侦查机关在其起诉意见书中也明确写明鄢某某具备自首情节，依法应当减轻处罚。

二、用心辩护——搭建有效沟通的辩护场景

侦查机关将案件移送审查起诉之后，辩护人并未因案件情节相对简单、当事人主动认罪而放弃积极主动辩护。案件移送审查起诉之后，辩护人第一时间到案管部门查询主办检察官姓名及办公电话，并且结合主办检察官的办案风格、工作履历以及沟通习惯构建有效沟通的连接点，搭建桥梁和纽带，判断其对所经办案件走向的决策力和把控能力。该检察官职业素养较高，愿意充分倾听辩护人的意见。在受疫情影响不具备当面沟通条件的情况下，笔者在详细阅卷熟悉案情和通过会见准确了解被告人最低和合理期待值的基础上，选择适当时机与主办检察官进行了电话沟通。需要强调的是，疫情之下通常见面沟通十分困难，要做好电话沟通可能是唯一有效协商途径的心理准备，也要做好审查起诉阶段有效充分沟通可能仅有一次的心理预案。通过电话沟通，笔者向主办检察官表达了鄢某某愿意认罪认罚希望得到从宽处罚的真诚态度，并愿意第一时间退出全部违法所得。在得知主办检察官"未来建议量刑一般会略高于同案

从犯"的基本立场之后，辩护人有重点地强调了鄢某某具有不同于从犯的自首情节，且已充分认罪悔罪。经充分协商，笔者与主办检察官先行达成了建议量刑4年的初步意见。在签订《认罪认罚具结书》前两天，笔者先到看守所会见了鄢某某，其表示同意该量刑建议。同时，笔者还提醒鄢某某，要展现出真心认罪悔罪的态度，争取给检察官一个好的印象。

为了争取多一次与主办检察官当面沟通协商的机会，辩护人选择与检察官一同前往看守所，希望在签订具结书之前把握住最后一次沟通的机会。路途中，辩护人再次强调了鄢某某真诚认罪悔罪的态度，是一个专业人才且具有计算机高级职称，可以为社会作出更大的贡献，家庭也亟须他早日回归。经过不懈沟通努力，检察官作出让步，表示稍后提审被告人时先看其态度如何，是否配合认罪认罚。若是配合，其同意回检察院后申请领导下调量刑建议。虽然在看守所签订的书面具结书上检察机关的量刑建议是有期徒刑4年，但是检察官也明确表示被告人的态度很好，其会在向法院提起公诉前更改量刑建议。最终，笔者在检察院移送法院的当天接到主办检察官的电话，书面量刑建议为3年10个月，比《认罪认罚具结书》减少了2个月。

三、精算布局——不要把鸡蛋放在同一个篮子里

精细化量刑是司法机关最终确定适用刑罚的基本方法。虽然主办检察官和法官均有一定的自由裁量权，但不同的从轻情节过于集中在审查起诉或者审判阶段，显然会减损被告人可能获得的最大量刑从宽幅度。为此，有计划、有目的地在不同阶段分散或者积极主动深挖一些有利于被告人的量刑情节，对被告人的最终量刑显然是十分有利的。

本案早在审查起诉阶段，被告人就已具备自首、认罪认罚等从宽处罚的情节，考虑到有利于被告人的多个从宽情节叠加之后，最终可能影响检察官建议量刑的从宽幅度，辩护人建议在审判阶段再缴纳罚金及退出全部违法所得以创

设新的从轻处罚情节，并于开庭当日将缴纳罚金及退赃的票据作为新证据提交给法庭，并当庭提出希望判处缓刑的辩护意见。主审法官提出公诉机关没有判处缓刑的量刑建议，经休庭时沟通，检察官表达了"不反对判处缓刑"的意见，主办法官听后并没有明确表示拒绝，而是委婉表达了判处缓刑需要分管的院领导批准的意见。虽然此前并不认识分管的院领导，但为了追求当事人合法利益最大化，也为了让每一个有可能影响案件走向的参与决策者都能听到当事人最真实的声音，辩护人还是于庭后到分管院领导办公室提交了事先准备好的书面辩护意见，简要汇报了本案的情况及当事人认罪悔罪、希望能早日回归社会的态度，并表达了希望能考虑适用缓刑的意见。2021 年 7 月 23 日法院宣判，判处被告人鄢某某有期徒刑 2 年 6 个月，比另案处理的同案从犯蔡某还少 6 个月。虽然没有达到判处缓刑的预期目标，但已是可争取到的最有利于被告人的判决结果。鄢某某及其家属均十分满意，辩护人在本案中也竭尽全力，没有遗憾。

辩护技巧

"上帝关了一扇门必开启一扇窗"。从辩护形式上，认罪认罚从宽制度似乎让律师在法庭上侃侃而谈的机会减少了，在另一个战场上，与主诉检察官的积极沟通、理性交流、得舍有据的大幕却悄然拉开。它需要的不仅是法庭上律师的唇枪舌剑，更需要律师统揽全局的大局观、进退有度的辩证法和分寸拿捏有度的职业艺术，甚至还需要委托人的全力支持和配合。具体来说，辩护人体会有如下两点。

一、有效辩护，专业为王

本案属于可能判处 5 年以下有期徒刑的轻刑案件，在同案从犯已先进入刑事追诉程序的前提下，作为主犯的鄢某某似乎只是"刀俎鱼肉"，从刑事辩护的角度可能是无解之案。在这种情况下，律师要实事求是地帮助当事人分析案情和法律风险。辩护人的职责不是帮助犯罪嫌疑人逃避应负的法律责任，而是用自己的专业能力和淬匠精神尽可能地协助检察官、法官做到罪责相适应。要主动争取从轻、减轻情节，化被动为主动。从这一角度来说，专业律师的提前介入是十分必要的。只有律师具备较强的专业能力，并且能够带给当事人信任感，才能更好地把握案件走向，推动案件结果更加契合当事人的利益诉求。

二、精细辩护，追求极致

司法实践中，评价律师是否专业尽责，除了判决结果的标尺外，更为重要的是律师在办案过程中是否竭尽全力，这一点是绝大多数当事人及其亲属能感受到的，也是检察官和法官能感受到的。律师要通过精细阅卷和会见，挖掘更多的案件信息。同时，也要高度重视与主办检察官、法官的沟通工作，精细化沟通体现在：准备明确的沟通提纲、选择恰当的沟通时机、展现干练的职业形象、采取适中的表达语速、表现强大的说服逻辑，字斟句酌、进退有节、礼貌地提出诉求和致谢，一个都不能少。

游刃有余：准确把握认罪认罚时机

● 肖兴利[*]

辩护策略

在认罪认罚从宽制度适用率超过 85%、检察机关量刑建议采纳率接近 95%[1]的大背景下，绝大部分公诉人希望尽量说服被告人认罪认罚。而当事人是否认罪、认何种罪、何时认罪，需要辩护律师结合案件事实和证据预判法律后果，以便当事人作出理性选择。如果脱离事实和证据基础盲目跟风消极认罪，或者不顾量刑情节一味妥协被动认罚，不仅有违认罪认罚从宽制度的立法初衷，也不利于切实维护当事人的合法权益。

案情简介

2019 年 1 月初，被告人 L 某、T 某与 Z 某等人商议注册成立一家自媒体文创公司。随后，L 某、Z 某以 Z 某担任法定代表人的某公司名义从外地订购专用于"刷量"的安卓板卡 1500 台及配套底板座 100 台。同月 15 日，L 某等

---

[*] 北京盈科（长沙）律师事务所刑事法律事务部主任、盈科刑辩学院副院长。
[1] 该数据来源于最高人民检察院 2021 年工作报告。

五人各出资 20 万元注册成立 B 文化传媒有限公司（以下简称 B 公司），R 某受 Z 某邀约以技术入股。

同年 3 月 12 日，L 某等五人签署《B 公司股东合伙协议》，明确约定：L 某持股 16.5%，担任公司总经理、文创部总监，负责公司日常经营管理；T 某持股 12%，担任财务总监，负责财务兼人力资源工作；R 某以技术入股并占股 6%，担任技术总监；Z 某持股 13.5%，担任副总经理，负责站点建设和经营管理；其余二人分别担任董事长（持股 14.5%）和法定代表人（持股 5.5%）；剩余股权作为期权由 L 某代持。

被害单位 W 科技公司在互联网上推出 J 平台，为注册用户提供内容发布等服务。根据平台规则，W 公司可以在注册用户发布的文章中插入广告链接，注册用户发布的文章被读者点击阅读使广告露出展现，平台将根据作者的活跃度、发布文章的浏览量、内容质量及粉丝数量等标准，向发布文章的账号作者支付数额不等的创作补贴。

B 公司成立后，L 某和 Z 某借用熟人、朋友的身份信息在 J 平台上注册账号，并绑定出借人的银行账户，供 B 公司实际使用。T 某负责招聘作者编写文章，通过上述账号发布在该平台上。2019 年 4 月，B 公司陆续收到之前订购的板卡设备后，由 R 某使用板卡设备和相关软件模拟人工点击，以增加 B 公司注册账号中发布文章的阅读量。W 公司每月向 B 公司实际控制的注册账号结算和支付创作补贴。

2019 年 9 月，W 公司察觉 J 平台上出现大量的刷量行为后，暂停收益发放并对嫌疑账号予以封号处理。B 公司股东 L 某、Z 某等商议解散公司，并委托 T 某办理公司注销登记事宜及处理刷量设备。同年 10 月，T 某又联系他人继续编写文章发布在未被查封的其他账号中，并安排 R 某使用刷量设备进行刷量操作直至案发。检察机关指控 L 某、T 某、R 某等人通过虚拟点击手段从

W 公司骗取财物共计 749,719 元,应当以诈骗罪追究刑事责任,其中 L 某和 T 某诈骗数额特别巨大且均系主犯。

辩护过程

一、临开庭前受委托,紧急取证促延期

笔者在开庭前 1 周才接受 T 某家属委托紧急介入本案。虽然检察机关起诉时未提交量刑建议书,但根据《起诉书》指控内容,T 某将要面临的刑期无疑是 10 年以上有期徒刑。之前的辩护律师建议 T 某与另外三名同案犯一样认罪认罚,而 T 某及家属对认罪认罚存在较大疑虑。

笔者接受委托后,带领律师团队在 1 周内完成了阅卷笔录、发问提纲、举证提纲、质证意见、辩护意见等材料的撰写。通过阅卷及听取被告人意见,笔者发现该案存在诸多关键问题没有查清:

第一,公诉机关指控 B 公司骗取财物的证据只有 W 公司提交的关于案涉账号 2019 年 5~10 月作弊金额的统计表,以及 B 公司财务人员 T 某手写的用于记账的收据,没有相应的银行流水证实 W 公司确实向案涉账号所绑定的银行卡实际支付了 74 万余元,也没有证据证实该笔资金已由 B 公司及其股东实际获得。第二,B 公司在 J 平台上发布的文章直接面向互联网上的海量真实用户,即使存在使用刷量设备进行虚假点击的情况,虚假点击在全部点击中所占的比重有多少、对应的收益有多少,既没有证据证实,也未做区分和鉴定。相反,平台注册账号上有证据证明 B 公司曾发布过一些爆款文章,被大量真实用户点击阅读、收藏、点赞和分享。第三,根据 J 平台收益结算规则,注册用户获得的收益"结算金额以反作弊滤后为准",每个账号每个月实际收到的结算金额与平台页面显示的该月预估收益存在很大差距,实际收益仅为预估收益的 50% 左右,B 公司及其股东有充分的理由相信,其实际获得的收益是 W 公

司剔除虚假流量后的真实点击所产生的合法收益。第四，W公司自行统计的涉嫌刷量的注册账号与B公司电脑后台数据库中鉴定出来的注册账号不能完全对应，且两者存在较大差距，W公司多次提交的统计表格也存在自相矛盾的情况，检察机关指控刷量账号的证据不确实、不充分。

围绕上述四个方面的问题，笔者采用联合信任时间戳对被控刷量账号的文章推送数据、收益结算规则、账号粉丝画像、广告指标说明等内容进行取证固定，调取了广告商在J平台投放广告时向W公司付费的证据，检索了北京、上海、深圳等地法院将互联网有偿刷量行为认定为不正当竞争行为的类案判决，制作成一本厚厚的《律师调查卷》，连同初步辩护意见在开庭前两天提交给了承办法官。颇为戏剧性的是，临开庭前一天晚上，法院通知原定的开庭取消。看来笔者提交的证据材料和辩护意见引起了法官的重视，这无疑是一个好的信号。

二、补充侦查又延期，认罪认罚无基础

1个月后，法院组织了第一次庭审。在庭审发问环节，笔者围绕B公司设立经营情况、刷量设备运行情况、账号收益结算情况等对四名被告人进行了详细发问。上午的庭审结束时，诉讼程序才刚刚进行到公诉人举证环节。下午继续开庭前，书记员又临时通知：因检察机关再次申请延期，原定下午继续的庭审再次取消。

不久，笔者得知该案被退回公安机关补充侦查。在补充侦查期间，笔者主动联系了承办检察官，争取到了难得的面谈沟通机会。除了向检察官力陈本案定罪方面存在的事实不清、证据不足问题，笔者还毫无保留地提出本案应当改变定性，试图说服检察官变更起诉罪名为合同诈骗罪，如果检察机关改变指控罪名，笔者愿意说服T某认罪认罚。

遗憾的是，检察官最终没有接受笔者的观点。在这种情况下，认罪认罚显

然并不是当事人最好的选择。

三、庭审之后被收押，认罪认罚遭拒绝

公安机关补充侦查结束之后，向法院补充提交了 B 公司实际控制的注册账号所绑定的银行账户信息、W 公司向这些账户付款的银行流水、司法会计检验报告，以及 B 公司前员工所作的关于公司实际使用账号信息的证言。这些证据弥补了先前关于非法获利证据不足的漏洞。

第二次庭审，笔者与公诉人围绕 W 公司是否明知且放任刷量行为、刷量账号数量的认定、刷量设备运行情况与虚假点击次数、真实点击与虚假点击的区分认定，以及虚假流量所对应的收益金额等问题展开了激烈交锋。笔者与团队律师分别围绕本案的定性问题和量刑情节发表了无罪辩护意见、轻罪辩护意见和独立量刑意见，其目的是既希望向合议庭充分揭示本案定罪存在的诸多问题，又希望法庭对被告人 T 某所具有的法定及酌定量刑情节给予足够的重视。

庭审结束时，法官当庭下达了逮捕决定：鉴于 T 某先前取保候审的情形已经消失，决定将 T 某收押。虽然笔者事先已有预判并告知了 T 某及家属，但这一突如其来的变化还是让他们慌乱无措。第二天，笔者来到看守所会见 T 某，对她进行情绪疏导，并沟通后续的认罪认罚问题。

在庭审发问时，笔者让 T 某当庭表达"如果法院最终判决其有罪，其愿意认罪认罚"的态度。根据笔者预判，如果法院采信轻罪辩护意见，认定本案构成合同诈骗罪，T 某在庭审后一审宣判前提交认罪认罚请求，将有可能获得较好的判决结果。T 某听从笔者的建议后，很快手写了认罪认罚悔过书提交给法院，并委托笔者向法官转达了退赃退赔的想法。遗憾的是，承办法官认为 T 某庭审时的辩解属于翻供，认定其认罪态度不好，拒绝接受其认罪认罚请求。

四、一审判决改罪名，二审认罪减刑期

尽管并未进行认罪认罚，但一审判决最终采纳了笔者及团队律师的部分辩护观点，认定本案构成合同诈骗罪，判处 T 某有期徒刑 5 年 6 个月，并处罚金 8 万元。这个判决结果与公诉机关当庭建议量刑 10 年以上有期徒刑相比，无疑是取得了实质性的胜利。

然而，笔者提出的 T 某具有从犯、立功、坦白情节等量刑辩护意见，均未获采纳。一审判决还认定，T 某在公司解散后又邀约 R 某等人继续从事刷量行为，其主观恶性相比 L 某更大，因此判决 T 某的刑期比 L 某多了半年。宣判后，T 某依法提起上诉。

二审期间，笔者首先向二审法官提交了无罪辩护意见。承办法官听取律师意见后，认为该案较为疑难复杂，遂向二审检察机关发送了阅卷函，希望慎重听取检察机关的处理意见。

在检察院阅卷期间，笔者又多次跟承办检察官联系，重点陈述了量刑辩护意见，包括：根据 W 公司单方提交的统计数据认定刷量账号数量，进而确定犯罪金额的逻辑思路有问题、相关证据不充分；现有证据证明案涉账号确实存在数额不小的真实点击，将全部收益均认定为诈骗所得违背常识且与事实不符；案涉非法收益均是 B 公司账号被封之前获得，T 某后来邀约 R 某等人刷量的行为并未产生收益，不应将其拔高认定为主犯；T 某到案后如实供述，不应根据其庭审时辩解账号存在真实收益而否定其坦白情节。

笔者还将 T 某手写的认罪认罚悔过书提交给检察官，希望检察机关能对本案的社会危害性及被告人的主观恶性作出相对客观的评价，进而在量刑上为 T 某争取从宽处理。功夫不负有心人，承办检察官从最初拒绝听取律师意见，到最后终于同意在 T 某认罪认罚、退赃退赔的情况下，向法院出具从轻处罚意见。二审法院最终采纳了笔者的部分观点和检察机关的意见，对 T 某和 L

某均改判有期徒刑 3 年，并处罚金 5 万元。

该案从检察机关指控诈骗罪、当庭建议量刑 10 年以上有期徒刑，到一审判决合同诈骗罪、判决 5 年 6 个月有期徒刑，再到二审改判 3 年有期徒刑，虽然过程历尽曲折艰辛，所幸最终为 T 某争取到了理想的辩护效果。

辩护技巧

一、认罪要审时度势

认罪认罚从宽制度的基本特征是实体从宽、程序从简，其立法初衷是实现繁简分流，简案快办、疑案精办，使有限的诉讼资源能集中于重大、复杂、疑难刑事案件的审理。因此，对罪与非罪、此罪与彼罪等定性问题存在明显争议的疑难案件，在审查起诉阶段就认罪认罚显然是不太明智的选择。

一旦选择认罪认罚，一方面，庭审程序的简化会压缩辩方就案件事实和定性问题充分发表意见的机会，而且稍有不慎，被告人的辩解就会被检察官认为是反悔。另一方面，被告人过早地认罪认罚，也会在一定程度上削弱辩护人无罪或轻罪辩护意见对法官的说服力和影响力。因此，被告人是否认罪、认何种罪、何时认罪，需要辩护律师审时度势进行有效引导，其前提当然是对案件事实和在卷证据进行全面分析，对定性争议作出精准预判，对法律适用问题展开充分沟通。

二、认罚要量力而行

在经济犯罪案件中，认罪认罚必然伴随退赃退赔。对于犯罪数额存在较大争议的案件，如果在侦查阶段或审查起诉阶段认罪认罚，务必慎重决定退赔金额，以免出现退赃退赔高于判决最终认定的被告人非法获利数额的倒挂情形。

鉴于一审判决已经查清了各被告人的罪责大小及非法获利情况，在二审期间认罪认罚，被告人及其家属在退赃退赔时就能够量力而行，既能为从宽处理争取较好的悔罪态度，又不至于超越责任范围承受过重的经济负担。这也是二审期间认罪认罚的优势所在。

价值选择：被告人认罪认罚与辩护人无罪辩护的困境

● 艾 静[*]

辩护策略

辩护人依法享有独立辩护权，在理论界和实务界都得到了普遍认可。随着认罪认罚从宽制度的推进，被告人选择认罪认罚，律师单独作无罪辩护，既争取了相对较轻的刑期，又能将无罪的辩护意见发表在法庭。此种辩护策略看似完美，但究竟效果如何、能否实现被告人利益最大化，仍值得探讨。本案中，笔者采取了上述辩护策略，虽遭遇困难但始终坚持，颇有成果但也留有遗憾。

案情简介

某研究中心（以下简称研究中心）系某市科学研究院（以下简称研究院）的下属单位，被告人1（另案处理）以及本案被告人Z某分别担任研究中心的主任和副主任，被告人2（另案处理）担任研究院的总工程师。

多年以来，被告人Z某实际控制的A公司以及被告人1、被告人2实际控制的B公司、C公司一直承租研究中心的厂房作为办公场所，并向研究中

---

[*] 北京市盈科律师事务所管委会副主任、盈科刑辩学院副院长。

心支付租赁费和水电费。其间，A公司曾购买多台大型生产设备放置在研究中心厂房内，供生产经营使用。同时承租研究中心土地进行生产经营的还有其他几家案外公司。

2008年年初，由于研究中心污染问题，经研究院向市政府申请并通过审批后，决定将研究中心从原址撤离，但动迁费用需要按照规定的流程申请，无法先行发放。A、B、C三家公司以及其他承租公司开始准备动迁。

由于A、B、C三家公司尚在承租期内，若动迁则须寻找并租赁新厂址，其中A公司购入的多台大型生产设备系以混凝土浇筑在原厂房内，无法搬走只能作废，大量存储的饲料也需要时间和经费搬运。被告人Z某遂与被告人1、被告人2共同商议，通过召开研究中心领导班子会议的方式向上级单位研究院申请借款3000万元作为动迁经费。研究院批准后双方签订了借款协议，约定由研究院借款给研究中心3000万元，并约定了借款利息和还款方式，研究院将3000万元款项记载为对研究中心的借款，研究中心将该笔借款记载为对研究院的债务。研究中心获得该3000万元经费后再次以借款形式支付给三家公司用于动迁和复产等，其中支付A公司800万元。后三家公司通过研究中心向研究院还款120万元后不再还款。

2012年11月，研究中心动迁补偿款审批通过，由于本次动迁享受了税收减免政策，因此必须严格按照批复文件专款专用。批复文件显示，本次动迁的主体是研究中心，A公司、B公司、C公司以及其他承租企业不属于动迁主体，不应参与分配补偿款。后Z某、被告人1、被告人2找到时任研究院院长H，表示三家公司有权获得补偿款，请求免除三家公司剩余债务。后研究院历时数年多次召开领导会议，在被告人2提出应将3000万元借款性质变更为补偿款的意见遭到反对的情况下，最终由H拍板决定，免除了三家公司剩余的2800万元的债务。

综上，公诉机关指控，被告人Z某、被告人1、被告人2涉嫌共同贪污公款2800万元，研究院院长H涉嫌犯滥用职权罪。

辩护过程

接受委托后，笔者迅速着手开展辩护工作，与被告人Z某保持着一周一次的会见频率。"研究中心已经很多年没有经营了，主要收益就是靠出租厂房收取租金。我们公司以前花钱买的设备都是浇筑在厂房内，搬不走的旧设备全卖废铁了，公司选新址、租厂房、买新设备这些都花了钱，还停工停产了一段时间，为什么不给我们补偿款？"会见中，Z某反复陈情。因此，本案的关键就在于A公司究竟有无获得补偿款的权利。若A公司有权获得补偿款，则不符合所指控的贪污罪的构成要件。

一、小试牛刀——与检察官"初步沟通"

在审查起诉阶段的会见和阅卷的基础上，笔者在充分了解了本案案发背景和案件细节后，便着手电话联系承办检察官，一是了解其对本案的态度，二是希望其倾听笔者的意见：A公司有权获得补偿款，并非"非法侵吞"，不构成贪污罪。理由如下：

1. 研究中心有权获得补偿。研究中心的动迁经政府审批，是为了解决周边环境污染问题，并非为了自身利益动迁，研究中心所受损失应当予以补偿。

2. A公司有权获得补偿。在研究中心有权获得补偿款的前提下，基于双方的租赁合同以及相关法律规定，承租期间，房屋所有权人土地被征收的，应当给予承租人A公司补偿。

3. A公司在搬迁过程中存在客观损失。其一，存在旧损失。A公司原设备以浇筑式安装，无法搬走，设备本身就是损失。其二，造成新损失。因为动迁，A公司须寻找并租赁新厂址、购置新设备，产生大量储备饲料的运输费和饲料损耗，且因新厂址的测试、试生产等造成了较长时间的停产损失。

检察官表示会考虑笔者的意见，但也申明个人观点，即无论是否应当获得补偿、是否有损失，基于Z某在研究中心的任职情况，其在批复文件明确不给三家公司补偿的情况下，通过不正当手段要求研究院院长H强行将3000万元借款性质变更为补偿款，属于补偿程序不当，已经涉嫌犯贪污罪。

二、另辟蹊径——与检察官"正面交锋"

在与检察官多次电话沟通后，终于争取到了一次当面沟通的机会。检察官首先表达了对于此类案件一律从严处理的态度，后又提议考虑到Z某在本起犯罪中作用相对较小，可适用认罪认罚，并提出了10~12年的量刑建议。笔者表示会如实向当事人传达，征求其本人意见后再作答复，但也当场明确提出了新的辩护意见，即在已经认定H涉嫌犯滥用职权罪的情况下，将Z某认定为H滥用职权罪的共犯更符合客观情况和法理逻辑。

第一，若认为犯罪对象是研究院对研究中心的借款，那么犯罪金额系3000万元，实行行为是通过召开会议的方式向研究院借款，借款到账则犯罪既遂。但该笔借款手续完备，相关账目记载为"借款"和"应付款"，且存在部分还款，难以认定非法占有的目的。

第二，若认为犯罪对象是研究院对研究中心的债务免除，那么扣除2018年还款的120万元，犯罪金额为2880万元，实行行为是H决定将借款性质变更为补偿款的"拍板"行为。显然，该行为系主要、关键行为，应当认定Z某构成滥用职权罪的共犯，而非贪污罪。

检察官助理全程对辩护意见进行了记录，检察官虽在探讨中坚持贪污罪的意见，但表情和语气发生了变化，似乎有所思考。

三、一波三折——与检察官"诉辩协商"

笔者通过会见向Z某说明了认罪认罚和无罪辩护的利弊及法律后果，告知了检察机关的量刑建议，以及笔者对本案的辩护思路，征求Z某的意见。Z某犹豫不决：如果检察机关给出10年的确定刑量刑建议，他是同意的；但如果达到12年，他就难以接受了。

基于此，笔者开始了与检察官的"诉辩协商"。检察官明确表示"10年到12年"这一量刑建议已经是既定结果，无法作出任何更改。但笔者不想放弃，仍然不断地研究案卷、检索法律法规、搜集类案判决，多角度寻找从宽量刑的辩点，试图动摇这一"既定量刑"，以期调整为10~11年。终于，检察官同意再次上会汇报，尽量调整量刑建议。最终，检察官给出了"10年至11年6个月"的量刑建议，并明确告知绝无再下降可能。虽然仅仅下调了半年刑期，但笔者感觉已经使出了"洪荒之力"。

Z某考虑到无罪的可能性较低，在没有法定减轻情节的情况下，认罪认罚似乎是"高性价比"的选择，遂决定认罪认罚。但是，他明确要求笔者继续为他作无罪辩护，要把这些意见当庭说出来。

时值盛夏，烈日炎炎。一个工作日下午，笔者与检察官一起到看守所签署《认罪认罚具结书》。检察官向Z某说明认罪认罚的法律后果并听取意见，年过半百的Z某早已满头大汗，时不时地用力点头。笔者不禁自问，即使坚持做无罪辩护，在已经认罪认罚的情况下，究竟效果几何？很多法院乃至检察官，在被告人已经认罪认罚的情况下，根本就不允许辩护人再作无罪辩护，这不得不令人百感交集。

四、尽心竭力——辩护律师"持续奋战"

虽然本案在审查起诉环节认罪认罚，但审判阶段的辩护工作不能"打折扣"，仍须抽丝剥茧、深度挖掘。为了证明A公司确实存在客观损失，笔者一行驱车2小时前往A公司调取了相关证据，其中包括新厂址的租赁合同、购买新老设备的发票以及相关付款凭证，找到了搬迁时的两名工作人员核实损失情况，制作询问笔录，一并提交法庭和检察机关。

检察官收到材料后立即联系笔者，询问是否坚持无罪辩护。笔者谨慎地表达：Z 某坚持认罪认罚，辩护人独立发表无罪辩护意见。起初，检察官电话中明确拒绝，并表示会当庭撤回认罪认罚的量刑建议。经笔者反复沟通后，检察官同意了在对事实证据不持异议的情况下，辩护人可以对法律适用问题发表辩护意见。庭前法官也提醒笔者，虽然被告人认罪认罚，许可律师无罪辩护，但是仍要注意发言的方式方法和语气措辞，否则会影响被告人认罪认罚的自愿性。

可见，独立辩护的权利需要有智慧地维护，并在庭前有效沟通，如果当庭突然提出，可能会节外生枝，造成被动局面。本次庭审中，争议焦点是定性即法律适用问题，笔者并未对公诉机关指控的证据过多质疑，而是重点出示了自行收集的相关证据。在法庭辩论环节中，笔者坚持把辩护意见逐条说明，庭审效果总体不错，Z 某及其家属在庭后表达了充分的肯定和感谢。

五、心有所憾——一审法院"顶格判决"

庭审后，笔者多次与法官沟通，希望能够考虑辩护人的无罪意见，即使认定有罪，也希望能够在量刑建议的范围内判处最轻刑罚，即 10 年有期徒刑。宣判当天，虽然 Z 某穿着防护服，戴着口罩和防护镜，但笔者仍然能感觉到他的忐忑与不安。Z 某最终获刑 11 年 6 个月，这个刑期虽未超出量刑建议的范围，但仍然是"不理想"的结果，我们颇感意外和无奈。

宣判后会见 Z 某，他很平静，向笔者表达了感激之意。他说，无论如何也比 12 年少了半年，并表示不再上诉，只希望能快速"下监"争取减刑。

辩护技巧

每每回想起本案，笔者既感到遗憾却又深知这是一种常态。笔者认为，在被告人认罪认罚案件中，律师坚持独立的无罪辩护，应当坚持慎用和善用两大原则。

一、慎用原则

上述辩护策略，对辩护人的专业能力、沟通能力以及与被告人的配合程度要求较高，是一把"双刃剑"。如果遇到适合的案件，可能会最大限度地达成预期目标，反之，也有可能会使得无罪、罪轻辩护的效果大打折扣。除此之外，在庭审中，因辩护人和被告人意见不一致，法官、检察官诘问被告人究竟是否认罪认罚时，可能出现撤销认罪认罚的风险，《认罪认罚具结书》带来的从宽效果可能不复存在。在此种尴尬境地下，若无罪意见又没有被采纳，最终从重处罚的可能性较大。

二、善用原则

一方面，要认清辩护人与被告人之间的关系。认罪认罚是被告人的权利，辩护人无权代替被告人作决定，既要对被告人的决定表示尊重，又要加以引导。另一方面，要正视辩护的价值。辩护人具有相对独立的辩护地位，无论当事人是否选择认罪认罚，辩护律师仍应尽心尽力、不打折扣地为被告人辩护，尊重当事人的选择、维护当事人的合法利益永远是刑辩律师的使命和职责。

"被告人认罪认罚，辩护人作无罪辩护"，是基于我国无罪判决率低、认罪认罚协商不充分以及独立辩护权产生的一种辩护策略，可能会长期存在。辩护人在选择此辩护策略时应全面考量，权衡利弊，与被告人默契配合，以期达到最佳效果。

掌控主动：在量刑协商中运用精准量刑方法

● 张锦前[*]

辩护策略

当前我国认罪认罚案件主要由检察机关主导，但辩护律师起到平衡控辩力量、保障被追诉人自由自愿性的关键性作用，在案件中也应积极作为、争取主动。在审查起诉阶段，律师要充分把握量刑情节、分析认罪认罚的优劣、挖掘量刑协商的"筹码"，同时深入了解量刑步骤和方法，"精打细算"量刑幅度，争取先做到"得寸进尺"，后在审判阶段"乘胜追击"，取得认罪认罚的全面胜利。

案情简介

2019年9月，蔡某、王某邀请当地人吴某某、贾某某在湘西某县开办一家烟叶加工厂非法经营烟草。蔡某负责联系机器设备、烟叶货源及烟丝的销售；吴某某、贾某某负责联系厂房、招揽工人、生产加工及工厂管理；王某负责组织工人发货及联系股东。四人商定烟叶加工收费为6000元/吨，除去生

---

[*] 北京盈科（厦门）律师事务所刑事法律事务部主任、盈科刑辩学院副院长。

产成本和经营开支后，所得利润三方人员各得 1/3。

蔡某以 1.5～3 元/斤的价格采购烟叶后，安排货车运回接近工厂的高速收费站，吴某某、贾某某则安排驾驶员将烟叶从收费站转运到加工厂内。蔡某安排人员负责加工技术指导、产品质量和设备维修；王某安排人员负责监督生产，贾某某安排人员招揽工人。烟叶加工成烟丝后，蔡某联系好买家，通知王某组织工人发货。烟丝主要销往福建某地，销售价格为 20 元/千克，销量约 50 吨，销售金额共计 100 万元人民币。2019 年 10 月 28 日，该烟叶加工厂被湘西某县烟草专卖局和县公安局联合查处，并扣押烟叶 64,370 千克、烟丝 22,440 千克、烟梗和烟渣 22,790 千克及切烟机等机械设备。

本案并非由公安机关立案后一侦到底或由烟草专卖局执法完毕后整体移交，而是两家分开办理：一方面，公安机关立案后对相关人员进行了拘留讯问，并在 2019 年 11 月 7 日对烟草机械进行了扣押；另一方面，现场查获的烟叶、烟丝由烟草专卖局封存，并于 2019 年 11 月 25 日才移送公安机关，对于该烟叶、烟丝的过磅、抽样、鉴定全都由烟草专卖局进行。经湖南省烟草专卖局认定，被扣押烟叶价值人民币 2,798,807.6 元、烟丝价值人民币 1,463,536.8 元、烟渣和烟梗价值人民币 82,499.8 元，共计价值人民币 4,344,844.2 元，被扣押生产烟草制品机械设备价格为 7,936,600 元。

2019 年 10 月底至 11 月中旬，蔡某被抓获归案，吴某某、贾某某投案自首。2020 年 3 月 4 日公安机关将本案移送审查起诉；经两次退侦和三次延期，本案于 2020 年 9 月 7 日起诉到法院；法院经开庭审理后于 2020 年 11 月 27 日作出一审判决。

辩护过程

案发伊始，蔡某家属已经在湘西某县委托了当地律师作为辩护人。在本案第一次退侦期间，家属委托笔者开始介入本案以加强辩护力量。公安机关起诉意见书认定的涉案金额超过 1300 万元，家属也清楚案情重大，希望不要对蔡某判处 10 年以上的重刑。

通过阅卷，笔者认为蔡某非法经营烟草制品的基本事实清楚，而且"烟丝主要销往福建某地，销售价格为 20 元 / 千克，销量约 50 吨且销售金额共计为 100 万元"的情况属实。也就是说，已销售部分的涉案金额就已经达到非法经营罪"情节特别严重"的认定标准，在 5 年以上有期徒刑幅度量刑。会见时，蔡某对此亦无异议，并表示愿意认罪认罚。

阅卷中，辩护人发现公安机关办理此案的程序和证据上存在较多问题，比如行政程序与刑事程序共存，公安机关的扣押程序、价格认定程序及烟草专卖局移送的行政证据等都存在问题。这些都可以作为量刑协商的"筹码"。在此基础上，本案量刑协商历程如下：

1. 一退补侦材料回到检察机关之后，笔者及时提交了 18 页近万字的律师意见，充分论证本案存在的问题。

第一，侦查机关立案后对相关人员进行了拘留讯问，并在 2019 年 11 月 7 日对烟草机械进行了扣押，但现场查获的烟叶、烟丝由烟草专卖局封存，使得本案的关键性证据烟叶、烟丝于 11 月 25 日才移送侦查机关。并且，对于烟叶、烟丝的过磅、抽样、鉴定程序全都由烟草专卖局进行。笔者认为烟草专卖局在 2019 年 11 月 25 日移送公安机关的所有证据移送时间不合法，侦查机关立案后收集证据的取证主体不合法，不能直接转化为刑事诉讼证据。

第二，烟草机械及烟叶、烟丝的扣押均不具有当场性；烟叶、烟丝并非由侦查机关扣押，烟草机械的扣押数量也与烟草专卖局认定的数量相矛盾；扣押笔录里的见证人疑似公安机关辅助人员。

第三，本案未对扣押的机器是否为烟草机械进行鉴定，亦未对烟草机械的规格参数进行鉴定。湖南省烟草专卖局不具有价格认定的资质，其关于涉案机械价值的认定不能作为定案依据。

第四，作为行政机关的县烟草专卖局的检查笔录不符合程序规定；行政机关关于烟叶、烟丝重量的过磅记录并未附卷，其关于烟草重量的结论存疑；烟草专卖局对烟叶、烟丝的扣押程序不符合程序规定；湖南省烟草专卖局不具有价格认定的资质，其出具的《价格证明》不具有证据效力，且该《价格证明》不符合《价格认定文书格式规范》的要求，也不符合刑事鉴定意见的形式要求，不具有形式合法性。

第五，嫌疑人购置烟草机械是作为犯罪工具使用，而非用于倒卖获利，烟草机械的价格不宜认定为"非法经营"的犯罪金额；对于本案烟叶、烟丝的非法经营数额应当以查明的购买价格和销售价格进行认定。

同时，笔者还进一步提出，非法经营的数额应区分既遂和未遂，现场查获的尚未出售的烟叶、烟丝应认定为犯罪未遂。

2. 与承办检察官当面沟通。

笔者先将沟通重点放在案件存在的问题上面，提出本案的涉案金额不应是侦查机关认定的1300多万元，而应在200万~300万元的幅度内认定。在此基础上，笔者表达了当事人愿意认罪认罚的态度，希望能按辩护人提出的200万~300万元认定涉案金额，并希望在5~6年有期徒刑的幅度内提出量刑建议。经过协商，承办检察官提出了6~8年有期徒刑的初步建议，当事人及其家属的预期目标已经达到。

3.与承办检察官保持电话联系,继续协商量刑问题。

按照相关量刑指导意见及湖南省实施细则的量刑步骤、量刑方法精准计算出本案的量刑起点、基准刑及宣告刑,再次论证量刑5~6年的合理性。首先,辩护人提出非法经营25万元对应的合理的量刑起点应该是5年,然后超出200万元左右数额部分增加3年的刑罚量比较合适,那么本案的基准刑就是8年。蔡某一直认罪认罚,可以减少30%甚至更多的刑罚量,所以刑期的中点就是5年6个月。如果检察机关提出的量刑建议是幅度刑,那么5~6年的刑期是合理的。承办检察官表示可以再考虑。

4.再次约见承办检察官当面沟通。

承办检察官提出5~7年的量刑建议,并表示法院判处6年的可能性最大。另一个作用稍小的主犯王某可能判处有期徒刑5年6个月;另外两个主犯具有自首情节,量刑建议为5~6年,并且判处5年的可能性最大;所有的主犯都得到从轻处罚。笔者进一步强调,结合本案情节,具有自首情节的主犯可以减轻处罚。

最终,量刑协商的结果是不改变侦查机关关于涉案金额的认定,但对于蔡某的量刑建议采纳笔者的意见为5~6年,具有自首情节的主犯量刑建议是4~5年,办案理想的量刑结果即将实现。控辩双方在案件起诉到法院的前一周签署了《认罪认罚具结书》。

5.在本案开庭之前,笔者提前一天约见了承办法官,主要目的是巩固检察机关的量刑建议,以及在财产刑上为蔡某争取最大减让。

首先,笔者向法官阐明本案犯罪数额的认定确实存在问题,坦陈了与公诉人量刑协商的情况及协商的结果,再次论证量刑建议有期徒刑5~6年的合理性,承办法官对此表示认可。

其次,向承办法官阐明当事人在本案中前期投入很大,入不敷出,尚未盈利，所以违法所得无法计算，罚金只能酌情判处。承办法官认可笔者的意见，最后确定罚金数额为 5 万元人民币，家属于庭审当天交纳。

由于庭前沟通较为充分，本案开庭十分顺利高效。一审法院判决蔡某犯非法经营罪，判处有期徒刑 5 年 6 个月，并处罚金人民币 5 万元。蔡某对判决结果很满意，未提起上诉。

辩护技巧

当前，认罪认罚从宽制度广泛适用于司法实践，律师是否具备量刑协商的能力，直接影响当事人的量刑结果。量刑协商是个技术活，要以专业为依托，具体有以下几点经验可供参考。

一、知识储备要扎实

如果当事人对犯罪事实没有异议，在案证据也能够支持定罪，那么律师工作的重点便是量刑协商。量刑协商其实是一个谈判过程，如果未掌握谈判的筹码，在谈判过程中不可能占得先机或优势，只能是单方面的求情，协商效果肯定大打折扣。本案中有利的因素就是本案办理过程中确实存在的问题，刑事法官的经历使得笔者在精准量刑方面更有优势，检察官也希望本案能做认罪认罚处理。

二、量刑协商要充分

量刑协商的过程也是博弈的过程。刚开始协商的时候，检察官一般会提出相对较高的量刑建议，辩护律师要心里有数，进行有理有节的"砍价"，有时可以策略性地提出相对较轻的刑期建议，以中和检察官偏高的建议，然后达到双方都能接受的契合点。在协商过程中，如果有条件还可以"得寸进尺"，趁检察官接受量刑建议时提出更轻的刑期建议，或者趁机提出缓刑要求及更低的罚金建议。

三、审判阶段要用心

在认罪认罚案件中,尽管审查起诉阶段签署了具结书,在审判阶段也不能"走过场"。律师一方面要与公诉人一起说服法官接受量刑建议,另一方面可以创造新的量刑情节,如赔偿、谅解、退赃退赔、缴纳罚金、立功等情节,再次降低刑期,或者在已有的量刑建议上"乘胜追击",提出缓刑、更低罚金刑的建议。该方法也可以适用于二审程序或重审程序。

罪刑突破：把握认罪认罚内涵后变更罪名并减低量刑

● 杜 平[*]

辩护策略

认罪认罚从宽制度已在刑事诉讼中普遍适用，此项法律制度的改革，对于辩护人既是机遇又是挑战。新制度相对应产生的实务难题诸多，特别是当控辩双方均认为有罪但对罪名定性有分歧时，如何运用该制度最大限度地维护当事人合法权益，非常考验律师的智慧。如果经过努力，仍未能在审查起诉阶段解决全部问题，还应争取在审判阶段变更罪名，在量刑中充分体现认罪认罚从宽。

案情简介

2019年3月至2020年6月，王某团伙（位于深圳市某大厦1015室）、潘某团伙（位于深圳市某大厦1011A室）、陈某团伙（位于深圳市某某大厦901室、1001室）组织人员以资源组、水军活群组、经理老师组、讲师组、客服组等不同分工实施电信网络诈骗。先由王某、潘某、陈某等人购买真实股民

---

[*] 北京市盈科（兰州）律师事务所刑事法律事务部主任、盈科刑辩学院副院长。

信息或者由资源组的成员负责寻找真实股民信息,推荐给扮演经理或者老师角色的成员,再由扮演经理或者老师角色的成员以资深股神身份利用诈骗话术和股民讨论股票,水军组的成员标榜荐股成员为股神,并发送虚假股票盈利信息,怂恿股民观看由其他团伙成员扮演的讲师在"1234TV"直播间播放的所谓股票培训的课程,意图向股民推荐虚假"川财资管"平台,谎称该平台可以做到"1∶10杠杆配资",诱导股民下载安装并向该虚假平台投资,以骗取股民财物。前期先让被骗的股民小额盈利以诱导其继续加大投资,再向其推荐购买"接盘股"导致被骗股民损失70%~80%,以此达到骗取他人财物的目的。

其中,涉及笔者当事人苏某某的具体指控包含在深圳市某某大厦901室、1001室陈某等人涉嫌诈骗罪的犯罪事实中,具体为2019年12月至2020年6月,陈某为实施电信诈骗,从网上购买手机、微信号等作案工具,某某大厦1001室的苏某某等人为陈某团伙提供股民信息,再由陈某组织部分成员扮演股票指导老师,将股民拉入微信群后利用话术向股民推荐股票,组织其他部分成员充当水军,在微信群中扮演股民吹捧股票指导老师,骗取股民信任,诱导被害人进入"1234TV"直播间听课、安装"川财资管"App投资炒股,并组织成员为股民在"川财资管"虚假投资平台上开户并指导股民入金、出金等操作,以骗取股民财物。2020年3月16日,被害人包某经朋友推荐添加了自称是"李某"的股票老师,后"李某"向包某推荐"川财资管"。4月24日,自称是"李某助理"的人向包某推荐了扮演客服的黄某某的微信,后在黄某某等人的诱骗下,包某从2020年4月27日至6月21日多次入金、出金后被骗157,481元。赃款流转进入深圳市某信息咨询有限公司等5家公司账户后被支配。某大厦1015室犯罪团伙,1011A室犯罪团伙,某某大厦901室、1001室犯罪团伙主要负责人建立微信群,商议实施诈骗犯罪活动,诈骗手段相同,各团伙共同使用"1234TV"直播平台实施诈骗，骗取被害人财物后洗转赃款部分途径一致。

辩护过程

当事人苏某某家属经多方问询，辗转从广州到兰州找到笔者。与笔者会面时，苏某某年轻的妻子怀抱年幼的孩子，茫然又无措。通过家属陈述，笔者了解到该案以诈骗罪立案侦查，涉及人数众多、案情较为复杂，是在全国范围内展开"断卡行动"专项治理下查获的电信诈骗案件，打击力度不言而喻，辩护难度可想而知。

一、据理力争，攻坚战出师未捷

笔者与团队另一名律师第一时间赶去会见苏某某，从苏某某处获取到更多的案件信息，初步判断苏某某的实行行为符合非法利用信息网络罪的构成要件。但侦查阶段能够掌握的全案信息情有限，办案民警出于保密考虑不肯透露案件侦办的情况，笔者与其对案件罪名的沟通未能达到理想状态。笔者并未气馁，密集会见苏某某以了解更多案件细节，并向侦查机关递交了不构成诈骗罪的法律意见书。但本案仍以诈骗罪报捕获批，又以诈骗罪移送审查起诉。

审查起诉阶段笔者与团队律师交替详析全部案卷，证据材料所反映的事实更加坚定了笔者对苏某某行为的判断。笔者通过电话、面谈、提交法律意见书等形式多次与公诉人沟通，提出苏某某应当构成非法利用信息网络罪而非诈骗罪等意见。理由是苏某某系受老板"常总"的安排，其从他人手中购买微信号、组建微信群、在微信群中充当股票老师、发布在股票公众号里粘贴来的话语、将添加自己持有微信号的意向股民拉入微信群进行"养粉"的客观行为，结合其主观犯意，符合《刑法》第287条之一第1款第1项"设立用于实施诈骗、传授犯罪方法、制作或者销售违禁物品、管制物品等违法犯罪活动的网站、通讯群组"、第 3 项"为实施诈骗等违法犯罪活动发布信息"的规定,构成非法利用信息网络罪。且苏某某的工作均是由老板"常总"安排的,其没有任何事务的决定权,对其他人没有领导权,与其他人一样领取固定工资。虽然老板"常总"尚未归案,但苏某某的供述,同案犯谭某、付某某的供述,电子数据等证据可以进一步证明苏某某在非法利用信息网络罪的共同犯罪中起次要、辅助作用,应当认定为从犯。另外,本案案涉嫌疑人22人,另案处理嫌疑人10余人,分别所属不同的房间,各个房间之间分工也各有不同,除几个房间的负责人之间有联系外,其余普通工作人员彼此不认识,也不知道其他房间的人所从事的工作内容,故本案嫌疑人不能一概以诈骗罪论之,应该严格根据犯罪构成对每个人的行为进行准确认定。

但是,在"捕诉合一"的检察机制下,笔者与公诉人就本案变更罪名、改变量刑建议的分歧巨大,很难取得有效的沟通说服。苏某某面对强势公诉人提审时也曾屡次情绪失控,他的"哭诉抗争"致使公诉人认为其拒不认罪悔罪,极有可能将其按诈骗罪提起公诉并给出较重的量刑建议。

二、峰回路转,拉锯战赢得战果

审查起诉期限临近结束时,公诉人向苏某某和笔者提出认罪认罚的建议。面对这个来之不易的机会,笔者第一时间从法律角度给当事人详尽释明认罪认罚制度的规定,并客观说明此时认罪认罚的利弊,从专业角度给当事人建议。在征求苏某某意见后,笔者紧抓认罪认罚适用的机会与公诉人再次沟通,表达了苏某某自愿认罪认罚的真实意愿,并重申苏某某到案后自愿如实供述自己罪行,承认犯罪事实,其对自己的犯罪行为并无异议,也愿意接受与其犯罪行为相适应的处罚,但是对于犯罪性质其不认可是诈骗罪。依据《最高人民法院、最高人民检察院、公安部、国家安全部、司法部关于适用认罪认罚从宽制度的指导意见》第6条中"虽然对行为性质提出辩解但表示接受司法机关认定意见的，不影响'认罪'的认定"的规定，"认罪"的实质内涵应指自愿如实供述自己的罪行，对指控的犯罪事实没有异议，对罪名不认可并不等同于"不认罪"。公诉人最终接受了笔者认为苏某某符合"认罪"的观点，沟通得以继续。

笔者深知，认罪认罚要在控辩双方就量刑建议达成一致时，才能切实维护当事人合法权益。本案在商议量刑建议时，笔者与公诉人的意见再次产生分歧，公诉人综合考虑犯罪情节，初步提出量刑建议3年，这是诈骗罪的通常量刑幅度，却是非法利用信息网络罪的最高刑期。笔者认为，该量刑建议未能体现出"罪责刑相一致"的刑法原则，控辩双方量刑协商陷入僵局，"认罚"难以确定。虽然《认罪认罚具结书》的签署暂时搁置，但公诉人认可了苏某某"认罪认罚从宽"的情节，控辩双方商定在一审开庭前最后确认是否签署《认罪认罚具结书》。笔者又进一步补充提出苏某某不构成诈骗罪的观点，旨在引发公诉人的思考，为改变罪名奋力一搏。但遗憾的是，《起诉书》还是对包括苏某某在内的全案被告人以诈骗罪起诉。

尽管笔者内心坚持认为苏某某不构成诈骗罪，但这种内心确信不能盲目，要言之有物，言之有据。笔者深知，如果审判阶段最终以诈骗罪定罪量刑，对苏某某及其家属将是沉重的打击。要让当事人在案件中感受到公平与正义，唯有锲而不舍穷尽方法，在审判阶段继续争取改变罪名，以充分体现"认罪认罚从宽"的应有之义。

笔者团队反复研判案卷材料，仔细梳理与苏某某有关的证据，对苏某某的客观行为等重点问题进行严谨论证，就苏某某涉嫌罪名、在共同犯罪当中的作用等问题与承办法官一一进行沟通，不放弃任何一个为案件据理力争的机会。开庭前，笔者就苏某某的认罪认罚问题再次与公诉人、主审法官交换意见，功夫不负有心人，庭审前公诉人在指控诈骗罪时将量刑建议确定为1年8个月，苏某某自愿签署了《认罪认罚具结书》。

三、改变罪名，防御战完美落幕

尽管认罪认罚的量刑建议较为理想，但是笔者意识到，如果苏某某涉嫌诈骗罪被法院认定成立，不能排除合议庭依职权提高量刑的可能，潜在风险仍在，唯有变更罪名方得万全。

法庭调查阶段，围绕苏某某如何建立微信群组、发布消息，是否和实施其他环节犯罪的被告人有犯意联络以及日常的工作交接，是否为某某大厦1001室的具体负责人，在整个电信诈骗的犯罪过程中到底起到了何种作用等问题，笔者展开发问与质证，苏某某及其他被告人的当庭回答基本与案卷材料印证。法庭辩论阶段，笔者进一步阐明苏某某构成非法利用信息网络罪而非诈骗罪，且系从犯，并且强调其已庭前认罪认罚。令人意外的是，公诉人对笔者的辩护观点并未反驳，当庭发表意见对苏某某及其他两名被告人谭某、付某某的指控罪名由诈骗罪变更为非法利用信息网络罪，并且认可苏某某庭前认罪认罚从宽以及从犯的量刑情节。

从《起诉书》全案被告人被控诈骗罪的"山重水复疑无路"，到公诉人当庭变更罪名的"柳暗花明又一村"，笔者为被告人苏某某争取到了期待的结果。法院一审判决认定被告人苏某某构成非法利用信息网络罪，调整量刑建议，判处有期徒刑1年6个月。苏某某未上诉，同案其他被告人上诉后二审维持原判。

辩护技巧

对于罪质有异议的案件，如果试图先搁置争议认罪认罚，再通过庭审辩护争取变更罪名、降低量刑，笔者认为不可忽视以下要点。

一、准确把握罪质争议性质,掌握认罪认罚的主动权

犯罪嫌疑人、被告人对行为性质的辩解,是否影响"认罪认罚",实务中一度存在争议。《最高人民法院、最高人民检察院、公安部、国家安全部、司法部关于适用认罪认罚从宽制度的指导意见》第6条规定,如实供述自己的罪行,对行为性质提出辩解但表示接受司法机关认定意见的,不影响"认罪"的认定。也就是说,在认可实行行为涉嫌犯罪但对指控罪名持有异议的情况下,只要自愿具结,接受量刑建议,仍可以适用认罪认罚从宽制度。对于辩护人而言,一方面要以适当的表达方式坚持罪质辩护意见,另一方面要在罪质暂未达成一致的情况下,先基于指控罪名推动量刑协商,争取殊途同归,达到量刑从宽的预期目标。

二、充分利用法庭调查机会,呈现有利于被告人的事实

控辩双方对于罪名适用争议的根本原因,是对案件事实的认识不同。刑事庭审实质化是"以审判为中心"的诉讼制度改革的基本要求,其内核是被告人的刑事责任在审判阶段通过庭审方式解决。辩护人利用交叉询问、对质的方式呈现出对被告人有利的事实,引导法庭充分注意到焦点问题,在质证时不拘泥于"一证一质"的单薄陈述,围绕全案及时总结事实区分,主动与控方当庭再次商榷,改变指控罪名与量刑的可能性会大大增加。

困境求生：重审案件借认罪认罚逆风翻盘

● 胡 茹[*]

辩护策略

认罪认罚制度随着检察机关的有力推动，已在我国司法实践中得到普遍适用，在罪轻辩护中发挥重要作用。为帮助当事人争取最大幅度的量刑从宽，律师应在案件中"权衡利弊、审时度势"，既要充分利用有效辩点，又要与检察机关积极开展认罪认罚协商。签署《认罪认罚具结书》后，如果法院对案件定性有不同意见，要本着有利于被告人的原则，借助与检察机关已达成的诉讼合意，实现最佳辩护效果。

案情简介

2018年7月至9月，W某发现与某汽车4S店合作的汽车金融公司因未按期到车管所备案，可无须抵押登记手续办理贷款购车，再通过将车辆进行二次抵押贷款即能实现"零首付"购车，遂在微信朋友圈发布广告。P某（另案处理）见广告后诱骗一批有资金需求的"客户"编造虚假信息向该4S店购车，

---

[*] 北京盈科（昆明）律师事务所刑事法律研究中心主任、盈科刑辩学院副院长。

并让 W 某协助"客户"办理贷款购车事宜。W 某垫付购车首付款,"客户"与 4S 店先后就 9 辆车签订虚假购车合同后,由汽车金融公司将车辆贷款转账至 4S 店账户,4S 店将车辆交付 W 某转交 P 某,P 某派人将 9 辆车通过二手车贩卖市场进行转卖或抵押套现后获取非法利益,致使案发时汽车金融公司发放的贷款共计人民币 762,593.57 元无法追回。W 某起初以为只是正常的"零首付"购车,对于 P 某的"非法占有目的"并不知情,至其办理第二辆车贷款时才发现"客户"有问题,但为让 P 某支付其已经垫付的首付款,W 某决定继续实施行为至案发。

W 某在本案中的"欺骗"行为是协助 P 某安排的"客户"与 4S 店签订虚假车辆买卖合同,"客户"贷款购车意愿虚假,身份及工作单位信息也部分虚假,导致 4S 店和汽车金融公司被骗。但汽车金融公司因被骗而处分财物的行为是将款项直接转账至 4S 店,W 某并未通过其"欺骗"行为直接获得车辆贷款,而是获得了 4S 店交付的车辆,最后这些车辆的处置也由 P 某等人完成。

本案系一起虚构客户信息购买车辆的诈骗案件,在定性上属于合同诈骗罪还是贷款诈骗罪,检法之间存在较大分歧。检察机关认为 W 某以非法占有为目的,在签订、履行合同过程中,骗取对方钱款,应当以合同诈骗罪追究其刑事责任。原审人民法院则认为 W 某通过他人使用虚假的经济合同,诈骗金融机构的贷款,应当以贷款诈骗罪追究其刑事责任。

2019 年 1 月 31 日,检察机关对 W 某以合同诈骗罪提起公诉。2019 年 8 月 22 日,一审法院判决 W 某犯贷款诈骗罪,判处有期徒刑 10 年。W 某不服一审判决,提起上诉;检察机关也提起抗诉。但一审法院未将抗诉书移送二审法院审查,二审法院经书面审理,裁定维持原判。2021 年 7 月 28 日,二审法院发现本案违反法定程序,裁定撤销原判,发回原一审法院重审。

辩护过程

笔者接受已在监狱服刑 2 年的 W 某委托，担任其在本案重审一审阶段的辩护人。W 某了解到，贷款诈骗罪属金融诈骗类犯罪，在减刑时条件更为严苛，故非常期待能借重审的机会，将原一审法院认定的贷款诈骗罪改变定性为合同诈骗罪，并希望比照原生效判决尽量缩短刑期。对于一个经过一审、二审审理，且已实际执行 2 年的刑事案件，既要改变定性，又要缩短刑期，难度可想而知。

一、初步沟通，知己知彼

鉴于本案的定性，笔者与检察机关的意见一致，笔者首先积极与检察官进行沟通。承办检察官称本案之所以提出抗诉，与量刑无关，主要原因是原一审法院改变了检察机关指控的罪名，这更加坚定了笔者辩护的决心。

笔者随即与重审主审法官沟通，却被泼了冷水。法官称原一审判决书因改变罪名，曾被某省法院系统评为优秀判例，还被全国法院系统内部编纂的《2019 年度法院系统优秀案例评选丛书》选入其中，故重审时法院改变罪名的可能性很小。

基于上述情况，笔者认为本案发回重审原因在于程序违法，检法两家虽然对于罪名的认定存在较大争议，但对改变量刑均无动力。因此，定性之辩可以借助检察机关的力量，而量刑之辩则首先要得到检察官认同，再依托控辩一致的力量进一步说服法官。

二、锁定辩点，寻找突破

根据阅卷情况，笔者将以下两个主要辩点作为突破口：

第一，关于定性。本案应当构成检察机关指控的合同诈骗罪，而非原一审判决的贷款诈骗罪，主要理由有三：一是只有在利用合同骗取金融机构贷款时，才应当认定为贷款诈骗罪，在案证据不能证实该汽车金融公司系我国法律规定的"金融机构"，因此本案侵犯的是一般市场主体的财产利益而非金融机构的财产利益；二是本案中汽车金融公司处分财物的行为是将贷款转账至4S店，W某并未通过其行为获得车辆贷款，而是获得了4S店交付的车辆，行为指向的被害人是谁对于法益侵害种类的判断尤为重要，既然金融公司不是本案的被害人，W某在本案中的行为就更符合合同诈骗罪的犯罪构成要件；三是被分案处理的P某被原审法院以合同诈骗罪判处刑罚，W某作为共同犯罪人，应同案同判，对其行为定性为合同诈骗罪。

第二，关于量刑。W某在本案中的涉案金额应属于"数额巨大"，而非原一审判决认定的"数额特别巨大"。如本案被定性为贷款诈骗罪，云南的司法机关均参照《全国法院审理金融犯罪案件工作座谈会议纪要》及《最高人民法院关于审理诈骗案件具体应用法律的若干问题的解释》（1996）（已失效）之规定，对该罪名的刑档按诈骗罪的数额标准确定，涉案金额达人民币50万元以上即属于"数额特别巨大"，应判处"十年以上有期徒刑"；如本案被定性为合同诈骗罪，该罪名在我国刑事法律中"数额巨大""数额特别巨大"的标准并没有明确的规定，由于合同诈骗罪的立案标准为人民币2万元，系普通诈骗罪的立案标准（5000元）的4倍，结合《云南省高级人民法院量刑指导意见》，在认定合同诈骗罪"数额巨大"的标准时，本地司法机关会比照诈骗罪"数额巨大"标准的2~4倍确定合同诈骗罪的同档认定金额，故本案的涉案金额人民币762,593.57元属合同诈骗罪"数额巨大"，应在"有期徒刑三年以上十年以下"刑档量刑。

显然，上述两个辩点具有递进关系，量刑辩护要建立在定性辩护基础之上，如果定性辩护不能实现突破，量刑辩护便无从谈起。

三、迂回策略，撬动支点

笔者认为，既然本案能否改判为合同诈骗罪是辩护成功的关键所在，而检法两院又就定性存在分歧，如果能够在重审期间推动认罪认罚，或许会增强检察机关对法院的影响力。

设想虽好，落实却难。笔者刚提出申请适用认罪认罚程序，检察官便表现出抵触情绪，理由：第一，从未有过在发回重审阶段签署《认罪认罚具结书》的先例；第二，W某认罪态度很差，且始终未退还违法所得，拒不缴纳罚金，社会危害性大，不具备认罪认罚的条件。笔者意识到，单纯进行认罪认罚协商面临较大障碍，不得不另辟蹊径，只有拿出足以影响定罪量刑的观点，才能改变检察官的态度。果然，笔者提出"原一审判决将涉案金额认定为'数额特别巨大'属于认定错误，结合相关法律规定及原一审法院其他生效判例，按照合同诈骗罪的数额标准，本案应当属于'数额巨大'，而非'数额特别巨大'，在量刑上应降低一个刑档"的辩护观点后，检察官马上予以高度重视。为便于检察官讨论和汇报，笔者递交了一份详细的辩护意见，同时提交了16份原一审法院作出的生效判例，能够证实：第一，凡是涉案金额高于人民币762,593.57元、低于人民币100万元的合同诈骗罪判例，均被认定为"数额巨大"，刑档在"有期徒刑三年以上十年以下"；第二，涉案金额高于人民币100万元被认定为"数额特别巨大"的合同诈骗罪判例，也仅对被告人量刑为有期徒刑10年。同一法院，应当同案同判，可以直观证明本案原一审判决对W某量刑畸重。

随后，笔者与承办检察官进行了2小时的会面沟通，检察官同意根据W某的庭审表现决定是否签署《认罪认罚具结书》，量刑建议同样根据W某的认罪情况当庭提出。至此，笔者工作取得实质进展，认罪认罚程序有望启动。

四、落袋为安，有惊无险

本案重审开庭是一大难关，W 某当庭态度极为关键。尽管其一再向笔者表态，愿意争取认罪认罚从宽，但笔者仍然担心其庭审表现。W 某之所以在原审庭审中被认定为认罪态度恶劣，系其性格偏执、不懂如何正确陈述案件事实所致，因此本次庭审前，笔者反复与其沟通，并制定了多种发问补救预案。

不出所料，由于 W 某对公诉人的讯问意图不能理解，二人的"跨服问答"再次激怒了公诉人，W 某辩解的从轻理由被当庭驳斥，被认为仍在作无罪辩解。为确保认罪认罚能够进行，笔者及时在庭审中说明 W 某系由于表达和理解偏差引发误会，并请求通过笔者的发问及 W 某的回答再次确认其认罪态度。笔者在对 W 某发问时尽量采用封闭式问题，并紧紧围绕其对诈骗行为明知的时间点、实施的行为、继续配合 P 某实施诈骗的原因等核心问题，W 某终于作出了既符合认罪认罚内涵、又能表达其罪轻辩解的回答。公诉人当庭给出了有期徒刑 8 年至 8 年 6 个月的量刑建议，超出了预期效果。

庭审结束后，笔者又多次与承办法官进行沟通，希望其能够摒弃案外因素，从事实和证据出发，对本案的定性及量刑予以正确认定，并对检察机关和被告人达成一致的认罪认罚成果予以确认。最终，重审人民法院作出重审一审判决，采纳了辩护人的辩护意见和检察机关的量刑建议，判决 W 某犯合同诈骗罪，判处有期徒刑 8 年 3 个月。W 某认可判决结果，未提出上诉。

辩护技巧

认罪认罚协商过程中，辩护人对"点"和"度"的精准把控，直接影响控辩双方诉讼合意的达成及法院的判决结果。

一、寻求共鸣，促成协商

本案中，笔者向检察官提出 W 某认罪认罚意愿时被拒，转而从案件的法律适用问题入手，构建良性沟通，树立共同目标，实现案件定罪量刑的重大改变。因此，面对类似案件，如果辩护人认为认罪认罚更有助于维护当事人的权益，那么在检察机关拒绝磋商时，要做好心理建设，不能气馁，不能放弃，而应尽量寻找与检察官产生共鸣的辩点，在此基础上表达认罪认罚的强烈意愿，认罪认罚程序的启动便水到渠成。

二、制定预案，把控庭审

本案中，认罪认罚程序能否启动，关键取决于被告人的庭审表现，这类较为极端并且风险较大的情况，往往适用于检察官对被告人印象不佳、对其认罪态度不认可的情形。辩护人在庭上不能替代被告人应对讯问，但可以在庭前针对被告人的特点和容易出现的问题强化辅导，以免其因理解能力和表达能力欠缺而陷入被动。面对庭审中的突发状况，辩护人要保持精神高度集中，随时准备"救场"，而争取法官的许可和检察官的同意，显然需要专业支撑和表达智慧。如果控辩审三方就认罪认罚达成共识，辩护人在认罪认罚基础上再进行有效辩护，一定能够最大限度地维护被告人的合法权益。

「盈」的秘密3：认罪认罚从宽制度下的有效辩护

协同发力：认罪认罚案件重审改判缓刑

● 顾　宁[*]

辩护策略

一般情况下，如果辩护人介入案件时犯罪嫌疑人已经做了有罪供述，甚至签署了《认罪认罚具结书》，似乎无罪辩护就丧失了空间。尤其是轻罪案件，一旦认罪认罚后被判决有罪，似乎二审量刑辩护就很难有回旋余地。但是，刑事辩护的价值就在于从不可能中寻求可能，在维护当事人合法权益上"寸土必争"。对于目标为改判缓刑的案件，辩护人可以采取无罪辩护和量刑辩护并举的阶梯辩护方式，一方面引起合议庭对案件的高度重视，另一方面寻求各方均认可的妥善处理方式。

案情简介

本案是一起危险驾驶案件。特殊之处在于本案中有两名犯罪嫌疑人，一名为驾驶员K某，另一名为车主及乘坐人Z某。笔者作为Z某的辩护人，在一审宣判后接受委托，承担二审、发回重审（一审）的辩护工作。此前，Z某已

---

[*] 北京市盈科（深圳）律师事务所刑事风险与合规部主任、盈科刑辩学院副秘书长。

经在审查起诉阶段认罪认罚,并被判处拘役2个月(实刑),并处罚金。

公诉机关指控:2021年9月某日凌晨1时许,被告人K某饮酒后驾驶小型汽车在某小区负一楼停车场内行驶时,该车右侧车身与停车场消防设备发生碰撞,造成车辆部分损坏及消防设备损坏,K某负事故全部责任。事故发生后,执勤民警于当日3时55分许对被告人K某进行呼气式酒精检测,结果为112mg/100mL。在调查取证后,执勤民警于同日5时32分许将K某带至医院抽取血样。经鉴定,血液酒精含量为93mg/100mL,达到醉酒驾驶的标准。该事故已达成赔偿协议。

一审中,公诉机关认为被告人K某的行为已构成危险驾驶罪。同时,被告人Z某作为K某所驾驶小型汽车的车主及同车人,在明知驾驶人K某有饮酒行为的情况下,仍将自己的汽车交由K某上路行驶,其行为已涉嫌危险驾驶共同犯罪。公诉机关建议对被告人K某判处拘役1个月,并处罚金;对被告人Z某判处拘役2个月,并处罚金。值得注意的是,公诉机关并未书面明确是否建议对二人适用缓刑,也为后面的问题埋下了伏笔。

一审法庭上,被告人K某、Z某对指控的事实及证据均无异议。一审法院另查明,两被告人在发生事故后逃离现场,被告人Z某联系第三人过来,由他人驾驶车辆返回现场,意图报保险索赔。保险公司人员到达现场后报警,警察调取了监控,第三人才承认是代被告人K某开车。两被告人均未主动报警,在警察到达现场后均未主动陈述真实案件事实,均不具有自首情节。在共同犯罪中,被告人Z某属同车人及车辆出借人,与K某作用相当,二人不分主从。另查明,被告人Z某此前曾因酒后驾车违法行为被处理。一审法院判决被告人K某犯危险驾驶罪,判处拘役1个月,缓刑3个月,并处罚金;被告人Z某犯危险驾驶罪,判处拘役2个月(实刑),并处罚金。

被告人Z某接到判决后,对只判处其一人实刑不能接受。一方面,K某

「盈」的秘密 3：认罪认罚从宽制度下的有效辩护

作为实际驾驶人判处缓刑，其本人作为乘车人却判处实刑不公平。另一方面，检察院在与其签署《认罪认罚具结书》时，虽未书面注明，但口头说是建议缓刑，判决结果差异过大。被告人 Z 某遂找到笔者，委托笔者进行二审及后期辩护，目标是争取判处缓刑。

辩护过程

一、立足法理，挖掘无罪辩点

笔者接受委托后，查阅本案全部案卷，并与被告人 Z 某进行了深入沟通。笔者首先对案件证据进行了深入分析，对证据的真实性、合法性、关联性进行全面审查，甄别非法证据、瑕疵证据。

经过详细审查，笔者发现一审判决在本案最核心的犯罪事实上存在曲解和认定错误，认定 Z 某构成犯罪的证据不足。主要原因如下：

1. Z 某是在 K 某未饮酒、完全清醒的状态下将车辆借出，之后 K 某是该车辆的实际控制人、使用人，Z 某并没有危险驾驶的共同犯罪行为，不构成犯罪。

根据在案证据，Z 某是案发前一天下午将车辆借给 K 某的，K 某从 Z 某住处拿到钥匙并取得车辆，当时 K 某并未摄入酒精。至车辆归还前，K 某是该车辆实际控制人、使用人，其间 Z 某对车辆无控制、支配行为。因此 Z 某并无犯罪行为。

2. K 某系自行挪车，该过程中 Z 某并未参与意见，仅仅只是跟随。

K 某的讯问笔录证实，K 某是为自己用车方便而挪车，并非受到 Z 某指使。Z 某在案发时，的确乘坐 K 某驾驶的车辆，但当时 Z 某也处于醉酒状态，并未向 K 某作出任何意思表示。因此，Z 某醉酒后的跟随行为，不能定性为指使行为。

3. Z某未有效阻止K某驾车，一方面，因为当时车辆已经不由其控制，其阻止义务有限；另一方面，因为其当时处于醉酒状态，对自己行为的控制能力有限。K某是完全行为能力人，不能将阻止义务强加给Z某。

综上可以看出，车辆自出借起即由K某控制、使用，Z某只是随同K某去挪车，并坐在副驾驶处。即使Z某未进行阻止，也并未达到违反"特殊义务"的程度。Z某即使存在过错，也不宜用刑法追究责任。

据此，笔者在二审辩护中大胆提出了在该"认罪认罚"案件中被告人Z某的行为不构成犯罪的辩护意见，同时以在案证据为依据，将案件事实进行重构，辅以了严密的逻辑、法理论证，使二审法官对案件的定性产生新的认识，从而考虑本案中Z某可能确实不构成犯罪。

二、立足证据，梳理量刑情节

本案中，即使Z某自愿认罪，适用认罪认罚，量刑仍存在不当与失衡，这也是被告人Z某上诉的重要原因。二审中，笔者就本案涉及的相关量刑问题进行了有效辩护，一审判决的基础被进一步撼动。

1. Z某单独具有自首情节，与K某是否自首无关。

案发当天，Z某在明知已经报警的情况下，仍在事故现场等待民警，并没有逃跑，且主动向警方交代情况。在询问及讯问笔录中，Z某对案发经过并未进行虚假陈述。对于谁驾驶车辆的问题，Z某也没有说谎。不能因为K某不构成自首，而否定Z某构成自首，二人应该分开认定是否具有自首情节。2010年《最高人民法院关于处理自首和立功若干具体问题的意见》规定:《最高人民法院关于处理自首和立功具体应用法律若干问题的解释》第1条第1项规定了七种应当视为自动投案的情形，体现了犯罪嫌疑人投案的主动性和自愿性。按照此规定，犯罪嫌疑人"明知他人报案而在现场等待，抓捕时无拒捕行为，供认犯罪事实的",也应当视为自动投案。因此,应当认定Z某具有自首情节,对其减轻或从轻处罚。该情节的认定,将极大地影响对Z某的量刑,二审得以发回重审的概率也明显提高。

2. 案发地处于"居民小区地下停车场",社会危害性相对较低。

本案犯罪地点特殊,并非正常交通路段、繁忙路段,而是在地下停车场。这是一个相对封闭的区域,因此行为社会危害性较小。参考当时《浙江省高级人民法院、浙江省人民检察院、浙江省公安厅关于办理"醉驾"案件若干问题的会议纪要》,对于醉酒在广场、公共停车场等公众通行的场所挪动车位的,或者由他人驾驶至居民小区门口后接替驾驶进入居民小区的,或者驾驶出公共停车场、居民小区后即交由他人驾驶的,不属于《刑法》第133条之一规定的"在道路上醉酒驾驶机动车"。可见,浙江省司法机关认为,在"居民小区地下停车场"内醉酒驾车,不构成危险驾驶罪。虽然该规定属于省内规定,但是一定程度上也反映出居民小区内车库与一般道路在社会危害性上的明显区别,可以参照对Z某从轻处罚。

三、力促发回重审,并终获缓刑

经过上述无罪辩护和量刑辩护协同发力,二审法官也意识到本案一审判决存在问题,相关问题应该在新的审理中得以纠正。最终,二审法院以"事实不清、证据不足"为由撤销了一审判决,将本案发回重审。

在发回重审一审的辩护中,笔者又对案件进行了反复研究,在案卷中寻找每一个对Z某有利的细节,不放过每一个疑点。开庭过程中,笔者不仅对前述观点进行了详细阐述,摆出证据予以支持,还与公诉人及审判人员进行了有效的沟通。庭上,笔者与公诉人就是否可能对Z某判处缓刑一事进行了深入商讨。因被告人Z某已签署认罪认罚文件,但并未明确是否判处缓刑,因此明确此问题非常必要,是对贯彻认罪认罚制度精神的有效践行。被告人Z某当庭表示愿意认罪认罚,希望公诉机关明确将量刑建议调整为"建议判处缓刑"。公诉人表示,根据本案查明的事实,可以建议对被告人 Z 某适用缓刑。

最终,该"认罪认罚"案件经过发回重审,法院判处被告人 Z 某拘役 2 个月,缓刑 3 个月,并处罚金。至此,虽未取得无罪结果,但经过无罪辩护和量刑辩护的双管齐下,最终实现了当事人的核心诉求,也有效地维护社会公平正义。

辩护技巧

一、坚定不移挖掘认罪认罚案件中的"无罪问题"

无罪是指犯罪嫌疑人、被告人的行为不构成犯罪,不应当受到刑事追究。刑事案件需要经过侦查、审查起诉、审判等机关的审查判断,最终确定被告人是否有罪。这一过程往往会或多或少地存在问题。即便在认罪认罚案件中,事实认定与法律适用也并非完全没有瑕疵,甚至会导致无罪问题未被及时发现。作为辩护人,应当跳出各方的认定结论,用科学的方法重新进行审视,形成独立判断,最终确定被告人的行为是否构成犯罪。随着认罪认罚制度的广泛适用,将有"无罪"可能的案件纳入认罪认罚程序的案件数量不降反升。因此,辩护人在认罪认罚案件的辩护中,绝不可掉以轻心,应协助办案机关共同坚守证明标准,查明案件真相,维护公平正义。

二、无罪辩护与量刑辩护"软""硬"兼施,统筹兼顾

无罪辩护,是意图使指控罪名不能成立的辩护形态,可以说是"硬"辩护;量刑辩护是在假设罪名成立的前提下,为被告人争取更低量刑的辩护形态,可以说是"软"辩护。一些案件中不仅有定性问题,还存在量刑问题。此时,无论是按照法律规定,还是按照刑事辩护实务要求,都应该将二者统筹考

量，不能为"无罪、从轻不可兼得"的传统、错误认识所局限。同时，选择无罪辩护策略时，一定要言之有物、辩之有据，不可无中生有、无病呻吟，否则将适得其反，无法实现有效辩护。实践中要将两种辩护形态有机结合，统筹兼顾，以取得最好的辩护效果。

三、在细节中发现辩点，全面构建防御体系

刑事案件各诉讼流程环环相扣，表面上看都已达到认定犯罪的证明标准。然而"魔鬼就在细节里"，只有在细节中细心寻找，才能发现本质问题。本案中汽车出借时间、当事人的醉酒状态、挪车行为及案发地点都属于细节性问题，正是这些细节性问题对案件的最终结果起到了决定性作用。刑辩律师需要不断沉淀，磨炼法学功底和经验能力，才能发现案件细节里存在的"魔鬼"。

勇于挑战：独立辩护终获不起诉决定

● 曾宇鹏[*]

辩护策略

认罪认罚从宽制度经过近几年的司法实践，已成为我国一项重大的刑事司法制度，也深刻影响着传统的刑事诉讼结构、诉讼模式、诉讼主体的权利和地位。但是，若犯罪嫌疑人、被告人因种种原因自愿认罪认罚，而辩护律师在分析全案证据和事实的基础上，认为不构成犯罪或指控罪名不当的，仍可以依法行使独立辩护权，在与当事人进行有效沟通后，为其作无罪辩护或量刑辩护，最大限度地保障当事人的合法权益。

案情简介

2020年10月中下旬，被告人陆某接受王某委托，安排"阿东"（未到案）在香港接收"黄大哥"（未到案）从印度尼西亚运输过来的海马，并将海马从香港运输回深圳清水河陈某处。陈某在该仓库接货后，按照被告人陆某的安排将打包成箱的海马制品通过物流运输到安徽亳州王某处（另案处理）。

---

* 北京市盈科（惠州）律师事务所刑事法律事务部主任、盈科刑辩学院副秘书长。

2020年11月16日，公安机关在安徽亳州德邦物流处查获到陈某发出的疑似干海马两箱，共计9650尾。经广东鹏海司法鉴定所鉴定，查获的两箱疑似干海马均为硬骨鱼纲（OSTEICHTHYES）辐鳍亚纲（ACTINOPTERI）海龙鱼目（SYNGNATHIFORMES）海龙鱼科（Syngnathidae）海马属（Hippocampus sp.）物种，属于《濒危野生动植物种国际贸易公约》（2019版）附录Ⅱ野生动物。经深圳市公安局龙岗分局鉴定，涉案海马价值为人民币101.325万元。

深圳市公安局龙岗分局对陆某涉嫌非法运输珍贵、濒危野生动物制品案立案侦查，并于2020年11月16日将陆某刑事拘留。移送审查起诉后，深圳市龙岗区人民检察院认为陆某非法运输珍贵、濒危野生动物，应当以《刑法》第341条第1款规定的杀害珍贵、濒危野生动物罪追究其刑事责任。因被告人陆某认罪认罚，可以从宽处理，建议判处被告人陆某有期徒刑6年，并处罚金。

作为陆某的辩护人，笔者在开庭前多次会见陆某并进行庭前辅导，详细沟通了本案的辩护策略，在告知相关辩护后果并获得陆某同意后，笔者准备对本案采取"骑墙式"辩护的辩护策略。

本案公诉至深圳市龙岗区人民法院进行审理。在庭审过程中，虽然被告人陆某一直持认罪认罚的态度，亦对公诉机关指控的犯罪事实予以承认，但是笔者仍然根据本案的证据和相关事实发表了独立的辩护意见。第一次庭审后，法院认为认定本案指控事实的证据存在瑕疵，要求检察院退回补充侦查，核实涉案干海马的数量及运输干海马的快递单号存在矛盾的问题，并对鉴定程序问题进行核查。补充侦查完毕后法院第二次开庭。开庭后不久，被告人陆某在被羁押506天后，于2022年4月6日被取保候审。2022年7月4日，笔者接到深圳市龙岗区人民法院电话告知，深圳市龙岗区人民检察院向法院提出了撤诉申请。同日，经深圳市龙岗区人民检察院检察委员会讨论，决定对本案作不起诉处理。

辩护过程

接受陆某家属的委托后，笔者立即安排与陆某会见以了解案件相关情况。笔者了解到，陆某在笔录中供述其运输了海马制品，但是不知道该海马制品是人工饲养的还是野生的。而且，由于不是他本人接收印度尼西亚的快递，没有亲自开箱验货，并不知道干海马具体的数量以及品种，仅知道该快递有两个小纸箱。起初笔者的考虑是，既然当事人已经供述主要事实并形成笔录，那么接下来知道海马制品价值鉴定的结果后，便可与检察机关协商认罪认罚。

但是，在审查起诉阶段看完案卷材料后，笔者心中的辩护思路悄然改变。一方面，深圳市公安局龙岗分局对涉案海马制品的价值鉴定达100多万元，按照法律规定，陆某可能被判处有期徒刑5~10年，不仅家属和当事人本人无法接受，笔者也觉得罪责刑不相适应。家属与当事人的不断请求，给了笔者非常大的压力。另一方面，本案的证据材料存在诸多疑点，如物证扣押和保管程序、鉴定程序不当、海马制品来源没有相关的情况说明、证人证言之间存在矛盾，等等。这些"瑕疵"摆在笔者眼前，断不能放弃辩护的机会和维护嫌疑人权益的职责而仓促地做认罪认罚。

笔者先尝试与承办检察官进行沟通，将本案案卷中存在的上述问题与之进行探讨，并形成书面法律意见向其提交，希望在审查起诉阶段能够获得检察官的关注，以期实现改变相关事实的认定，或者在量刑阶段获得协商的筹码。但是检察机关经过两次退回补充侦查后，仍然没有采纳笔者的法律意见。检察官开始准备给陆某适用认罪认罚程序，并且提出有期徒刑6年的量刑建议。此后笔者多次与检察官进行沟通，并提交相关判例、减轻量刑的书面意见，但一直未能得到满意的回复，检察官始终坚持有期徒刑6年的量刑建议。沟通陷入僵局。

再次会见时，笔者向陆某介绍了案件进展情况，并告知检察机关坚持的量刑建议。陆某听闻情绪低落，对如此重的量刑建议感到失望：自己的行为仅是转运两箱干海马，而市面上售卖干海马的店铺却并未受到刑事处罚。面对心情低落的陆某，笔者内心也很挣扎。正如上文所述，笔者在阅卷后辩护思路已然改变，那就是采用"骑墙式"的辩护策略。但在我国司法实践中，这种辩护方式存在风险，若是"骑墙式"辩护不成功，当事人认罪认罚从宽的情节也有可能不被法院采纳。笔者的脑海中不断浮现当事人失落的神情、家属的焦急和无奈。最终笔者还是下定决心，向陆某提出新的辩护思路，同时将"骑墙式"辩护的方式和后果告知陆某，并征求其意见。陆某考虑良久，最终同意笔者的辩护思路。笔者基于本案已经调整的辩护策略，为了使陆某的合法权益最大化，以辩护人的身份见证陆某签署了《认罪认罚具结书》。

第一次庭审过程中，被告人陆某坚持认罪认罚，而针对《起诉书》认定的事实，结合本案证据材料，笔者从以下方面发表了独立辩护意见：

第一，现有证据无法认定陆某运输的海马制品来源是野生还是人工繁育，依照存疑有利于被告人的原则，应当认定为人工繁育。

本案的言词证据、书证及鉴定意见，无法证明陆某运输的海马制品来源于野生环境。本案当事人和证人的言词证据均未提及海马的来源是否为野生，而本案的鉴定意见只是鉴定扣押物品的种属为海马，无法证明其来源。因此，依据存疑有利于被告人的原则，在现有证据无法证明陆某运输的海马制品来源于野生环境的情况下，应当认定该海马制品为人工繁育。

笔者还向法院提供了相关案例——深圳市中级人民法院（2017）粤03刑终1098号谢某福非法收购珍贵、濒危野生动物，王某非法收购、出售珍贵、濒危野生动物案的判决。该判决中，深圳市中级人民法院认为，鉴于多数涉案鹦鹉系人工繁育，其行为的社会危害性相对小于非法收购、出售纯野外生长、繁殖的鹦鹉，故对王某可在法定刑以下量刑，并依法报请最高人民法院核准。结合陆某案件的情况，鉴于在案证据无法证实陆某非法运输的海马制品是人工繁育还是野生，应当认定为人工繁育。非法运输人工繁育的野生动物制品与非法运输直接源自野外环境的野生动物制品相比，其社会危害性和生态破坏性更小，可对陆某考虑减轻处罚。

第二，涉案两箱海马制品的扣押、检查程序不合法，海马制品的真实数量无法确定，本案不应以9650尾的数量计算涉案海马制品的价值：

1.扣押清单显示，被扣押的两箱海马制品的快递单号为DPK200014101039、DPK261151795670，但是现场照片显示两箱海马制品外包装已经被破坏，在没有对应快递单号现场图片的情况下，无法证明扣押的两箱海马制品为DPK200014101039、DPK261151795670两件快递所运载的物品。且快递单显示的重量为37.5千克，与扣押笔录中两箱海马制品所记录的重量（29.55千克）相差较大。

2.根据本案扣押笔录，涉案两箱海马制品是在2020年11月16日扣押并制作扣押笔录、拍摄现场照片。照片显示，2020年11月16日公安机关已经将案涉两箱海马制品的外包装打开，海马制品暴露在外，但是公安机关并没有及时进行净重称量及数量清点，直到2020年11月18日，才对已经暴露在外的海马制品进行了清点。在两天时间内，海马制品如何保存、保存地点在哪里、扣押物品是否出现改变，均不得而知。根据《最高人民法院关于适用〈中华人民共和国刑事诉讼法〉的解释》的相关规定，在无法确定案涉两箱海马制品在保管过程中是否发生改变、来源是否为原物的情况下，当前记录的质量和数量不能作为定案依据。

3. 深圳市公安局龙岗分局错误计算了涉案海马制品的价值，并无证据证明本案海马制品是人工繁育还是野生。农业农村部 2019 年 8 月 27 日发布的《水生野生动物及其制品价值评估办法》的规定中，对人工繁育和野生动物制品的认定价格有显著差异。物种来源不同，对估价的认定也不同。对未列入人工繁育国家重点保护水生野生动物名录的物种，物种来源系数为 0.5。农业农村部《水生野生动物及其制品价值评估办法》规定，价格认定方式：保护级别系数 × 发育阶段系数 × 涉案部分系数 × 物种来源系数。其中人工养殖来源的系数要低于野生来源的系数。因此，区分涉案海马制品的来源对于本案价格认定有重大影响，在证据无法证明海马制品是否纯粹来源于野外的情况下，应当根据存疑有利于被告人的原则，认定涉案海马制品为人工繁育。因此，本案海马的基准价为每尾 30 元、保护级别系数为 5、发育阶段系数为 1、涉案部分系数为 1、物种来源系数为 0.5，计算出涉案价值应当为 506,625 元，不应是公安机关计算的 1,013,250 元。

通过辩护人在法庭中详细论证本案存在的诸多问题，法院在第一次开庭后主动要求检察院对本案进行补充侦查。在退回补充侦查期间，笔者带着法律意见及相关检索案例，多次与承办法官交流意见。承办法官认真倾听笔者的意见，并就案件相关事实进行讨论，表示等案件补充侦查回来后再次开庭予以查明。第二次开庭，法庭就上述焦点问题再次进行了调查和辩论。庭后 2 个多月，我们再次致电法院时，法院回复会给当事人和家属一个公正的裁判。

最终，在被羁押 506 天后，深圳市龙岗区人民法院于 2022 年 4 月 6 日对被告人陆某作出取保候审决定，并于 2022 年 7 月 4 日裁定准许深圳市龙岗区人民检察院撤回起诉。同日，深圳市龙岗区人民检察院以"事实不清、证据不足"为由作出不起诉决定书，本案辩护策略获得成功。

辩护技巧

认罪认罚从宽制度实施以来，既做无罪又做罪轻的辩护越来越多地出现在诉讼案件中。但是我国大部分"骑墙式"辩护不被认可，律师的独立辩护权并不能得到完全的实现。因此本案采取该种辩护策略，需要莫大的勇气和当事人及家属的支持。在本案中，有以下辩护技巧可以参考：

一、以维护当事人的合法权益为第一要义，立足案件事实和证据进行辩护

对于刑事辩护而言，辩护人最重要的是从在案证据中找到"缺口"，打破证据链条的完整性，以证实犯罪嫌疑人无罪或罪轻，维护当事人的合法权益。不管当事人是否承认了自己的罪行，是否主动认罪认罚，辩护人看到案卷材料的第一时间是考虑当事人依法是否构成犯罪，有何证据予以证实，而不是因当事人承认了主要犯罪事实而忽略本案其他证据，对案件简单进行辩护。

二、注重得到当事人和家属的支持，并与当事人进行全面深入沟通

在当事人认罪认罚的情况下，律师作独立辩护有可能影响认罪认罚的认定，因此应当就辩护策略与当事人和家属进行充分沟通，并如实告知存在的风险以及可能出现的问题，让当事人慎重、理性作出选择，以免后期发生争议。在确定既做无罪又做罪轻辩护的情况下，应当在庭前与当事人就案件事实进行详细梳理，以便在庭审调查中密切配合。

釜底抽薪：以行政诉讼撬动再审程序

● 李孟飞[*]

辩护策略

在实践当中，对于案件事实较为清楚的刑事案件，当事人常常在初始阶段便对侦查机关调查认定的案件事实予以认可，且愿意接受相应刑事处罚。虽说认罪认罚是认罪在前、认罚在后，但此类案件的当事人，对刑罚的重视程度往往远高于对罪名的重视，只要能够获得轻判，判何种罪名似乎显得无关紧要。然而，对罪名的轻视，极有可能带来难以挽回的不利后果。在一审、二审均已认罪认罚的情况下，若要通过申诉程序启动再审，刑辩律师就需及时转变、调整辩护策略，寻求外部力量实现突破。

案情简介

2022 年 10 月 2 日 10 时 30 分许，X 某驾驶自卸货车沿 Z 市西三环由南向北行驶，遇 G 区管委会城管局工作人员驾驶喷有"城市管理执法"字样的执法车辆多次从侧面挤靠拦截。因惧怕高额罚款，X 某多次变道逃避，其间与执

---

[*] 北京市盈科（郑州）律师事务所刑事法律事务部执行主任、盈科刑辩学院副秘书长。

法车辆剐蹭。随后执法车辆在道路上掉转车头，迎头抵近X某的车辆，X某遂与执法车辆保持相同速度缓慢后退，与后方停驶的私家车发生碰撞。X某绕开执法车辆继续向北驶离，后被公安机关抓获。

此案造成两车受损，鉴定车损为17,199元。案发后，X某赔偿受损车辆29,007.64元，并取得了执法单位和车主的书面谅解。

一审前，X某认罪认罚，并签署了《认罪认罚具结书》。检察院出具量刑建议书，以危险方法危害公共安全罪建议对X某判处有期徒刑3年。X某原以为法院会因其情节轻微判其缓刑，然而一审法院对其判处了3年实刑。X某文化程度有限，对自身行为仅具最简单朴素的社会认知。他始终想不通，自己不过是为躲避城管局高额罚款驾车逃离，逃离过程中也未在马路上肆意横冲直撞，为何被认定为危害了公共安全？他认为赔偿了被害人全部损失且取得谅解书，会被从轻处理；检察院建议量刑3年，他本能地以为是缓刑，便在《认罪认罚具结书》上签了字，岂料一审结果竟是3年实刑。X某不服上诉，二审开庭时，出庭支持公诉的检察员认为应定性为危险驾驶罪，可二审的最终结果仍是维持原判，两审终审至此尘埃落定。

辩护过程

一、峰回路转拿到申诉委托

笔者与X某家属面谈后不久便达成委托意向，然而没想到本案开局的首个阻碍竟来自X某本人。历经一审、二审的漫长等待，X某已对法律失去信心。当笔者拿着家属委托手续见到X某时，他竟拒绝在委托书上签字，理由仅有一个——民斗不过官，不愿再折腾。尽管笔者苦口婆心地鼓励，X某依旧不为所动。秉持尊重本人意愿的执业态度，笔者未作强求，第一次会见就这般戏剧性地结束了。

从看守所出来后，笔者将会见情况如实告知 X 某家属，家属听后也十分不解，明明大家都在努力，X 某本人却不想继续。家属恳请笔者再去会见一次，若还是不行便算了。于是，笔者又一次来到看守所，所幸第二次会见传达了家属的殷切期望后，勉强拿到了委托，一场当事人不太配合的申诉程序就此拉开帷幕。

二、重整旗鼓转换辩护策略

再审案件要取得突破，最佳方式往往是提出新的辩点。本案一审和二审的辩护重点相同，即 X 某主观上无危害公共安全的故意，客观上实施的行为未达到与放火、决水、爆炸、投放危险物质等相当的社会危害性，依法不应认定为以危险方法危害公共安全罪，而应认定为危险驾驶罪。该辩护重点本身无误，笔者亦认可。

然而，在两审均未奏效的情况下，必须另寻新的突破点。笔者集思广益，梳理了以下辩点：

第一，基于汽车构造提出辩点，通过客观事实阐述危害结果不可能实际发生。根据中国汽车技术研究中心出具的 C-NCAP 管理规则，对于出厂车辆的"3.1.1.1 正面100%重叠刚性壁障碰撞试验""3.1.1.2 正面50%重叠移动渐进变形壁障碰撞试验""3.1.1.3 可变形移动壁障侧面碰撞试验"安全要求均须达到最低50km/h的速度。而本案中，X 某在事故发生时速度一直未超过50km/h，而现场车辆也均为符合安全标准的车辆。故按照上述标准，X 某驾驶车辆实施的行为对公众并不会造成人身危害。

第二，基于视频记录拆解提出辩点，将案发全过程进行分解，其任一段行为都不能构成以危险方法危害公共安全罪。视频可以分为三部分：一是初次逃离阶段（00:00—00:08），X 某驾驶车辆由右侧第二道变至最左道，又意欲向右变道时受到前方执法车辆的阻拦重新回到最左道。此过程未危害到公共安全，甚至无法上升至危险驾驶罪中的"追逐竞驶"行为，仅能认定为违规变道行为，从定性上也仅属于交通违章行为。二是执法人员围堵阶段（00:09—00:42），执法车辆强行别停 X 某车辆，导致 X 某车辆追尾执法车辆，X 某车辆挤过执法车辆向前缓慢离去；执法车辆随即从右侧超车后迅速再次堵在 X 某车辆前方，X 某不愿与之再次发生碰撞便不停向右侧变道以求避开执法车辆，然而执法人员仍欲逼停 X 某车辆，一直将车辆保持在 X 某车辆前方，最终将 X 某车辆逼停，执法车辆迅速将车头正面紧贴 X 某车头。在这一阶段，车辆的碰撞均系执法人员引起，周围其他车辆也均为此二车让开空间，未造成其他车辆损失。X 某一直避免发生碰撞，执法人员主动与 X 某车辆发生接触、碰撞，对损害后果的发生采取积极追求的态度。三是二次逃离阶段（00:43—01:02），执法人员逼停 X 某车辆后下车朝其走去，X 某缓慢向后倒车，其倒车速度与执法人员行走速度相当，二者相对位置保持同步；在与后车发生轻微碰撞后，随即 X 某便停止倒车，向前绕过执法人员驶去。但仅车辆间的轻微碰撞绝无可能上升到以危险方法危害公共安全的程度，与放火、爆炸、决水、投放危险物质等行为的危害程度亦有天壤之别。

第三，基于行政违法提出辩点，说明行政执法人员严重违规的执法行为是导致该次事件的直接诱因。本案中城管局工作人员违反"不得随意追缉"的相关规定，"追逐竞驶"进而造成两辆车轻微事故的危害结果。X 某为逃避处罚驾车逃离属于一般行政违法行为，其本身并不会对公共安全造成威胁，且驾驶车辆正常悬挂机动车号，事发地有监控摄像，违规行为完全可以事后再行惩处，没有追缉的必要性和紧迫性。从视频中可以看出，在 X 某已经驾驶车辆逃离检查现场后，执法人员仍不依不饶，驾车狂追，并危险操作所驾驶执法车辆强行挤靠试图逼停 X 某驾驶车辆，X 某自始至终都是保持行为克制，没有恶意冲撞执法车辆或者其他车辆，只是在极度害怕的心理驱使下驾车逃窜。若论"寻求刺激"发泄不满，执法人员的行为才是发泄情绪的真实写照，在拦车检查未果后恼羞成怒，不顾公共安全，强行驾驶执法车辆追击拦截。

三、釜底抽薪突破申诉"瓶颈"

收集完各种新的辩护观点后，便需考虑如何实施。前两项观点的实施无须向外寻求帮助，而第三项辩护观点仅靠论述则显得势单力薄。如果能够通过行政诉讼确认城管局的行政行为违法，那么这个已知的辩点便能发挥出最大的威力。

根据我国《行政诉讼法》的规定，当事人向人民法院提起诉讼的，应当自知道或者应当知道行政机关作出行政行为之日起 6 个月内提出。该案件一审、二审时都没有用这个辩护思路，到 X 某家属找到笔者的时候，距案发早就超过 6 个月了。经笔者再次研究，发现《最高人民法院关于适用〈中华人民共和国行政诉讼法〉的解释》第 64 条第 1 款规定：行政机关作出行政行为时，未告知公民、法人或者其他组织起诉期限的，起诉期限从公民、法人或者其他组织知道或者应当知道起诉期限之日起计算，但从知道或者应当知道行政行为内容之日起最长不得超过 1 年。也就是说，在这个案件中，城管局的检查属于行政行为，但其在作出该行政行为时既未告知 X 某起诉期限，也未下发处罚决定。因此，该案的行政诉讼起诉期限为自行政行为之日起 1 年，经核算，目前并未超过起诉期限。

提起行政诉讼需要有证据证明行政行为已实际发生，刑事判决是最佳证明，判决书中对案件的案发时间、经过及当事人都有十分清晰的记载。然而，对于是否将判决书作为行政起诉的证据材料，笔者陷入了矛盾。提交的好处在于，经过刑事审判确定的案件事实具有强大公信力，行政审判采纳的可能性几乎是百分之百。但坏处也显而易见，行政审判庭的法官看到刑事判决书后会立即明白此次行政诉讼的原因，这无疑会给法官带来更大审判压力。经过反复权衡，笔者还是决定直接拿出刑事判决作为行政诉讼的证据支撑，毕竟即便我们不提，城管局也会提，法官更是能很容易地通过内部渠道了解到，欲盖弥彰毫无意义。

虽说城管局执法行为已有录像视频予以证明，但为确保万无一失，笔者仍做了两手准备。一方面论证暴力截停被检查车辆的行政行为违法；另一方面从涉案执法工作人员的执法资格入手，证明当日参与行政执法的执法人员并不具有上路执法的资格。笔者通过网上检索发现，被告城管局作为证据提交的当日对X某进行拦截检查的执法人员"综合执法工作证"，与省人民政府监制的"中华人民共和国行政执法证"在外观上存在重大差别。接着，笔者查阅政务公开平台，发现涉案的两名工作人员并不在公示的城市管理局行政执法人员资格名单之列。经过进一步核实，更加确定了当日实施拦截检查的城管局工作人员并不具有行政执法资格。

庭审结束后，便开启了漫长的等待之旅。在此期间，受理刑事申诉的省高级人民法院数次通知举行听证，皆被笔者申请延期。最终，在高级人民法院听证的前三天，笔者拿到了行政诉讼的胜诉判决书，判决确认被告城管局的工作人员于2022年10月2日拦截原告X某车辆的行为违法。

四、步步为营争取圆满结局

在高级人民法院申诉听证中，笔者呈交了此行政案件的胜诉判决以及类案判决。听证之前，笔者与X某家属进行了明确分工：笔者主要负责从行为性质、罪名错误等方面进行辩护；家属则在X某的家庭情况、成长背景以及个人品行方面予以辅助。双方配合极为默契，听证效果甚佳。1个多月后，笔者如愿收到了再审决定书，高级人民法院决定将该案件发回中级人民法院重新审理。

案件转至中级人民法院后，笔者立即与重审的主审法官取得联系，着手为 X 某申请变更强制措施为取保候审。然而，变更强制措施的程序颇为复杂，需中级人民法院报请高级人民法院，高级人民法院与司法厅对接，待司法厅给监狱下发通知后，中级人民法院法官方可将 X 某从监狱提回至看守所，再从看守所办理变更强制措施的手续。经过 2 个月的漫长等待，X 某终于被取保候审。

X 某已然被关押了 1 年半，而危险驾驶罪的最高刑期不过拘役 6 个月，倘若最终被判危险驾驶罪，那么多被关押的 1 年时间，法院又该如何处置呢？依据现行《国家赔偿法》的规定，只有最终被判无罪，才有申请国家赔偿的权利。如此一来，中级人民法院改判并不存在太大压力。最终，中级人民法院将罪名改判为危险驾驶罪，刑期也从之前的 3 年降为 6 个月，辩护成果十分显著。

辩护技巧

一、认罪认罚后罪名辩护的技巧

很多罪名较为相似，甚至存在交叉之处，要求被告人严格区分各个罪名实非易事。故而"认罪认罚"中的"认罪"，是指犯罪嫌疑人、被告人自愿如实供述自己的罪行，对指控的犯罪事实无异议。承认指控的主要犯罪事实，仅对个别事实情节提出异议，或者虽对行为性质提出辩解但表示接受司法机关认定意见的，并不影响"认罪"的认定。对于犯罪事实清楚的认罪认罚案件，为避免影响当事人的认罪态度，辩护律师采取罪名辩护的策略更为稳妥。在实践中，罪名辩护相较于量刑辩护确实大有可为，法官、检察官也更倾向于针对罪名与辩护律师进行深入探讨，这便是罪名之辩屡建奇功的缘由所在。

二、认罪认罚后申请再审的技巧

再审案件的启动很难，认罪认罚的再审案件启动更难。经过法院的二审终审，只要案件没有明显的错误，因为司法惯性的原因，很难启动再审程序。尤其是在一审和二审均认罪认罚的情况下，要想成功启动再审，就要拿出一些让法官眼前一亮的辩点，或者是在原有模糊不清的辩点上厘清加强，让法官有充分的理由启动再审。通过行政判决厘清权责事实，可以起到撬动再审的作用。而认罪认罚从宽原则贯穿整个刑事诉讼过程，包括再审程序。之所以提起再审，就是认为原判决有误，就算已经认罪认罚也不能改变错误判决的性质，等查明事实、适当认定罪名后，自然还是有认罪认罚的机会。

精准预判：促成职务犯罪诉讼合意的明智选择

● 奚 玮[*]

辩护策略

当前我国认罪认罚案件呈现以检察机关为主导的诉讼格局，而基于反腐败斗争的特殊价值追求，对于职务犯罪案件的从宽条件往往更为严苛。在此类案件中，辩护律师既要对案件的证据、法律适用等精研细判、抽丝剥茧，迅速、准确地挖掘有力的辩点，又要审时度势，把握辩护职能发挥的关键节点，帮助犯罪嫌疑人作出自愿、明智的利益最大化选择，进而与检察机关达成诉讼合意，实现审前辩护的最佳效果。

案情简介

L某为A市某区区长，因涉嫌受贿罪，于2021年8月31日被A市监察委立案调查。监察委《起诉意见书》认定，2011年至2017年，L某在担任某区政府副区长等职务期间，利用职务上的便利，在工程承揽、工程款拨付、安全事故处理等方面为他人谋取利益，非法收受他人现金、购物卡，共计折合人

---

[*] 北京盈科（芜湖）律师事务所名誉主任、刑事辩护中心主任。

民币 70 万余元。

L 某另涉嫌高利转贷罪被 A 市监察委于 2021 年 10 月 18 日移送至某区公安机关立案侦查。公安机关《起诉意见书》认定，L 某自 2010 年 12 月从 A 市某银行以其自有住房装修名义套取银行贷款，后多次高利转贷他人从中牟利共计 38 万余元，另外 L 某将其中借款人 W 某支付的 30 万元利息转贷给他人获取孳息 20 万余元。

在审查起诉阶段，笔者和助理胡冉律师第一时间对案卷材料进行了分析梳理，将案涉的贿赂行为、转贷行为逐一对应拆解，以便在会见中能够有针对性地核实证据材料。会见中，L 某表示对涉嫌受贿罪部分的事实无异议，对高利转贷罪的指控事实虽无异议，但认为其中的牟利和孳息金额计算有误。

笔者敏锐地察觉到高利转贷罪将成为本案的突破口，结合 L 某提出的质疑，对该罪牟利及孳息的金额计算进行了反复推演和验证，发现侦查机关的计算逻辑与依据均有不当，《起诉意见书》认定的金额是将案涉本金、利息、还款数额等简单代入公式中套算，并没有考虑借款、还款的实际情况与合同的约定存在差异，故不能正确反映 L 某的获利情况。笔者围绕上述情况撰写了详细的书面辩护意见进行论证，并多次与承办检察官当面沟通、阐述理由。检察机关在听取辩护意见并讯问 L 某了解情况后，决定延长本案审查起诉期限。其间，检察机关委托鉴定机构对案涉牟利和孳息金额进行专项审计，结果证明《起诉意见书》认定的牟利和孳息金额确有错误，较《审计报告》多出 10 万余元。依据该结果，L 某的牟利数额减少了近 1/3，不足 50 万元，检察机关改变侦查机关的事实认定后，启动了认罪认罚从宽程序。

本案在一审开庭后，又有了新转机。2022 年 4 月 6 日，最高人民检察院、公安部联合发布修订的《关于公安机关管辖的刑事案件立案追诉标准的规定（二）》（以下简称《立案追诉标准（二）》），将高利转贷罪的入罪金额由 10 万元提高至 50 万元，根据最新的立案标准，L 某的违法所得金额便达不到构罪条件。笔者第一时间就本案涉及的法律变化及对本案的影响与检察机关和法院进行沟通，之后检察机关对 L 某涉嫌高利转贷罪作出了撤回起诉的决定，仅以 L 某犯受贿罪建议判处 L 某有期徒刑 3 年，并处罚金人民币 25 万元。最终法院采纳了检察机关的量刑建议，至此本案中的高利转贷罪实现了从罪轻辩护向无罪辩护质的飞跃。

辩护过程

本案 L 某涉嫌的两个罪名之间彼此独立，需要分别研判制定辩护策略，但是辩护方向应从宏观上整体把握。基于对案卷材料的分析以及与 L 某多次会见交流的情况，笔者在辩护工作开展初期便确立了对其中受贿罪部分作情节之辩、对高利转贷罪部分作事实之辩的方案，以期在检察机关内部意见尚未形成之前，抢占先机输出辩护观点，通过有效说服，使检察机关对案件中存在的问题以及犯罪嫌疑人的从宽情节有全面的评估，为本案认罪认罚从宽程序的有效展开做好铺垫，进而为犯罪嫌疑人 L 某争取到实在的诉讼利益。

在受贿罪部分，L 某受贿数额巨大，尽管案卷材料对其各项受贿行为的认定能够形成完整清晰的证据链，L 某亦对指控罪名和事实不持异议，但是笔者认为在量刑方面仍有较大辩护空间。L 某受贿的具体行为方式表明，其是被动收受且牟利事项未背离职责要求，相对来说社会危害性较小，受贿犯罪中数额并不是决定犯罪情节的唯一根据，应全面、客观、公正地对其行为性质作出判断。首先，应充分考虑案涉贿赂事实中有 3 起明显是为了讨好、拉关系，并无具体的请托事项相对应，行贿人为了讨好、拉关系而进行"感情投资"，期待的是长期的利益，与典型的利用职务便利为他人谋取利益相比，应当在量刑上酌定从轻。其次,《起诉意见书》显示 L 某到案后如实供述了大部分办案机关未掌握的事实,该从宽情节应当给予充分的评价。根据《最高人民法院、最高人民检察院关于办理职务犯罪案件认定自首、立功等量刑情节若干问题的意见》中"犯罪分子如实交代犯罪事实,有下列情形之一的,一般应当从轻处罚:(一)办案机关仅掌握小部分犯罪事实,犯罪分子交代了大部分未被掌握的同种犯罪事实的……"的规定,笔者认为,本案中 L 某如实交代犯罪事实的程度属于"办案机关仅掌握小部分犯罪事实,犯罪分子交代了大部分未被掌握的同种犯罪事实",因此应当在构成坦白情节的基础上,充分考虑 L 某的坦白程度与坦白的一般形态在量刑上的差异,在从轻处罚的幅度上予以体现。

在高利转贷罪部分,笔者围绕本案的指控事实与法律适用对案卷材料精研细磨,通过口头与书面相结合的方式,向检察机关充分表达辩护意见。首先,笔者认为《起诉意见书》对牟利金额的计算过程与事实不符,牟利金额的认定有误,具体表现:第一,计算牟利金额的依据有误。侦查机关计算方式成立的前提是借款人每个月的还息金额为固定值,但在案证据反映,W 某在还本还息过程中并没有按照约定执行,而是不定期不定额偿还,侦查机关以定期定额还款计算获利显然与事实不符。第二,计算方式忽视了 L 某偿还本金的实际情况。L 某以装潢名义从银行贷出 70 万元后按照约定的"等额本金还款法"进行还款,也即随着时间的推移 L 某还给银行的本金也在不断增加,因此 L 某在后续转贷过程的资金组成中,该"70 万元"本金所占的比例在递减,不能统一地以贷出时的本金 70 万元作为后续转贷牟利的计算基础。其次,从法律适用角度进行分析,我国《刑法》关于高利转贷罪的规定为:"以转贷牟利为目的,套取金融机构信贷资金高利转贷他人……"笔者认为此处的"信贷资金"与一般的贷款行为应当有所区分。尽管目前我国现行法律没有对"信贷资金"的含义作出具体解释,但是实践中对经济领域的行为进行刑法规制应当以必要的风险为防控限度，本案中 L 某虽然将银行贷款进行转贷牟利，但是其提供了房屋抵押，属于担保贷款。与一般的信贷资金相比，由于设置了抵押，能够引发的金融风险非常有限。并且 L 某提前足额还清了银行贷款，这一客观事实也说明转贷的行为对金融管理秩序的危害程度较低，应当对其从轻处罚。

笔者深知高质量的辩护意见是进行良好量刑协商、提高诉讼合意有效性的基础与前提。因此，在与检察机关充分交换意见之前，需要对案卷材料深度钻研，反复打磨辩护意见。在研究案卷材料期间，笔者和助理胡冉律师对本地区的类案进行了检索，分析案涉两项罪名之金额和情节对应的可能刑期，并将检索报告提交检察机关参考。磨刀不误砍柴工，本案的控辩协商过程较为顺畅，由于职务犯罪案件的刑罚适用直接关系反腐败工作的实际成效，检察机关对本案从宽情节的考量较为严格谨慎。结合对比本地区类案的实际判罚情况，通过与检察机关、L 某的多次交流，笔者认为，最终的量刑建议如果能定为本案受贿罪情节对应的最低刑期即有期徒刑 3 年，将会是对 L 某最理想的辩护结果。笔者在会见的过程中对 L 某的疑问耐心解答，对可能存在的风险利害进行客观评估，同时传达检察机关的意见，帮助 L 某在全面了解各方面信息的基础上，形成合理的预期，作出明智的选择。

检察机关对本案高利转贷罪涉案金额委托司法鉴定机构出具《审计报告》后，笔者心知转机出现，因为根据审计结果该罪的违法所得金额减少了近 1/3，这不仅降低了个罪罪责，还将直接影响全案的量刑。果不其然，检察机关很快便启动了认罪认罚程序，提出了本案的量刑建议：受贿罪量刑建议为有期徒刑 3 年，高利转贷罪量刑建议为拘役 2 个月，数罪并罚合并执行有期徒刑 3 年，并处罚金人民币 56 万元，这正是 L 某与笔者此前所预判的最佳结果。意料之外的是，根据庭审后颁布实施的《立案追诉标准（二）》，L 某不再构成高利转贷罪，据此检察机关撤回了对 L 某高利转贷罪的起诉，重新开展认罪认罚程序，仅以 L 某犯受贿罪建议判处有期徒刑 3 年，并处罚金人民币 25 万元。最终法院采纳了检察机关的全部量刑建议，对控辩双方达成的协商结果予以确认。

在本案中，笔者之所以对高利转贷罪的违法所得金额花费大量精力钻研，正是因为以此为突破口将会形成一举多得的利好局面。具体来说，本案《审计报告》的结果将 L 某高利转贷罪的违法所得金额降低了近 1/3，根据该罪的相关法律规定及实际判罚情况，违法所得金额既是该罪自由刑的重要评价指标，也影响着罚金刑的判罚，违法所得被核减后，使得自由刑与罚金刑同步降低。在《立案追诉标准（二）》修订前，笔者与 L 某的预期是促成检察机关对高利转贷提出拘役刑量刑建议后，与 L 某另涉的受贿罪并罚实际将被吸收，达到实质判处有期徒刑 3 年的理想结果。而《立案追诉标准（二）》修订后，一方面使得 L 某高利转贷部分实现了无罪的结果，另一方面 L 某家属在监察委调查期间按照《起诉意见书》指控退出的该罪违法所得也将予以退还，极大地缓解了 L 某家庭面对的巨大经济压力。尽管法律的修改不在意料之内，但正是基于笔者在审查起诉阶段的辩护工作，才推动了转机的出现，最终达成的认罪认罚既是对 L 某人身和财产双重意义上的从宽，亦给予其家庭一定的慰藉，体现了违法所得金额之辩于刑事案件的适用空间与独特价值。

辩护技巧

我国认罪认罚案件的诉讼程序属于合作模式，其合作的核心正是诉讼合意的存在。而职务犯罪案件认罪认罚从宽制度由于处在监察活动与刑事诉讼活动双重机制的运行下，往往更具特殊性与复杂性，因此对于此类案件诉讼合意的达成，律师尤需重视对"势""时"的把握。

一、准确定位，提高认罪认罚有效性

从法律的功效看，认罪认罚从宽制度有助于促成刑事冲突解决，辩护律师应该认识到自己与检察机关之间不是对立的关系，而是推动检察机关查清真实案情、正确适用法律的积极协助者。在本案中，笔者的辩护初衷在于帮助L某和检察机关双方对本案事实情节与法律规定形成共同的认识，善用律师的"中间人"身份，做好认罪认罚全过程的沟通、解释、反馈、平衡工作。

二、把握时机，助推认罪认罚明智化

认罪认罚从宽制度使得辩护主战场前置于审前阶段，律师需要对各环节的工作提前做好部署。本案中，笔者在拿到案卷材料的第一时间着手阅卷，及时前往看守所会见L某核实证据，在进行案例检索、研究分析案情的同时，始终保持和检察机关之间的良好沟通，积极交换意见，逐步协商本案的情节、量刑，最终检察机关对笔者的辩护意见充分采纳。本案既对L某达成了自愿明智的认罪认罚，也体现了笔者实质有效的成功辩护。

把握时机：获取认罪认罚最大限度从宽量刑

● 蒋军堂*

辩护策略

"草船借箭""四渡赤水"等历史名战，无一例外地证明在战略及战术中"把握最佳时机"至关重要，甚至可能直接扭转乾坤，挽大厦于将倾。同样，律师的辩护工作也犹如一场没有硝烟的战争，"差之毫厘，谬以千里"，特别是在认罪认罚制度全面推行的今天，律师制定的不同辩护策略，可能对当事人的最终判决结果产生"天差地别"的影响。因此，充分把握认罪认罚的最佳时机，为当事人争取认罪认罚后最大限度的从宽量刑，就显得尤为重要。

案情简介

2017年9月，J某与D某（在逃）成立北京某科技有限公司，招募X某、L某、W某等人，以集团公司为主控，以J某实际控制的"某理财""某网""某集团"等公司为依托，先后制作并上线运行"某花花""某红鱼"等

---

* 北京市盈科（郑州）律师事务所刑事法律事务部名誉主任。

10个自营网贷App软件，并通过"某橙"等9个渠道网贷App软件，在全国范围内进行放贷。对借贷到期未还人员，由W某经营的3家催收公司的人员实施催收。该案由A县公安局立案侦查，2019年7月对J某等人陆续进行刑事拘留，逮捕后经过数月的侦查，以J某、X某、L某等人涉嫌组织、参加黑社会性质组织罪，诈骗罪，寻衅滋事罪，敲诈勒索罪，侵犯公民个人信息罪，买卖国家机关证件罪，买卖居民身份证罪七个罪名，于2020年8月26日移送A县人民检察院审查起诉。

笔者于审查起诉阶段接受委托，作为本案第三被告人L某（案涉集团公司高级副总裁兼财务总裁）的辩护人。L某被认定涉及上述全部七个罪名，卷宗共计381本，案情十分复杂，且时间紧、任务重。笔者加班加点将所有卷宗查阅3遍后，初步确定了辩护思路，并经过多次研讨，最终确定了"对案件事实无异议，对全案所涉及的罪名均不认可"的辩护策略。经过多日的奋笔疾书，终于形成了该案全案无罪的书面辩护意见，并与B市检察机关承办人员多次详细沟通。后案件经过两次退补，其间移交C县检察院起诉，后又移交A县检察院提起公诉。经过辩护律师与办案人员多次深度沟通，最终检察院采纳辩护意见，决定将本案不以黑社会性质组织认定，仅以涉恶性质处理。对L某去掉组织、参加黑社会性质组织罪，敲诈勒索罪，侵犯公民个人信息罪三项罪名的指控，仅按照涉嫌诈骗罪、寻衅滋事罪、买卖国家机关证件罪、买卖居民身份证罪四个罪名提起公诉。在此阶段，检察院提起公诉前给予当事人认罪认罚的量刑建议为有期徒刑12~14年，与侦查阶段涉及的罪名可能判处无期徒刑相比，该量刑建议已经有了重大调整，但笔者认为目前仍然不是认罪认罚的最佳时机，还可以通过把握更好的时机为当事人争取最大限度从宽量刑。后该案于2021年1月起诉至A县人民法院。

2021年5月31日至6月7日，A县人民法院对J某等17人涉恶"套路贷"

案（涉案金额达 92 亿元）进行了数日的开庭审理，经过辩护律师与公诉方及法院多次深度沟通，最终当事人 L 某于法庭调查阶段对全案进行认罪认罚，公诉方最终将 L 某的量刑建议调整为有期徒刑 8~9 年。经过有效辩护，法院采纳我方辩护观点，最终 L 某作为第三被告人被判处有期徒刑 8 年（在检方量刑建议最低点判处）。

辩护过程

一、案件分析透彻，对"认罪认罚"勇敢说不

本案作为全国扫黑除恶专项斗争重点督办涉黑涉恶案件，被害人遍布全国各省市，涉案金额达 92 亿元，且造成了几十人自杀身亡的恶劣后果。L 某在侦查阶段的供述平稳一致，对公司的运营模式等情况如实供述，对指控的事实并无异议，但并不认为其公司以及其个人涉嫌诈骗罪、寻衅滋事罪、敲诈勒索罪等七个罪名。L 某本科及研究生均毕业于国内名牌大学，无法接受其涉嫌诈骗等如此恶劣的罪行，更无法接受涉黑涉恶这样的性质认定，故其态度非常坚决，绝不认罪认罚。笔者作为其辩护律师，深知为当事人争取利益最大化之路道阻且长，在审查起诉阶段和审判阶段与办案人员"斗智斗勇"的博弈之路可谓惊心动魄，一不小心就可能造成当事人错失"减轻近五年刑期"的最佳时机。

《起诉意见书》认定涉案人员涉嫌组织、参加黑社会性质组织罪，诈骗罪，寻衅滋事罪，敲诈勒索罪，侵犯公民个人信息罪，买卖国家机关证件罪，买卖居民身份证罪七个罪名，据此当事人刑期可能在 25 年甚至无期徒刑。笔者通过仔细查阅全案证据材料，并利用图形、表格等对案涉公司集团及下属多个公司的组织架构、经营模式、盈利模式、岗位职责以及各人员行为等进行详细列举及分析，并组织团队律师进行多次深入的研究讨论，最终确定了本阶段的辩护思路及辩护策略。笔者认为，就本案证据而言，只有买卖国家机关证件罪、买卖居民身份证罪两个罪名的证据确实、充分，其余罪名尤其是组织、参加黑社会性质组织罪，诈骗罪（被认定为"套路贷"），敲诈勒索罪等，均有很大的辩护空间。为加大在本阶段与检察机关谈判的力度，笔者决定将全部力量放在全案无罪的辩护策略上，L某完全认同笔者的思路。

二、辩护力度满格，为"认罪认罚"增加砝码

尽管案情如此重大、复杂，秉持为当事人最大限度争取合法利益的辩护情怀与心态，笔者完成了需完成的所有外围工作，并从几大方面撰写了二十几页的全案无罪的法律意见书。首先，笔者详细分析了组织、领导、参加黑社会性质组织罪的概念及主要特征。根据《刑法》相关规定，该罪是指组织、领导或参加以暴力、威胁或者其他手段，有组织地进行违法犯罪活动，称霸一方，为非作歹，欺压、残害群众，严重破坏经济、社会生活秩序的黑社会性质的组织的行为。结合《刑法》第294条的规定及相关立法、司法解释精神可知，黑社会性质的组织应当同时具备"组织特征""经济特征""行为特征""非法控制特征"这四个特征。笔者对案涉公司的发起、组织架构、经营模式、岗位职责、员工行为等进行了详细分析，并与上述四个特征逐一进行比对，认为案涉公司的行为不符合黑社会性质组织罪的任一特征，且公司创始人成立公司以及高层人员各司其职仅为追求经济利益，并无积极主动成立黑社会性质组织并为之招兵买马的主观故意。故认为案涉公司及L某不构成组织、参加黑社会性质组织罪。其次，笔者通过对诈骗罪罪名的规定及其司法解释以及对"套路贷"的详细分析，认为案涉公司的放贷行为不属于"套路贷"，更不属于刑法意义上的诈骗。最后，笔者按照法律及其司法解释规定，对寻衅滋事罪（《刑法修正案（十一）》明确了催收非法债务罪名，但该修正案于2021年3月1日才正式施行)、敲诈勒索罪、侵犯公民个人信息罪、买卖国家机关证件罪、买卖居民身份证罪等罪的描述进行构成要件的详细分析,再结合对L某的岗位职责以及全案证据中所显示、支撑的对L某有利的证据进行详细分析,认为L某不构成以上五个罪名。

审查起诉阶段笔者提出了全案无罪的辩护意见,并与检察官多次深度沟通,为最后阶段认罪认罚的谈判建立基础。最终经过两次退回补充侦查,检察机关采纳了笔者的部分辩护意见,对全案撤销了组织、参加黑社会性质组织罪,敲诈勒索罪的指控,并对L某撤销了侵犯公民个人信息罪的指控(本案前六名被告人除第三被告人L某,其余均保留了该罪名的指控)。检察机关同时还采纳了即便涉嫌犯罪,L某也应为从犯的辩护意见,对L某认罪认罚初步的量刑建议为有期徒刑12~14年。至此案件取得了阶段性胜利,律师辩护效果初步显现。笔者并未就此止步,一周内五次前往B市检察院及看守所,通过反复交涉,检察机关将量刑建议调整为有期徒刑10~13年。与之前可能的25年或无期徒刑相比,这已是非常好的结果,但笔者通过与当事人深度沟通,认为应乘胜追击,暂且坚持全案无罪意见,到最佳时机再进行认罪认罚,以最大限度争取从宽量刑。

三、把握最佳时机,"认罪认罚"恰到好处

该案于2021年1月底起诉至A县人民法院,《起诉书》指控L某涉嫌犯诈骗罪、寻衅滋事罪、买卖国家机关证件罪、买卖居民身份证罪。2021年3月1日《刑法修正案(十一)》实施之后,检察院变更了《起诉书》部分内容,将涉嫌的寻衅滋事罪修改为催收非法债务罪,并再次将L某的认罪认罚量刑建议调整为有期徒刑9~11年(较之第二被告人低5年)。至此,律师的辩护意见及把握时机策略又一次取得了突破性进展。该刑期对于当事人及家属而言,无疑是极具诱惑力的。当事人也经过了复杂的思想斗争,最终与律师形成统一

意见，认为量刑幅度稍宽，可以再努力争取一下。本案召开了两次庭前会议，共计 4 天，在正式开庭前一分钟，本案被告人 90% 以上已签署了《认罪认罚具结书》，前五名被告人除第一被告人及 L 某外，其他三人均已签署《认罪认罚具结书》，这无形中对 L 某造成了极大的心理影响。在这种情形下，笔者认为检方还是非常希望 L 某认罪认罚的，这样专案组对整个案件的指控难度要小很多，此刻当事人的工作做起来也比较容易，认罪认罚最佳时机成熟。笔者在法庭发问完毕后中场休息期间，找到审判长及公诉人进行最后一次沟通及量刑谈判，公诉人随后当庭对 L 某的量刑建议降为有期徒刑 8～9 年，L 某签署了《认罪认罚具结书》。

该案于 2021 年 10 月 15 日上午进行公开宣判。第一被告人 J 某被判处有期徒刑 19 年，并处没收财产；第二被告人 X 某被判处有期徒刑 12 年；第四被告人 W 某被判处有期徒刑 7 年 6 个月。而作为第三被告人的 L 某之所以能被判处有期徒刑 8 年，与本案的辩护策略及认罪认罚最佳时机的把握不无关系。整个过程虽有一定的风险，但笔者克服了重重困难，为当事人争取到了最大限度的从宽量刑。

辩护技巧

"差之毫厘，谬以千里"，把握好最佳认罪认罚时机，在本案的辩护工作中显得尤为重要。

一、辩护逻辑层层递进，为"认罪认罚"谈判赢得先机

本案中，《起诉意见书》指控 L 某涉嫌组织、领导黑社会性质组织罪，诈骗罪，敲诈勒索罪，侵犯公民个人信息罪等七个罪名。如直接进行量刑协商，辩方显然完全处于被动。笔者通过查阅全案卷宗，对案件事实和全案证据进行深度分析，梳理出全部无罪辩点，力促检察机关核减三个罪名，以 L 某涉嫌诈骗罪等四罪起诉，为量刑协商创造了基础条件。从无罪辩护到认罪认罚，笔者采取了分层次辩护的逻辑，以阶段性成果为"认罪认罚"谈判赢得先机。

二、洞察各方心理活动，把握"认罪认罚"最佳时机

本案中，笔者了解到检察机关为力保全国文明单位荣誉称号，力求社会主义法治和谐效果，不会轻易放弃争取全案被告人认罪认罚。因此，对 L 某的量刑协商仍有争取空间，不宜轻易接受有期徒刑 9~11 年的量刑建议。尽管庭前准备、庭前会议照例进行，但笔者从未放弃与检察机关保持"认罪认罚"的积极沟通，并有力推动了控辩审三方会谈协商，着力强调 L 某作为本案三号人物，其认罪认罚对全案具有重要作用。最终，笔者精准把握"认罪认罚"的最佳时机，最大化地维护了当事人的合法权益，也充分体现了刑事辩护的价值所在。

步步为营：二审认罪认罚获轻判

● 付金彪[*]

辩护策略

认罪认罚从宽制度作为我国刑事诉讼的一项重要制度，在大量刑事案件中广泛适用。虽然辩护人作为刑事诉讼活动的参与人，具有独立的诉讼地位，但认罪认罚从宽制度的设计以检察官主导为基础，人民法院对认罪认罚案件依法作出判决时，一般应当采纳人民检察院指控的罪名和量刑建议。这就要求辩护工作的重心要前移，并从"对抗辩护"转移到"协商辩护"，刑辩律师的心态和诉讼策略都要作出改变。

案情简介

2016年，S某和L某在某省先后注册成立某某岛文化传播有限公司、某某岛信息技术有限公司，经营范围包括策划文化交流活动等。S某系上述两公司的法定代表人和总经理，L某系上述两公司的副总经理，C某为公司总经理助理。

---

[*] 北京盈科（天津）律师事务所刑事法律事务部主任。

2019年7月12日，因被害人Y某报案，公安机关立案侦查。经查，S某和L某依托上述公司，组织多人利用通讯工具、互联网技术手段，通过包装虚假的国学大师，宣传起名、婚姻、风水、运势测算等业务，利用被害人迷信心理，诱骗被害人录入个人信息，再由客服冒充"大师"等身份，通过话术套取被害人感情、经济、生活等方面的信息，假称能为其破财消灾、辟邪化煞，兜售所谓的"开光法器"、虚假的法事视频，骗取被害人钱财。公诉机关认为C某协助S某和L某完成公司的组织和管理工作，对S某和L某的犯罪行为知情，需对其参与期间该诈骗团伙实施的全部诈骗行为承担刑事责任，并对其提出6～8年的量刑建议。C某认为量刑建议过重，在审查起诉阶段未作认罪认罚。一审庭审期间，C某再次对其在本案中的地位和作用进行辩解，公诉机关认为C某认罪态度较差，当庭将量刑建议提升到7～9年。2021年6月18日，法院以C某犯诈骗罪判处有期徒刑7年9个月，并处罚金人民币8万元。

二审期间接受C某亲属的委托后，笔者向承办法官申请调取证实C某罪轻的证据，并坚决要求开庭审理本案，同时从多个角度与检察官深入沟通，就C某在本案中的作用和主观恶性充分交换意见，以期在二审阶段继续推动认罪认罚。但基于严厉打击电信诈骗的高压态势，检察官首次给出的量刑建议为5年6个月。笔者继续就C某个人履历情况及退赔退赃意愿等方面与检察官交换意见，检察官同意将量刑建议调整为5年，后又调整为4年6个月。二审法院最终采纳了笔者的辩护意见，改判C某有期徒刑4年6个月，并处罚金人民币7万元。

辩护过程

实践中，一审阶段未认罪认罚的情况下，二审推进认罪认罚较为困难。特别是在本案中，公诉机关曾当庭提高量刑建议，控辩双方对立色彩较强，无疑使二审阶段认罪认罚难上加难。但是，C某对本案构成诈骗罪没有异议，其诉求在于"减轻量刑"，二审推动认罪认罚无疑是最有效的方法。

接受C某家属委托之后，笔者深感此案件时间紧，难度大。通过综合研判本案证据材料，笔者认为"从轻处罚"具备一定辩护空间。一审判决书虽然认定"C某在共同犯罪中起次要作用"，但同时认定"C某在参与犯罪集团期间协助S某和L某完成某某岛文化传播有限公司和某某岛信息技术有限公司的组织和管理工作"，故将C某认定为高级管理人员。但在笔者会见C某时，C某坚称自己只是S某的助理，并非公司高级管理人员，其工作职责以汇总报告以及安排S某的行程为主，这点从其工作电脑中也可以看出。笔者敏锐地意识到，或许这将是二审的重要突破点，马上前往法院调阅卷宗，重点拷贝了司法鉴定机构从C某电脑中提取的电子数据。可尝试了多台电脑以及不同系统，均无法读取拷贝的电子数据。笔者向法官申请让司法鉴定机构重新调取C某电脑中的数据，但未被准允。笔者想据此证实C某在该案中作用较轻的路径就这样被堵塞了。

离开法院后，笔者心情颇为沉重。一个二十几岁的年轻女孩即将面临重刑，人生就此改变，这是多么残酷的现实。法律是公平的，也是有温度的，这正是推进认罪认罚从宽制度的意义所在。如何在现有证据下说服二审法官采纳笔者的辩护意见，如何让检察官认可C某认罪认罚的态度，不仅考验律师的专业能力，更考验律师与办案人员的沟通能力。笔者再次反复查阅卷宗，不断深挖证据，终于找到了新的思路。笔者将一审认定的高级管理人员进行对比，将作为S某助理的C某和作为L某助理的Z某进行比较分析，意在"以子之矛攻子之盾"，用现有证据推翻一审的认定。在案卷移送检察院后，笔者第一时间与检察官交流辩护意见，从一审判决事实认定不清和法律适用不当两个方面详细阐述了对 C 某应予从轻处罚的理由：

首先，在事实认定方面，笔者结合 C 某的地位和作用，主张应认定其为普通行政人员，而非高级管理人员，一审认定 C 某负责起名部、测算部业务与事实不符。公司各个业务职能部门均设立了相应的负责人，C 某实际从事的工作内容以传达 S 某的指示和负责工作会议记录等日常行政工作为主，对此各职能部门负责人的供述均能佐证。起名部的负责人是 X 某，C 某听从 S 某安排监督起名部业务的期限也仅为 2 个月左右，不能就此认定 C 某负责起名部的相关工作。同时，C 某听从 S 某安排接管测算部，系因该部负责人离职，但仅接管了不到 3 天 C 某便向 S 某提出了离职，其在测算部并未开展任何实质性工作，不能就此认定 C 某负责测算部的相关工作。除此之外，C 某在工作期间工资固定，没有任何奖励和分红。笔者将 C 某与公司高级管理人员、L 某的助理 Z 某分别进行了对比，从入职时间、职位、工作内容、工资、股东、退赔情况、参与金额、从轻减轻情节、一审刑罚等方面展开了细致分析，意在说明一审判决对 C 某量刑畸重的事实。

其次，在法律适用方面，笔者提出一审认定 C 某不构成坦白系适用法律错误。C 某在案的 8 次讯问笔录对公司架构、各部门职能、部门负责人情况、部门业务种类、业务宣传方式、公司盈利手段及其在公司的工作年限、工作内容、工资收入等情况均作出了供述，且能够与其他在案被告人的供述相互印证。一审庭审中 C 某对检察机关指控其全面协助 S 某工作的定性不认可，并非要否认自己参与公司工作的事实，故应当认定 C 某"如实供述自己罪行"，具有坦白情节，予以从轻处罚。

在此基础上，笔者申请二审阶段适用认罪认罚从宽制度，在重新认定事实的基础上进行量刑协商。检察官当时并未直接发表意见，几日后回复笔者：同意给 C 某在二审阶段做认罪认罚，量刑建议为 5 年 6 个月，希望笔者尽快会见C某并配合签署《认罪认罚具结书》。根据《刑事诉讼法》第201条的规定，除特殊情形外，"对于认罪认罚案件，人民法院依法作出判决时，一般应当采纳人民检察院指控的罪名和量刑建议"，这说明我们已经取得了阶段性成功，二审改判胜利在望。然而，既然撬动了一审判决，就不能单纯被动地接受量刑建议，而应该发挥主观能动性，进行最大限度的量刑协商，为C某争取更大幅度的量刑减让。C某系海外留学归国，且又取得了A大学的研究生录取通知书，日常表现一贯良好，尽管因欠缺法律常识误入歧途，但仍值得教育和挽救。根据《人民检察院办理认罪认罚案件开展量刑建议工作的指导意见》第8条第2款规定，有关个人品格方面的证据材料不得作为定罪证据，但与犯罪相关的个人品格情况可以作为酌定量刑情节予以综合考虑。为此，笔者让C某家属准备了C某的学历、奖励等品格证据，寻求进一步的量刑突破。经与检察官沟通，检察官同意将C某量刑建议下调至5年。

随后，在与C某家属沟通中，笔者了解到他们心疼自己的孩子，知道C某犯了错要接受惩罚，希望能从其他方面多做一些事情，帮C某将功补过。笔者认为，如能在一审退赔17万元的基础上继续退赔，对C某的量刑一定有帮助，遂再次与检察官进行协商。检察官表示综合全案来看，5年的量刑建议已经给得很低了，但是，考虑到家属再退赔50万元，确实能够降低受害人的损失，产生较好的社会效果，有利于侵财类犯罪社会关系的修复，最终同意将量刑建议调整为4年6个月，C某签署了《认罪认罚具结书》。二审法院采纳了量刑建议，未开庭审理，直接改判。至此，本案以二审认罪认罚收官，一次有效辩护为C某挽回了3年多宝贵的人身自由，其价值显然是不言而喻的。

辩护技巧

一、厘清事实，有的放矢

笔者认为，争取二审认罪认罚，应注重抓主要矛盾，厘清前期未能认罪认罚的根本原因，究竟是案件本身尚有值得推敲的细节，还是被告人本身态度问题，找准问题才能"对症下药"。辩护人应当找准事实认定的关键突破点，并提升论证和说理能力，引起检法机关对案件的重视，进而达成"如果二审不予改判，则有悖于罪责刑相适应原则"的共识。为此，可以综合运用原有卷宗和调查取证的方式，旨在打开案件的另一个窗口，让检察官和法官摆脱先入为主的惯性思维，发现新的事实，形成二审认罪认罚的启动基础。

二、运用策略，层层推进

在认罪认罚案件中，检察官掌握较大的主动权。交涉量刑建议时，辩护人可能会遇到一些困难，协商结果难免有时不遂心愿，但不能灰心，更不能放弃。要正确理解认罪认罚从宽制度的适用背景和立法精神，本着换位思考的原则，采取检察官能够接受的说服方式，为检察官适时输送下调量刑建议的"弹药"。这需要经验的积累，要在实践中不断历练。同时还要充分认识到，量刑协商不可能一蹴而就，不能轻易"知难而退"，也不能随意"勉为其难"，最好的方法是逐步推进，分批输送"弹药"，在每个节点起到相应的效果。需要注意的是，在沟通过程中要把握好火候和分寸，避免引起检察官的抵触情绪而导致适得其反的结果。

「盈」的秘密 3：认罪认罚从宽制度下的有效辩护

破釜沉舟：认罪认罚后的无罪辩护

● 聂晓东[*]

辩护策略

认罪认罚从宽制度作为刑事诉讼改革的重要内容，自 2016 年试点以来，已经在全国各地迅速实施。然而，认罪认罚案件并不意味着检察院的量刑建议可以取代人民法院的审判权。面对若认罪认罚就建议缓刑、不认罪认罚就建议实刑，认罪认罚就建议 3 年、不认罪认罚就建议 5 年等"诱惑"，刑辩律师作为当事人合法权益的维护者，必须坚持证据裁判原则，面对不构成犯罪的案件，要以破釜沉舟的勇气坚持无罪辩护，才有可能扭转局势。

案情简介

2013 年，L 某在某市农委的政策号召下，来到 Z 县投资 170 万元建立莲华农民专业合作社，承包附近村落的土地种植莲菜，并花费大量资金购买藕种、有机肥、检测仪等相关物资和设备。

2020 年 10 月，L 某因涉嫌刑事犯罪被采取强制措施。《起诉书》指控：

---

[*] 北京盈科（太原）律师事务所刑事法律事务部（一部）主任。

2015年8月，L某伪造某县莲华农民专业合作社与Y村、N村的土地租赁合同，与水果经销部签订藕种订购合同、提供虚假数据，骗取S省2015年园艺作物标准化创建（蔬菜标准园）项目50万元资金。2016年3月，L某提供虚假材料，骗取S省2016年设施农业建设工程部省级蔬菜标准园创建配套资金项目10万元资金补助。L某以非法占有为目的，采取虚构事实、隐瞒真相的方式，骗取国家专项资金共计60万元，数额特别巨大，应当以诈骗罪追究其刑事责任。因L某自愿认罪认罚，公诉机关建议判处其有期徒刑10年，并处罚金。

L某的家属经朋友介绍找到笔者时，L某已经在当地律师的见证下做完认罪认罚，案件不日就将移送法院。家属考虑到L某身患糖尿病、高血压等多种疾病，即使认罪认罚后量刑建议为10年，刑期届满也已逾60岁，所以希望笔者能为其尽力争取，以期更轻的处罚。谈话中家属告知笔者，L某在项目申报时提供的两份合同（2014年3月12日与Y村签订的265亩《莲菜池租赁合同》和2014年3月8日与N村签订的85亩《莲菜池租赁合同》）都是真实盖章，并没有伪造。《起诉书》指控50万元资金的那起事实，实际上是因为当地政府在2013年推荐给L某的化肥不合格导致莲菜绝收，为补偿L某特意在协调项目申报时给了一定的便利，镇上也承诺L某将来在Y村的莲菜种植面积可以扩大至260亩以上，还协调了L某与Y村村委会协商此事。但当时Y村村主任因即将卸任，对此事半推半就，导致租赁合同最终盖了章但没有签字。L某和时任镇党委书记请示后，书记表示先代签，随后再进行完善，最终L某在书记的授意下代签了Y村村主任的名字。另外一份N村85亩的合同，签字、盖章均经过N村村主任同意。公诉机关认为L某当年在N村实际租赁土地的亩数是65亩，存在虚报亩数的情况，但实际上合同是提前签订的，原本计划第二年再扩建20亩，结果计划还没落实L某便因此事被调查。笔者听后不禁想到，如果家属所述情况属实，合同不存在造假，那L某就有无罪的可能。家属的说法通过阅卷和会见 L 某，大致得到了证实，笔者遂萌生了无罪辩护的想法。

辩护过程

L 某在审查起诉阶段已经签署了《认罪认罚具结书》，而辩护人认为案件定性存在问题欲作无罪辩护，两者之间是否存在冲突？当时《人民检察院办理认罪认罚案件开展量刑建议工作的指导意见》尚未实施，各地做法不一，有地区出台的意见明确规定："犯罪嫌疑人、被告人认罪，但辩护人作无罪辩护的，不适用认罪认罚从宽制度或者撤销具结。"面对这样的两难境地，辩护人该如何抉择？

一、达成共识，破釜沉舟

作为辩护律师，固然要坚持专业判断、追求公平正义，但绝不能在未征得当事人同意的情况下，擅自作出不利于当事人的辩护。律师在认罪认罚案件中作无罪辩护，对当事人来说是存在风险的，必须反复斟酌、全面衡量，并由当事人最终决定。笔者认真研究了本案的证据材料，在分析定性、预判走向、权衡利弊之后会见了 L 某，向其告知了笔者对本案的看法，同时明确说明对于无罪辩护能否成功并无十足把握，只能全力以赴、竭力争取，最终还要取决于法院是否采纳；一旦失败，之前10年的量刑建议可能会变更为11年甚至更高。L 某沉默良久、考虑再三，对笔者说："反正最坏的结果就是这样了，当时签认罪认罚心里也没个主意，一想签了就能少服刑，脑子一热就签字了。事已至此，既然有新的出路，不如拼一把，大不了再多判一两年，总好过自己后悔。"笔者佩服 L 某的勇气，也感谢他对自己的信任，更加坚定了无罪辩护的决心。正所谓"破釜沉舟，百二秦关终属楚"，L 某都无所畏惧，笔者还有什么理由退缩呢？摆在眼前的，就只有这一条路——无罪辩护。

二、攻克难关，双管齐下

这世上本就没有轻而易举的事，刑事辩护更是绝境求生，在坚定信念后必须落实到具体行动。L某赞成笔者作无罪辩护，笔者也必须竭尽全力护L某周全。为了尽力保住L某的从轻量刑建议，考虑到L某是在另一位律师的见证下作的认罪认罚，笔者与当地律师商议，由其继续作量刑辩护，而笔者则作无罪辩护。做好两手准备后，笔者沉下心来仔细研究案件的证据及法律适用，以期挖掘最有力的辩点。公诉机关的指控貌似逻辑严密，但如果案涉两份租赁合同签订背景属实，则有可能推翻案件定性。鉴于两份租赁合同签订的关键人物、当时的镇党委书记并未在本案中做笔录，当务之急是联系其说明当时的情况，对其制作调查笔录。取证过程困难重重，好在最后争取成功，还原了租赁合同的签署情况。这样一来，笔者对于无罪辩护更加坚定了信心。

诈骗罪是以非法占有为目的，用虚构事实或者隐瞒真相的方法，骗取数额较大的公私财物的行为。该罪的基本构造：行为人以不法占有为目的实施欺诈行为→被害人产生错误认识→被害人基于错误认识处分财产→行为人取得财产→被害人受到财产上的损失。也就是说，否定了两份租赁合同的虚假性，L某涉嫌诈骗就丧失了基本前提。并且，这两份租赁合同并不是L某获得项目申报的充分条件，整个项目考核程序极为复杂，评定极其严格，省农业厅等主管部门并未陷入错误认识，被骗事实客观不存在。《S省2015年园艺作物标准化创建项目申报指南》中载明的申报条件为"实施主体是农民专业合作组织或农业龙头企业，每个设施蔬菜（含食用菌）标准化创建基地200亩以上（设施内面积），筛选确定项目申报单位后进行公示"；支持方式为"2015年园艺作物标准化创建项目以'先建后补'的方式进行补助，项目申报单位完成批准下达的建设任务，并经专家验收合格后，按照评分顺序予以公示，无异议后根据验收结果给予50万~100万元的补助"。L某在具体申报时，向农业委员会出具的《Z县2015年莲菜标准园创建申报书》中明确写明自己所经营的莲华农民专业合作社种植品种是莲藕，实际栽培面积是235亩，计划创建规模是350亩。这与L某提供的与Y村、N村签订的两份合计350亩的租赁合同相互印证，不存在虚报造假的情况。材料上报后，农业委员会不仅查看了申报材料，还派省蔬菜管理站会同市蔬菜技术服务中心4名专家实地查看、现场核实、听取汇报、最终验收，层层上报至省农业厅，审核确定后又在省农业信息网进行公示，最终才认定符合申报要求，于2015年12月26日向L某拨付资金50万元。同样，10万元项目补助的发放也是如此，L某申报的蔬菜标准园项目进行到2016年的时候，为扩大规模向县农业委员会申请了配套资金补助。项目申报通过后，L某自筹资金购买了藕种、水泵、有机肥等材料。2016年11月，县农业委员会、县蔬菜中心、县政府共计8人一致同意通过验收，才最终完成了资金拨付。因此，公诉机关指控L某构成诈骗罪的事实不清、证据不足。开庭审理时，控辩双方展开激烈交锋，在长达4小时的庭审中，笔者有理有据地充分发表意见，在《起诉书》指控事实之外构建了新的法律事实，庭审效果达到预期。

三、变更起诉，各得其所

庭审结束后，法院将案件退回补充侦查。2个月后，检察机关重新起诉到法院，并提交了《变更起诉决定书》，新的指控内容：2015年8月，L某伪造材料成功申报省园艺标准化创建项目获取补助资金50万元，后L某将该50万元的收入及三笔提取的现金共计54.5万元取出后未入账，在3个月内亦无相应的现金支出凭证。2016年3月，L某成功申报省2016年设施农业建设工程省部级蔬菜标准园创建项目补助资金10万元，后L某陆续提取资金10.8万元未入账，在3个月内亦无相应的现金支出凭证。L某利用职务上的便利，将本单位资金65.3万元挪作他用，数额较大，超过3个月未还，应当以挪用资金罪追究刑事责任。检察院提出若认罪认罚,将建议量刑1年3个月。

罪名的变更不仅意味着诈骗罪不成立,也为L某迎来了希望的曙光。面对新的罪名,笔者继续迎接挑战,积极应对,联系L某家属寻找L某成立莲华农民专业合作社时莲菜种植的投资证据、票据。可L某考虑到当时已被羁押1年有余,加之确实存在部分票据无法说清的问题,表示对该量刑建议已经心满意足,自愿认罪认罚,并签署了具结书。本案再次开庭并于当天宣判,法院采纳了检察院的量刑建议,以挪用资金罪判处L某有期徒刑1年3个月。2022年元旦前,L某顺利回家与家人团聚。从10年到1年3个月,虽有妥协的意味,却仍然不失为一场各得其所的成功辩护。

辩护技巧

笔者认为,当前认罪认罚从宽制度在全国范围内广泛适用,律师要顺势而为,开展认罪认罚案件的有效辩护。但是无论何时,律师都要保持独立思考,尊重案件事实,坚持证明标准。对于当事人是否认罪认罚、如何认罪认罚也要给出切实可行的建议。这需要处理好以下两个问题:

一、是否认罪认罚,到底谁掌握决定权

毋庸置疑,是否认罪认罚,显然是当事人享有最终决定权。但不可否认的是,律师的建议会对当事人产生重要的影响。以维护当事人合法权益为出发点和落脚点,结合案件证据与法律规定,研判案件走向,分析方案利弊,帮助当事人慎重选择,是律师的基本职责。面对认罪认罚的量刑从宽"诱惑",如果律师笃定当事人无罪,要条理清晰地充分表达观点,可以善意提示当事人不要轻易认罪认罚,但不能代替当事人作决定。毕竟自由无价,律师无法代替当事人承担法律后果。

二、认罪认罚案件，是否应坚守证据裁判原则

不同于民事案件要求的高度盖然性证明标准，我国《刑事诉讼法》要求的证据裁判规则为"证据确实充分，排除合理怀疑"，即使认罪认罚案件也不能例外，不得因当事人认罪认罚而降低证明标准。实践中，当事人的认罪认罚难免会导致案件事实审理程序简化，一些细节难以被挖掘。只有律师专业、勤勉、负责，并且获得当事人足够的信任，才会形成控辩制衡，推动法院坚持证据裁判原则，不囿于认罪认罚的限制，最终为当事人赢得柳暗花明的案件转机和峰回路转的人生转机。

一波三折：理性引导被告人
认罪认罚终获缓刑

● 董有生[*]

辩护策略

认罪认罚从宽制度实行以来，对于提高诉讼效率、降低诉讼成本、促进司法资源有效配置都起到了一定的积极作用。但是，由于各阶段主导机关释法程度不同，当事人自愿认罪认罚的心理预期像过山车一样起伏，影响了该制度的有效适用。笔者认为，对于办理程序合法、犯罪事实清楚、证据确实充分、量刑建议适当的案件，律师可以积极释法，理性引导当事人尽早认罪认罚，争取更大程度从宽，从而达到当事人利益最大化的最佳辩护效果。

案情简介

聚合支付平台又称为"第四方支付"，其中违规设立"资金池"从事资金结算业务被称为"二清"。本来只需要银行结算给商户这一次结算，因为平台的二次结算，如果负责聚合支付的公司出现资金链问题卷款跑路，就会导致商户的资金荡然无存。不难看出，"二清"破坏了支付结算业务许可制度，危害

---

* 北京市盈科（大连）律师事务所刑事诉讼法律事务部主任。

到支付市场的秩序和安全，对于情节严重的应以非法经营罪追究刑事责任。

某信息技术有限公司2013年注册设立后，主要为一些网络游戏类商户提供四方聚合支付业务。2014年Q某到该公司工作，2017年被任命为商务部总监，负责拓展商户、向商户介绍资金支付结算业务、与商户签订计费服务协议、为商户分配支付通道、解决技术嵌入及售后问题。2017年中国人民银行发布《关于开展违规"聚合支付"服务清理整治工作的通知》，对不具备"支付牌照"的非银行类支付机构开展整改。但为抢占市场份额和谋取巨额利益，该公司在未办理《支付业务许可证》的情况下违规设立"资金池"，开始业务转型，为一些涉黄涉赌的违法商户提供"二清"资金结算。

2019年，在另一起网络赌博犯罪案件中，公安机关顺藤摸瓜发现该公司及其控制的空壳公司违法开展"二清"四方资金结算业务，对老板W某及包括Q某在内的20余名员工进行了调查。在侦办过程中，Q某非常抵触，他认为自己只是公司员工，是在公司的授意下开展工作，其行为并未超出职责范围，而且本人对下游商户的违法行为并不知情，因此不构成犯罪。但在公安机关强大的审讯攻势下，Q某供述出现多次反复，时而坚称无罪，时而又认罪，导致公安机关提请批捕后，只有老板W某与Q某被批捕，其他20余人均获取保候审。《起诉意见书》认定该公司及名下空壳公司共计向200余家商户支付结算人民币30多亿元，收取平台服务费和手续费合计金额为9700余万元，Q某任商务部总监期间，明知公司涉嫌违法，依然帮助公司牟利，涉嫌非法经营罪。

案件移送检察机关审查起诉后，经过两次退侦，历经数月进入法院审理阶段。本案第一被告人老板W某不认罪，其律师作无罪辩护。W某的不认罪，对第二被告人Q某的认罪造成了很大影响。笔者作为Q某的辩护人，在Q某从不认罪到认罪、检察院从不认可到认可Q某的认罪认罚、法院从拟判处实刑到最终判处缓刑的整个过程中，始终理性引导、积极争取，最终实现了认罪认罚从宽制度下的有效辩护。

辩护过程

笔者在审查起诉阶段介入本案。通过深入研究证据，笔者发现部分认定事实与实际事实存在一定差异，但案件总体上犯罪事实清楚，证据确实充分，该公司在没有办理《支付业务许可证》的情况下违规设立"资金池"进行"二清"支付结算业务，确已构成非法经营罪。

一、翻供导致批捕，认罪举步维艰

Q某任商务部总监，在单位犯罪中的作用并不是很大，为什么所有员工中只批捕了他？首次会见时，Q某非常抵触，回答更是让人感觉既可气又可笑。原来到案当天，在强大的心理攻势面前，他稍作抵抗后就表示了认罪，随后侦查人员没有再针对他的犯罪事实进行深入的讯问。然而在看守所期间，受到同监室其他犯罪嫌疑人的影响，Q某错误地认为只要没有有罪供述，就不能认定其主观上具有明知的故意，也就不构成犯罪。所以在检察官提讯时，他一反常态否定之前的全部供述，推翻了最初的笔录，导致检察官以认罪态度恶劣为由，只批捕了他一个员工。当他得知其余20余人均被取保候审时，Q某心理上出现了第一次崩塌。

结合首次会见情况，笔者更加坚定了对本案的判断，Q某构成非法经营罪应无争议，无罪辩护没有空间，认罪认罚是对Q某最为有利的方式。于是，笔者形成初步的辩护意见，准备为其作罪轻辩护。再次会见时，笔者耐心细致地为Q某释法，向其解释"二清"为什么构成非法经营罪，以及会受到什么样的处罚。由于是单位犯罪，老板W某面临有罪判决毋庸置疑，实施职务行为的员工因主观恶性较小、地位和作用不大，所以20多名取保候审的员工有一部分很可能会不予起诉。Q某的作用在整个犯罪中应该排不到第二位，如果认罪认罚，可以争取最大限度从轻处罚。Q某理智地听从了笔者的建议，同意认罪认罚。

二、控辩深入沟通，认罪峰回路转

笔者尝试与检察官沟通，向其解释Q某在认罪态度上转变的原因系受到外界干扰，其对在案证据无异议，并渴望得到从宽处理。检察官认同笔者的观点，但认为Q某翻供的态度不符合自愿认罪认罚的要求，如果以Q某现在的情节定罪量刑，可能会判处5年有期徒刑，要求笔者进一步做Q某的思想工作。

在漫长枯燥的羁押生活中，Q某的心理防线再一次崩溃，他急切地渴望能够得到缓刑。笔者为其分析了缓刑辩护策略，结合同案其他人员取保候审的情况，如实供述、认罪认罚有可能会得到缓刑的结果。同时，笔者对照时间顺序，帮助Q某厘清了任商务部总监时期与犯罪时间的重叠部分，按照新的时间段重新计算他应承担的犯罪数额。当笔者准备与检察官再次沟通时，却从Q某家属处得知其父母在老家遭遇车祸，父亲当场死亡，母亲头部和腿部多处骨折，尚未脱离生命危险。为防止Q某做出过激举动，笔者并未将噩耗告知Q某，而是第一时间将Q某老家派出所出具的证明递交检察官，并按照《刑事诉讼法》规定要求检察机关督促核实。与当地派出所核实无误后，笔者从三个角度与检察官展开了深入讨论：

第一，对Q某涉嫌罪名无异议。本案中，非法经营的提议者是主犯老板W某，Q某作为商务部负责人，仅仅是执行公司老板W某的命令，在共同犯罪中起次要、辅助作用，无论其主观恶性还是客观危害性，都相对较轻，系从犯。

第二，对Q某犯罪数额有异议。《起诉意见书》认定Q某2014年10月至 2019 年 8 月任商务部总监,而审计报告得出数额对应的时间段是 2013 年 3 月至 2019 年 6 月,不能认定 Q 某全程参与犯罪。根据主犯老板 W 某供述,Q 某入职公司的时间是 2014 年,开始时没有业务,2016 年前后,公司业务量增大,Q 某才被安排担任商务部总监。因此 Q 某非法经营的数额应从 2016 年开始计算。

第三,Q 某认罪认罚具有自愿性和必要性。Q 某家庭遭遇变故,对其适用认罪认罚,尽早取保候审,更能体现我国宽严相济的刑事政策,也有利于彰显司法机关的人文关怀,增强被告人主动认罪服法、真诚改造回报社会的决心。

本案两次退回补充侦查,在移送法院的最后时刻,检察官认可了笔者关于 Q 某从犯身份和犯罪数额的辩护,同意对其做认罪认罚,但取保候审仍未予准许,理由是主犯 W 某一直未认罪,为防止案情出现反复,不宜对 Q 某取保候审。2020 年 9 月,Q 某签下了对其至关重要的《认罪认罚具结书》,检察院出具的量刑建议为有期徒刑 3 年 6 个月至 5 年。

三、庭审跌宕起伏,结局有惊无险

尽管认罪认罚取得初步成果,但是该量刑建议意味着 Q 某失去了适用缓刑的机会,笔者唯有在庭审中进一步争取。笔者深知,若想达到庭审的良好辩护效果,Q 某必须表现出真诚的悔罪态度。然而,庭审中老板 W 某拒不认罪,其辩护人进行无罪辩护,打乱了控方的节奏。W 某的做法直接影响了 Q 某的心理,他再一次产生错误认知,试图当庭翻供,面对公诉人讯问时流露出抗拒的情绪和言语。为了引导其回归理性,在辩护人发问环节,笔者提前铺垫了认罪认罚从宽的红利,并结合任职经历短、公司地位低、犯罪作用小三个层面对 Q 某进行发问,努力将偏离正轨的 Q 某扳回到预设的辩护方向上。经过一系列理性引导,Q 某终于意识到事态的严重性,在之后的庭审中对犯罪事实供认不讳,诚恳向法庭表示认罪认罚,并指证了主犯 W 某的犯罪活动,对法庭查明事实真相起到了积极的作用。见庭审"渐入佳境",笔者进一步向法庭阐述:Q 某与公司其他人员相比,地位、作用相当,甚至有些人的作用比 Q 某还要大,对其他人员取保候审、不起诉,对于 Q 某而言有违平等适用原则。公诉人未予反驳,法官宣布休庭。

再次开庭时,检察官变更量刑建议为有期徒刑 3~5 年,并处罚金 20 万元,如能预缴罚金可以适用缓刑。该变更令 Q 某颇感吃惊,却在笔者意料之中,完全契合了辩护目标。2 个月后法院公开宣判,以非法经营罪判处 Q 某有期徒刑 3 年,缓刑 3 年,罚金 20 万元。Q 某当庭表示不上诉。至此,Q 某在被羁押近 1 年时间后重获自由。在笔者理性引导下,Q 某把握住了认罪认罚的机会,改变了自己的命运。

辩护技巧

实践中,认罪认罚程序由检察机关主导完成,对于其中释放的从宽红利,当事人受认识水平和从众心理等因素影响,未必能够正确理解和理性选择。在定罪证据确实充分的情况下,如果错失认罪认罚和量刑协商的机会,可能要承担不利的诉讼结果。辩护人要充分取得当事人的信任,发挥专业引导作用,搭建控辩沟通桥梁。

一、精准判断,做好释法是前提

本案中,Q 某在初期错过了认罪认罚的第一时间,这里有当事人对法律和事实认识错误的"内因",也有外界影响的"外因"。后来在笔者的专业分析和耐心帮助下,其准确理解了定罪的逻辑,认清了认罪认罚的必要性,在充分了解案件事实和法律后果的情况下明确而理智地作出了有利的选择,为自己赢得了改变命运的机会。实践中,检察官提审犯罪嫌疑人的时间较短,沟通不够充分,有时犯罪嫌疑人无法理解到位,对于一些过于"强势"的表达可能会产生误会，从而产生抵触情绪。律师通过反复会见，可以深入了解当事人的心理和诉求，设身处地晓以利害，建立争取量刑从宽的共同目标。如果律师对案件的分析足够专业和中肯，当事人会更容易接受律师的建议。

二、合理分析，解开心结是关键

实践中，不认罚的原因大多可以归结为从宽的幅度没有达到当事人的心理预期。本案中，Q 某在法庭上险些翻供，主要原因是同案的 20 余人均未获起诉，心理落差巨大，强大的失落感使其思维混乱。此时辩护人必须保持头脑清醒，把控微妙的庭审节奏，及时解开当事人的心结，使其心甘情愿地认罪认罚，才能达成预期的辩护效果。笔者认为，如果当事人原本未认罪认罚，律师要说服其认罪认罚，既要有强大的专业自信，也要有足够的表达水平，更要有无悔的内心温度。同时，律师也要注意防范自身风险，将认罪认罚的沟通过程详细记录于会见笔录中，一方面体现出对当事人意愿的尊重，另一方面也可以固定当事人本人认可的证据。

拨云见日：挖掘隐藏的自首情节

● 张 丽[*]

『盈』的秘密 3：认罪认罚从宽制度下的有效辩护

辩护策略

认罪认罚从宽制度作为一个以立法方式确认的诉讼制度，不仅有明确的适用前提要求，更有严谨的程序保障。该诉讼制度一经选择，诉讼参与人均应受到在该程序中作出的自认及承诺的约束。律师在适用该制度的情况下，既要直面当事人求得轻刑化处理的现实需求，又要通过立足事实证据的有效辩护，为当事人争取最为宽缓的量刑。在量刑情节存在争议的情况下，即使已经认罪认罚，也不能放弃辩护，直至法院作出公正判决。

案情简介

L 某是一家药业公司采购部副部长。《起诉书》指控：2017 年 1 月至 2020 年 12 月，时任药业公司采购部副部长的被告人 L 某经与时任该公司总经理的被告人 Z 某协商后，利用 Z 某分管审批供应商在药业公司做活动推广的职权，为数家供应商提供做活动推广的便利，二人以此收取供应商给予的贿赂款共计

---

[*] 北京盈科（蚌埠）律师事务所管委会主任、合规法律事务部主任。

300余万元。《起诉书》同时认定是 L 某负责联系供应商并收取贿赂款，再将 Z 某的应得部分交予 Z 某。

因 L 某和 Z 某对指控非国家工作人员受贿罪的事实没有异议，二人在审查起诉阶段全部自愿认罪认罚。检察机关认定二人具有坦白情节，认罪认罚且全部退赃，在此基础上提出了量刑建议，对 Z 某建议是 3 年 3 个月至 4 年 3 个月，并处罚金；对 L 某的建议是 3 年 6 个月至 4 年 6 个月，并处罚金。二人均在当时各自的辩护人见证下签署了《认罪认罚具结书》，对检察机关提出的量刑建议签字认可。

但是，L 某在《认罪认罚具结书》上签字后，却坚持要求其家人找到笔者团队，提出检察机关仅认定 L 某系坦白是不对的，事实是 L 某是在单位未掌握犯罪事实的情况下，主动找到单位领导说明问题的，L 某认为自己应被认定为自首。

L 某及其家人称，他们当时虽然认为检察机关不认定 L 某自首是不对的，但是担心如果不在《认罪认罚具结书》上签字，就得不到从轻处罚了，检察机关会给法院更重的量刑建议。他们想先固定一个轻刑期，再到法院争取认定为自首。

L 某及其家人的想法，真实反映出认罪认罚从宽制度实施以来，当事人一方对认罪认罚从宽制度既热衷迎合，又忐忑不解的心态，既急于抓住检察机关允诺的从轻的机会，又担心错失公诉机关提出的较轻的量刑建议而不敢辩解的矛盾心理。

这一案件虽然事实并不复杂，但是综合展示出认罪认罚从宽制度下当事人普遍的困惑——"认罪"认得心甘情愿，"认罚"认得多有迷茫。因为从当事人的角度而言，他们感受到的只是检察机关给予的从轻处罚的机会，但是检察机关给予的量刑建议究竟是否在案件事实下真正体现了从轻，当事人是

「盈」的秘密3：认罪认罚从宽制度下的有效辩护

完全迷茫的。

辩护过程

检察机关已认定L某系"坦白"，L某却辩称其是自首，那么L某究竟是否主动到单位说明问题，是否在单位未掌握其犯罪事实的情况下主动交代受贿事实？这一对于自首认定最关键的事实，L某并未在审查起诉阶段主张。在L某已经签署《认罪认罚具结书》、已经接受检察机关量刑建议的情况下，如果找不到扎实的证据证实L某的申辩，则自首难以认定。

刑事辩护的一切基点，都必须立足于证据。笔者将工作重点放在对证实L某如何到案的证据核查上。

经查阅侦查卷宗，受案登记表显示，本案是L某所在单位向公安机关报案而引发侦查。卷宗中有一份L某所在单位加盖公章的报案材料，落款时间是2020年11月23日。受案登记表显示接受报案时间是2020年12月3日17时26分，案件来源是"工作中发现报案"，记载的受案内容为"2020年12月3日，某公司法定代表人S某来队报警称：其公司总经理Z某、采购部副部长L某二人在2017年至2019年9月，利用职务便利，从药品供货商处受贿，数额巨大"。

显然这一系列书证显示的事实，尚不能证实L某的辩解。无论是案发的形式还是L某单位报案材料书写的内容，均未体现出L某系主动找到单位领导交代受贿的事实。究竟是L某在主观臆想，还是本案另有隐情？

笔者只能继续在卷宗中寻找答案。笔者又发现，公安机关的立案决定书显示，公安机关立案时间是2020年12月15日。对L某和Z某的传唤证和刑事拘留证显示，公安机关自2020年12月15日12时至12月16日11时传唤L

某和 Z 某后即转为刑事拘留。

显然这一传唤即拘留的事实表明，公安在立案时已经掌握了 L 某具有犯罪事实的基本证据。而 L 某和 Z 某受贿事实如何发现，证据从何而来？卷宗中 L 某单位的报案材料及公安立案后对 L 某的讯问笔录，只能显示出是单位在发现了员工涉嫌犯罪后主动报案，其他材料也无法反映 L 某详细的到案经过，更不能证明 L 某所述的是其主动找到领导反映单位未掌握的犯罪事实。

既然 L 某单位报案称本案是因公司对采购部进行审计而发现，那么单位的调查情况应成为审查重点，核实 L 某"自动投案"的时间节点要进一步前移。

本案二被告人 L 某和 Z 某均在审查起诉阶段自愿认罪认罚且签署了具结书，定罪事实、量刑事实均已确定，如何让审判的法官重视笔者反映的这一量刑情节，在 L 某自己已经签字认可检察机关出具的量刑建议的情况下，仍愿意耗时、耗力地去核实卷外事实？笔者反复翻看卷宗，搜索能说服法官的蛛丝马迹。

卷宗中 L 某所在公司制作的谈话记录显示在 2020 年 11 月 5 日之前，单位领导已经对 L 某进行了三次以上谈话调查，同时还有一份 L 某及其丈夫于 2020 年 11 月 6 日出具的承诺书，L 某及其丈夫承诺"自愿接受并积极配合公司调查""保证积极退款"。

L 某单位作出的对 L 某的处理文件证实，2020 年 11 月 6 日公司下发书面文件，表明对"L 某做进一步调查，核查清楚后，严肃依法依规处理"。

公安机关在 2020 年 12 月 15 日立案后，给 L 某单位制作的扣押笔录显示，L 某自 2020 年 11 月 7 日至 11 月 23 日，即在 L 某单位报案之前，已将 280.5 万元退至单位账户，超过了《起诉书》认定的 L 某个人受贿的金额。

事实在逐步显现。L 某单位虽一再坚持在单位审计中发现 L 某受贿的事实，但除了单位自己提供的情况说明及几张不连续的单位谈话调查记录，没有提供任何证据证实单位是如何将L某受贿的对象及受贿金额掌握得如此具体的。

笔者基于卷宗材料显示的L某案发情况的缺失，要求法院就该事实向L某单位核查。

L某单位再次以自行出具一份《情况说明》的方式作为回复，否定了L某有主动交代的事实。但是L某单位作为《情况说明》附件的材料中，有一张破旧模糊的笔记本页面扫描件，该破损的页面上写有L某名字、每个供应商名称及具体金额，经核对，该记录与《起诉书》指控的受贿事实、金额基本一致。更为重要的是，该笔记本页面左上角写有一行小字，"2020年10月27日下午李总办"。页面最下角有L某手写"以上内容是本人大致回忆交代"。

事实终于呈现。这份笔记本记载的时间显然是在L某单位对L某、Z某制作的所有谈话材料之前。即使L某单位一再以《情况说明》的方式否定L某有主动交代的事实，但这一破旧的字迹模糊的笔记本页面扫描件上的记录，有力地证实了L某是在单位对其数次调查谈话之前，主动到单位领导办公室交代了其受贿的事实及具体金额。笔者如获至宝，以此请求法庭再次核查L某案发的事实。

幸运的是，承办法官尽职尽责。经法院核查，L某单位不能说明其在字迹模糊的笔记本记载的日期前，已经掌握L某受贿的任何事实，认定L某自首胜利在望。可惜经过沟通，检察机关仍坚持L某不构成自首，不同意改变具结书上已经确定的刑期。

本案庭审时，笔者重点将L某单位这页笔记本记载的事实及日期、单位对L某做调查记录的日期及L某退赃的日期、L某单位的报案日期，以时间轴的形式进行比对。上述时间上的先后顺序，揭示出是L某主动找单位领导交代受贿事实及金额后，单位才对L某展开调查，并在调查后向公安机关报案的事实。笔者提出，根据《最高人民法院关于处理自首和立功具体应用法律若干问题的解释》规定,"自动投案,是指犯罪事实或者犯罪嫌疑人未被司法机关发觉,或者虽被发觉,但犯罪嫌疑人尚未受到讯问、未被采取强制措施时,主动、直接向公安机关、人民检察院或者人民法院投案。犯罪嫌疑人向其所在单位、城乡基层组织或者其他有关负责人员投案的……应当视为自动投案"。L 某在犯罪事实未被办案机关掌握的情况下,主动联系所在单位领导,并交代了受贿的犯罪事实,符合"自动投案、如实供述"的要件要求,依法应当认定为自首。L 某在公安机关调查期间,继续稳定如实供述罪行,进一步表明了其自首的态度。在认定自首的问题上,行为人并不需要既向所在单位投案,又向办案机关投案,只需要向其中任一部门投案即可,如不认定 L 某成立自首,显然违背自首的立法精神。鉴于检察机关的量刑建议系在自首这一从轻、减轻处罚情节未被认定的情况下作出的,应依法予以变更,在量刑建议以下判处 L 某刑罚。

一审法院坚持实事求是、客观公正,依法认定 L 某构成自首,在检察机关量刑建议在 3 年 6 个月至 4 年 6 个月,并处罚金的情况下,在量刑建议的最低刑期以下判处 L 某有期徒刑 3 年 3 个月,并处罚金。一审宣判后,公诉机关未抗诉,被告人未上诉。

辩护技巧

一、认罪是事实问题,应当尊重当事人本人意见

认罪认罚从宽制度,当事人在选择时多有困惑,其根源在于看似简单明了的《认罪认罚具结书》,其背后涉及事实认定是否正确、法律适用是否准确、量刑从宽幅度是否得当三个复杂问题。作为律师,在面临检察机关征询是否同意适用认罪认罚程序时,应当告知当事人该程序的适用前提、条件和后果,并重点询问当事人对指控事实是否有异议。大多数当事人既然认罪,则对认罪

（实质是认事实）这一部分是没有异议的，因为指控事实是否属实，作为行为人的本人比任何人都清楚。反之，如果有异议，则不具备认罪认罚的基础。实践中，是否认可犯罪事实，应以当事人本人的意见为准，律师则从法律角度帮其分析所实施的行为是否构成犯罪。

二、认罚是法律问题，律师应当充分尽到辩护职责

我国《刑法》第61条规定，对于犯罪分子决定刑罚的时候，应当根据犯罪的事实、性质、情节和对于社会的危害程度，依照该法的有关规定判处。精准量刑本是法官最擅长的领域，但在认罪认罚从宽制度下，要求检察官也要具备精准量刑的能力，同时对律师也提出了相应挑战。无论如何，当事人对于自己应被如何判处刑罚是没有专业层面的认识的，其是否认罪认罚，能否接受量刑建议，需要有人为其释法。而律师释法的前提，是全面了解案件，充分论证辩点，对"从宽幅度是否得当"做到心中有数。在当事人签署《认罪认罚具结书》之前，律师必须充分履行辩护职责，为量刑协商创造有利条件，通过有效辩护发挥应有的价值。

守攻结合：实现辩护效果最大化

● 宋西显[*]

辩护策略

认罪认罚从宽制度拓展了控辩协商的空间，也为辩护人根据不同个案情况采用不同辩护策略提供了契机。实践中，如果检察官认可辩护人提出的部分量刑情节并提出合理的量刑建议，辩护人可以考虑建议犯罪嫌疑人签署《认罪认罚具结书》，以争取相应的量刑"减让"和"优惠"。在巩固现阶段战果之后，再在审判阶段全面独立辩护，重点针对公诉机关没有采信的量刑情节展开论辩。先守后攻，守攻结合，更有利于实现辩护效果的最大化。

案情简介

2018年3月1日至2019年4月30日，邓某某（另案处理）成立非法组织"某福民慈善基金会"，后犯罪嫌疑人吴某、王某等非法成立"某福民慈善基金会第八集团军"，吴某担任第八集团军军团长、王某担任副军团长，按照部队建制，下设军、师、团、群，每级均设有财务部、统计部、政宣部、督察

---

[*] 北京市盈科（郑州）律师事务所刑事法律事务部主任。

部等部门，熊某为此基金会第八集团军财务副部长。

本案由被害人李某控告案发。《起诉意见书》表述，该犯罪团伙利用伪造的中国人民银行、国务院、国际梅花协会等机关文件，假借"精准扶贫""实现中产阶级""中国梦"等各种"民族资产解冻"类虚假项目，搭建微信群发展下线团队、裂变式传播，以国家将发放巨额扶贫款项为幌子，宣传"小投入就会获得大回报"，骗取公众信任，并巧立名目收取会员各种费用。经审计，2018年4月1日至2019年4月30日，该集团军收取会费5,792,761.27元，上交慈善基金会会费6,312,648.84元，被骗群众达89,309人。

辩护过程

一、坚持专业判断，拒绝有期徒刑10年以上的量刑建议

认罪认罚从宽制度，是当事人以"认罪"与"认罚"为前提，来换取"从宽处理"的协商机制。而"从宽处理"显然是在准确认定当事人刑事责任后给予的量刑优惠。如果司法机关对当事人犯罪行为应当承担的法律责任认定不准确，甚至出现了轻责重认，"从宽处理"就会流于形式，实际是对当事人权益的损害，也背离了认罪认罚从宽制度设立的初衷。

笔者从侦查阶段介入此案，担任熊某的辩护人。接受委托后多次会见熊某了解案情，多次向侦查机关递交法律意见，但没有任何进展。案件移送审查起诉后，笔者及时进行阅卷，并就熊某存在的自首与从犯情节与主办检察官反复沟通。起初，检察官对两个减轻处罚情节均不予认可，量刑建议为有期徒刑10~11年。笔者认为，上述两个关键的量刑情节直接影响熊某刑事责任的认定，会对最终量刑产生实质性影响。而且从专业角度研判，熊某的行为符合法律关于自首和从犯的规定，上述量刑建议不能体现出认罪认罚对应的从宽价值。熊某本人也希望笔者为其进一步辩护，争取更低的量刑，没有签署《认罪认罚具结书》。

二、初见成效，量刑建议调减为有期徒刑 6～8 年

尽管量刑建议未能达成一致，但鉴于熊某自愿认罪，笔者并没有放弃推动认罪认罚，始终保持与检察官积极沟通，并强化对自首情节的辩护。

关于熊某的到案情况，办案机关出具的《抓获经过》记载熊某是在其所居住的小区楼下被抓获归案的。但据熊某本人供述，2019 年 6 月 22 日 18 时许，其与家人在家做饭时，接到辖区派出所民警的电话，称河南的公安机关通知其到该所了解情况。熊某立即赶往派出所，并在派出所等待 2 小时之久，直到河南警方到来之后，熊某接受讯问并如实供述了自己的罪行。很显然，卷中《抓获经过》所记载的内容与客观事实不符。《刑法》第 67 条第 1 款规定，自首是指犯罪以后自动投案，如实供述自己的罪行的行为。因此，构成自首的前提条件之一是犯罪分子犯罪后自动投案，以犯罪嫌疑人和作案人的身份主动到有关机关如实交代自己的犯罪事实，听候司法机关处理的行为。熊某接到公安机关通知后立刻前往并等待了 2 小时，这期间有充足的时间和机会逃匿，但熊某不仅没有逃匿，还自觉将自己置于侦查人员的控制之下，积极配合办案人员工作，如实供述所犯罪行。熊某的行为完全具备投案的主动性和自愿性，符合自首的成立条件，将其行为认定为自首符合法律规定与立法本意，但《抓获经过》的记载回避了这一事实。

尽管笔者进行了充分论证，但检察官仍坚持熊某系被抓获归案。笔者并未放弃，随即提出申请侦查人员出庭、申请调取熊某所在地公安机关的通话记录，并申请熊某的丈夫和弟弟出庭作证。经过笔者的多次交流，检察官重视了该问题，重新向侦查人员核实了熊某的到案经过。开庭前两日，检察官口头回复，认为熊某的行为符合自首条件，并将量刑建议调减为有期徒刑 6～8 年，建议熊某在庭审阶段签署《认罪认罚具结书》。笔者立即前往看守所会见熊某，告知了案件进展情况，并建议熊某先认罪认罚，关于从犯问题由笔者进行独立辩护。熊某听从笔者建议并在笔者的见证下当庭签署了《认罪认罚具结书》。

三、一锤定音，法院判处有期徒刑3年6个月

在之前的多次沟通中，笔者与检察官始终无法就熊某的从犯问题达成共识，故在庭审过程中，笔者重点阐述了熊某在案件中的地位和作用。

笔者提出，本案不能将涉案的第八集团军作为一个独立的犯罪组织，孤立地认定涉案行为人的主从地位，而应将某福民慈善基金会作为一个整体，宏观看待涉案人员的地位和作用。该组织是一个金字塔结构，发起、成立、控制某福民慈善基金会并虚构虚假项目、攫取大量非法利益的主要人员处于金字塔的塔顶，下设的九个集团军及所属的师、团处于金字塔的下端，应以行为人在整个犯罪集团中所起的实际作用大小作为区分主从犯的标准。虽然某福民慈善基金会的有关人员另案处理或者在逃，但不能因为分案处理，就机械地将本案第八集团军作为犯罪的最高组织，将相关涉案人员人为升级至金字塔顶端，错误地认定为主犯。熊某在本案中仅承担绘制表格、统计等事务性工作，实际上是听从上级领导吩咐从事辅助性工作，并非实际的操控人员、管理人员，也没有发展下线，而且被骗参加了基金会的许多项目，投入了1万余元。熊某最早在团部做统计工作，后调至集团军财务部工作，虽担任集团军财务副部长，但实际工作内容不变，仍是做统计工作，不具备管理职能，既没有实施具体的诈骗行为，也没有决定和影响组织的发展方向，其接受指派从事的工作应认定为中性业务行为，在共同犯罪中起次要和辅助作用，依法应当认定为从犯。

同时笔者强调：当前网络诈骗犯罪频发，致使无辜群众上当受骗，应当依法严惩，以体现《刑法》的特殊预防和一般预防作用。在本案中，应当对虚构事实、虚假宣传及设立、组织、控制该福民慈善基金会运营的主要人员，也就

是处于金字塔塔尖的涉案人员依法予以严惩,从而对此类网络诈骗行为起到必要的警示作用。但是,熊某等为在基金会从事中性业务工作、没有发展下线、领取固定报酬的一般参与人员,本身也是受害者,他们处于社会最底层,因为法律意识淡薄而走上犯罪道路,应本着"教育为主、惩罚为辅"的方针,依法予以从宽处理。只有这样,才能真正体现罪责刑相适应的原则,彰显司法的温度,对社会公众起到教育和引导作用。

经过笔者的不懈努力,庭审结束后,检察官再次变更量刑建议为有期徒刑3~5年并处罚金。最终,一审法院认定熊某主动到案并能如实供述自己的罪行,系自首,可以减轻处罚;在本案中起次要、辅助作用,系从犯,可以从轻处罚,判处有期徒刑3年6个月,并处罚金人民币5万元。本案在认罪认罚量刑协商中,量刑建议历经两次重大变更,刑期跨度达7年之长,熊某的人身自由得到了有力维护,笔者作为辩护人深刻感受到司法的公正和辩护的价值。

辩护技巧

笔者认为,我国认罪认罚从宽制度,对准确及时惩罚犯罪、强化人权司法保障、推动刑事案件繁简分流、节约司法资源、化解社会矛盾、推动国家治理体系和治理能力现代化具有重要意义。而良法能否善治,关键在于控辩审三方能否秉持专业精神,追求公平正义,律师从中发挥的作用不言而喻。

一、坚守底线,辩护助推协商

在认罪认罚案件中,对抗色彩相对弱化,协商色彩更加浓郁。就制度设计而言,量刑协商不是一味迎合检察机关的量刑建议,更不是违反法律规定要求从宽处罚,而是控辩双方基于事实判断能力和精准量刑技能,以平等交涉的方式达成一致。对于犯罪事实和量刑情节认定有误的情况,律师要进行专业分析，帮助当事人坚定信心，不能轻易作出不利于自己的认罚承诺。实践中，即使当事人前期没有签署《认罪认罚具结书》，但随着律师的辩护意见逐步被采纳，后续仍有认罪认罚的机会，也有更加符合预期的量刑建议。可以说，辩护水平越高，协商效果越好。

二、独立辩护，庭审创造转机

控辩双方囿于相对的诉讼立场，对个别事实和法律问题的认识可能不一致，由此导致沟通不畅或者各执己见，而审判机关相对客观中立，兼听则明，只要坚持专业辩护，就有可能迎来转机。在认罪认罚案件庭审中，辩护人独立开展量刑情节辩护，已经具备广泛的实践基础。一方面通过法庭辩论的交锋，对公诉人会产生深化认识、弥补盲点的效果；另一方面法院对全案进行实质审查，会作出独立的专业判断，可能会支持辩护人的主张。认罪认罚奠定基础，庭审辩护更进一步，无疑会最大限度地维护当事人的合法权益。

不卑不亢：抓住辩点实现量刑利益最大化

● 方　园[*]

辩护策略

认罪认罚从宽制度的根本目的是落实宽严相济、促进司法公正。如何定罪，是否从宽，以及确定从宽的具体幅度，都必须坚持以事实为依据，以法律为准绳，绝不是控辩双方就定罪量刑进行简单的讨价还价，这是认罪认罚从宽制度与"辩诉交易制度"的根本区别。在认罪认罚案件辩护中，要想取得量刑协商的实质性进展，必须以有效辩护为前提，充分发掘有利辩点，不卑不亢地与办案人员进行充分沟通，实现当事人的量刑利益最大化。

案情简介

本案系一起典型的"色诱"型诈骗犯罪，共同犯罪参与人包括P某、W某、Q某、Z某和Y某。P某和W某是夫妻关系，也是一家男士高端私密养生会所的老板和老板娘。笔者的委托人Q某是该会所的隐形股东，Z某是会所的店长，Y某是前台接待。

---

[*] 北京市盈科（苏州）律师事务所刑事法律事务部主任。

"盈"的秘密 3：认罪认罚从宽制度下的有效辩护

2018年8月至10月，P某及其妻子W某在某高档别墅小区租赁了场地，注册了一家男士高端私密养生会所（以下简称会所），同时在同市的另一行政区成立了专门负责会所客服部的健康管理咨询中心（以下简称客服部），招募店长Z某、前台接待Y某等人以及一定数量的客服人员，并对上述人员进行营销宣传的话术培训、管理。在经营一段时间后，会所的客户向派出所报警说会所对客户进行诈骗，因为会所根本没有提供客服或销售人员所称的"男士全套服务"（性服务）。公安机关经调查后依法刑事立案。

公安机关《起诉意见书》称，P某、W某、Q某为男士会所的管理者，以公司化运作形式组成诈骗犯罪集团，通过招募人员形成固定的客服团队及模特团队，通过虚构"充值成为会员可以享受性服务"的事实，向不特定人群实施诈骗。该诈骗集团首先由使用美女头像、女性昵称的客服人员采用电话、微信等方式冒充美女搭讪被害人，向被害人发送性感女子照片及会所环境照片，按照固定话术使被害人认为会所可提供性服务，诱骗被害人至会所内消费。客人到店后，店长及前台接待人员在明知无法提供性服务的情况下，继续以性服务为诱饵，诱骗被害人消费或者充值办理会员，在收到被害人付款之后，由前台接待安排模特给客人提供服务。店内模特在被害人付款之后，一边安抚被害人，一边与前台接待互相配合以"充值升级会员可以提供性服务"为诱饵，继续诱骗被害人充值。店长、前台接待、模特等人在明知不提供性服务的情况下，互相配合，让被害人误以为能享受到性服务而陷入错误认识充值办卡，以此诱骗被害人钱财。2018年8月28日至10月22日，该诈骗集团以上述方式实施诈骗多起，诈骗金额共计1,627,486元。其中，股东Q某负责招募前台接待和模特，与老板P某、老板娘W某对所有诈骗金额负责，Q某作为股东非法获利38,702元。

在审查起诉阶段，检察官认定Q某作为股东应系主犯，提出10~12年有期徒刑的量刑建议。笔者力主其有从犯的从宽情节，检察官最终同意认定其为从犯，提出 5 年 4 个月有期徒刑的精准量刑建议，Q 某认罪认罚。一审开庭期间，笔者在重申 Q 某为从犯的同时，又提出其认罪认罚、自愿退缴违法所得的辩护意见。最终，一审法院判定 Q 某系从犯，且认罪认罚、自愿退缴违法所得，判处 Q 某有期徒刑 5 年 2 个月，罚金人民币 5 万元。Q 某服从一审判决，未提起上诉。

辩护过程

一、股东身份造成被动

笔者通过会见了解到，Q 某对涉嫌诈骗罪的罪名和犯罪数额均无异议，但认为自己不是老板，也不应该是主犯。

公安机关《起诉意见书》表述称："2018 年 8 月 28 日至 10 月 22 日，该诈骗集团以上述方式实施诈骗金额共计 1,627,486 元。其中，老板 P 某负责整个公司的运营和管理，老板娘 W 某负责客服团队的管理和对接，股东 Q 某负责招募前台接待和模特，该三人对会所所有诈骗金额负责，Q 某作为股东非法获利 38,702 元……""上述犯罪事实清楚，证据确实、充分，足以认定"。《起诉意见书》认定了 Q 某的主犯情节，量刑应为 10 年以上有期徒刑，即使做了认罪认罚，也不能突破法定刑。在此基础上"认罪认罚"，对 Q 某来说未必是真正的"从宽"处罚。

笔者在详细阅卷之后，发现 Q 某虽然曾与老板 P 某签订过一份《投资合作协议》，投资入股人民币 208,000 元获得干股 8%，但其并未参与公司的实际经营活动和管理，基本上属于"甩手掌柜"，不仅没有获利还赔了几万元，不应认定为发挥了主要作用，更不应该对会所全部诈骗金额负责。在这种情况下，笔者与Q某达成一致意见，将从犯的认定作为本案的主要辩点，在审查起诉阶段以"此股东非彼股东"作为主要辩护意见与检察官交流，争取达成"在10年以下量刑"的协商目标。

二、从犯辩护产生实效

首先，笔者以电话形式与检察官沟通交流了初步意见，检察官透露了之所以认定Q某是主犯，原因：一是Q某与老板P某签订了《投资合作协议》，虽然不是会所工商登记显示的股东，但确实参与了利润分配；二是Q某帮助会所介绍了前台接待和模特，参与了会所的管理和经营活动。据此，要想认定Q某的从犯地位，一要"弱化股东地位"，二要证明"介绍前台接待和模特"不属于参与会所的管理和经营活动。

通过会见Q某和仔细阅读卷宗，笔者认为，Q某虽然签订了《投资合作协议》，但只有"股东之名"，而无"股东之实"，既不参与公司的实际经营，又不参与公司的日常管理（包含业务和团队），更未负责招聘前台接待和模特，对财务也不闻不问，对公司的运营情况根本不了解，单纯认为自己只是投资了正经生意，赚了就拿分红，亏了就以出资额承担。此外，其8%的占股比例份额较小，实际也并未获利，应当被认定为从犯。具体理由：

第一，Q某并未参与会所的筹建与推广。P某、W某合谋决定经营会所，P某到北京、上海等地实地考察后，他们选定了会所地址，又进行了装修和推广。之后，老板娘W某通过之前一个有会所工作经验的朋友找到了Q某，和老板P某一起主动邀请Q某投资"入伙"。

第二，Q某并未参与实际经营管理，也不负责招聘前台接待和模特。

本案其他同案犯的供述能够相互印证，均可以证实：

1. 会所的微信工作群里并没有Q某。如果Q某参与招聘工作人员或会所管理，再加上其"股东"身份，其理应在微信工作群里。其不在工作群里的事实可以反向证明Q某实际上是不参与会所经营与管理的。

2. 老板P某负责整个会所的实际经营、人事管理和财务管理；老板娘W某负责团队的管理、客户的对接以及整个会所的营销推广方案与方法；店长Z某对员工进行考核、制作工资表，调处纠纷等。Q某只推荐过Y某和L某两个人到会所工作，L某只干了一天就不干了，只剩Y某做前台接待工作。这种推荐具有偶然性，不具有"负责"的长期性，认定其"负责"招聘前台接待和模特实属牵强。

3. 在本案中，Q某实际并未获利。针对会所，Q某一次性投资了共计人民币208,000元，占股8%，而老板P某只给过Q某1次分红38,702元，在会所关闭的时候，老板从208,000元中扣掉了38,702元，将余下差额转给了Q某，这样算下来Q某实际上并未获利。

在辩护意见系统化后，笔者通过提交书面意见、电话交流等方式与检察官反复沟通，检察官的态度逐渐转变。疫情缓解后，笔者第一时间与检察官约好见面，当面交流了近2小时，检察官坦言笔者使其对"股东"有了更为深入的认识，并于次日回电笔者：采纳从犯情节的辩护意见，将量刑建议调整为5年4个月。自此，量刑协商取得了重大进展，Q某自愿签署了《认罪认罚具结书》。

三、庭审结果超预期

检察官提出的是确定刑量刑建议，一般情况下，如果事实清楚，证据确实、充分，指控的罪名准确，量刑建议适当的，人民法院应当采纳。但笔者认为，如果能够退回分红和预缴罚金，以此表达积极的悔罪态度，量刑仍有进一步下调的空间，Q某家属完全赞同并予以配合。

案件开庭审理期间，检察机关虽认定Q某为从犯，但主审法官着重对Q某的股东身份以及有无参与会所经营管理展开法庭调查，好在笔者庭前与Q

某做了充分沟通，也通过交叉询问向员工核实了"Q某是否为会所的老板、是否经常出现在会所、是否对员工进行管理、是否对财务进行管理、是否决定员工的工资数额"等问题，印证了Q某的实际参与程度，可谓有惊无险。最终，法院认为被告人Q某"在共同犯罪中起次要作用，系从犯，依法予以减轻处罚；自愿认罪认罚，依法从宽处理；对于辩护人提出的Q某系从犯、自愿认罪认罚、自愿退缴违法所得38,702元、请求减轻处罚的辩护意见，经查属实，予以采纳"。并据此判决Q某犯诈骗罪，判处有期徒刑5年2个月，罚金5万元。庭审结束后，法官与笔者交流，对于笔者在法庭上的临场发挥及应变能力十分赞赏，Q某及其家属对于低于量刑建议的判决结果非常满意，对笔者表达了真挚感谢。

辩护技巧

一、由表及里，扭转控方的认识偏差

在认罪认罚案件中，犯罪嫌疑人认罪认罚没有其他法定量刑情节的，人民检察院可以根据犯罪的事实、性质等，在基准刑的基础上适当减让提出确定刑量刑建议。有其他法定量刑情节的，人民检察院应当综合认罪认罚和其他法定量刑情节，参照相关量刑规范提出确定刑量刑建议。也就是说，法定量刑情节的评价既独立于认罪认罚的量刑减让，又融于认罪认罚的整体效果。因此，在存在自首、立功、从犯等减轻情节的案件中，首先应当立足情节之辩，为法定刑以下量刑协商创造有利条件。实践中，如果控辩双方发生争议，往往是因为该情节在表现形式上不够典型，以至于"横看成岭侧成峰"。律师应当透过现象看本质，探求当事人行为的本质特征，进而形成有效辩点，取得相应辩护效果。

二、胸有成竹，应对庭审的专业检验

实践中，如果法定情节的辩护意见已被检察机关采纳，当事人也已签署《认罪认罚具结书》，辩护人的庭审压力会小很多，甚至有人会产生"开庭走程序"的麻痹思想。然而，尊重认罪认罚量刑协商与坚持以审判为中心并不矛盾，落实庭审实质化，才能确保司法公正。也就是说，检察机关采纳的量刑情节，能否得到法院认可，进而体现在最终量刑中，还具有不确定性。辩护人应以认罪认罚的成果被法庭确认为"底线原则"，以"百尺竿头，更进一步"为工作目标，不仅要进行充分的庭审准备，针对现场可能发生的情况制作预案，还要在庭审中随机应变、掌握节奏，以免造成被动、得而复失。

据理力争：认罪认罚后两次调低量刑的秘诀

● 郝孝伟[*]

辩护策略

认罪认罚从宽制度给刑事辩护生态带来了巨大的变革。辩护重心前移和加强控辩协商已经成为刑事辩护的新常态。刑事政策的加持，使得实务中认罪认罚具结几乎有了"未审先判"的意味。但审判机关毕竟是法院，检察机关只有求刑权，法院在事实认定和法律适用方面的标准与检察机关不尽相同，认罪认罚具结的结果和法院裁判的结果尚有一拳之距，这也为律师在认罪认罚之后的辩护工作留下了空间。

案情简介

自 2020 年 11 月以来，张某 1、曾某、何某、张某 2 等 8 人经共谋，在明知他人利用网络实施犯罪活动的情况下，提供多张银行卡利用虚拟货币提供支付结算等服务。具体手法：由张某 1、曾某等 4 人共同出资，通过何某联系"金主"购买虚拟货币，买到的货币按照张某 1 的要求分配至 8 名同案人员的

---

[*] 北京市盈科（无锡）律师事务所刑事法律事务部主任。

账户下，通过虚拟平台自行挑选买家转手出售；出售所得钱款各自提现至银行卡取现，以此循环进行牟利。

2021年1月25日，笔者的委托人何某被A市公安局以帮助信息网络犯罪活动罪抓获，到案后，何某如实供述了使用多张银行卡并利用虚拟货币帮助网络犯罪团伙进行支付结算的犯罪事实。2021年5月12日，A市法院就何某使用其中一张银行卡帮助网络犯罪团伙支付结算银行流水400余万元的事实进行判决，认为何某构成帮助信息网络犯罪活动罪，判处有期徒刑10个月。何某于2021年11月25日刑满释放。不料在释放当日被B市公安局刑拘。

原来，在何某接受A市办案机关审查期间，同案人员曾某、张某2因相同事实被B市公安局抓获。到案后，曾某隐瞒了张某1和另外4名同案人员的情况，虚构了何某纠集、组织的事实。之后B市公安局两次前往A市提审何某。最终，B市法院以帮助信息网络犯罪活动罪对曾某、张某2分别判处有期徒刑2年3个月、有期徒刑1年（以下称曾某案）。

B市办案机关根据何某参与曾某案的相关事实将何某抓获归案。何某到案后再次供述了全部案件事实。很快，案件进入审查起诉阶段，承办人正是曾某案的公诉人。大概是因为已有办理曾某案的经验，承办人胸有成竹，在案件进入审查起诉阶段的第二天就提审了何某，并让何某签了《认罪认罚具结书》，量刑建议为2年有期徒刑的确定刑。第三天，承办人就将案件移送到B市法院。移送起诉如此神速，笔者甚至都来不及阅卷。

笔者紧急看完从B市法院拿到的案卷后，在会见中与何某核实曾某案相关证据时，何某提出其对本案的罪名不持异议，自愿"认罪"。但认为曾某是出资人，系"老板"，在共同犯罪中的作用更大。B市检察院建议的刑期加上其在A市已执行的刑期已经超过出资人曾某的刑期，因此其对刑期存有异议，不愿"认罚"。

"以事实为根据，以法律为准绳"是刑事裁判的基本法则。考虑到被告人何某在共同犯罪中的地位、作用并未查清，笔者认为当前量刑的事实基础存在重大问题，应当予以修正。但是，案件已经进入法院审理阶段，笔者决定在法院对量刑建议进行阻击，力争实现纠偏。

辩护过程

认罪认罚案件中，控辩双方的实际地位并不对等，当事人认罪认罚具结之后，辩护人想要在审判阶段从量刑上再次实现突破，就要在良好的认罪态度和适当的量刑调整之间找到微妙的平衡点。考验笔者的时间到了。

本案侦查卷共12本、1300余页，公诉人在审查起诉后不足24小时的时间内就提审何某，给出了2年的量刑建议。辩护人推测很有可能公诉人并没有完整看过案卷，而是先入为主地凭借在曾某案中的固有印象就匆匆要求何某认罪认罚并出具量刑建议。基于案件的关联性，法院的审判人员也可能持相同态度，以求思路沿袭、速审速决，当庭宣判也不是没有可能。为了验证这一想法，笔者联系了法院，果然，何某案的承办人与曾某案是同一人。

先入为主固然可怕，但辩证地看，也有利于法院全面掌握案件事实，对比各行为人在共同犯罪中的作用，只要让法院在审理过程中认识到曾某在案供述的虚假性，就能给何某案的量刑辩护带来转机。经过与协办律师多次讨论，并征得何某本人同意后，笔者最终决定采用层层递进式的辩护策略。

一、巧用申请，引起审判长重视

鉴于何某已经认罪认罚，B市检察机关同步建议适用简易程序。简易程序最大的特点就是审限短，按照《刑事诉讼法》第220条的规定，人民法院应当在受理后20日内审结。如何在开庭前先提示审判长本案的量刑基础事实认定错误，不能仓促定案呢？

　　笔者首先想到了当面沟通，可当时正值疫情，每次沟通都尤为艰难，加上承办人先入为主的认识太过坚定，沟通效果并不明显。之后，笔者采取了书面交流的方式。自此以后，审判长每隔几天就会收到笔者邮寄的书面材料，包括申请适用普通程序，申请调取控方未提供的其他证据，申请向 A 市法院调阅电子证据，邮寄《刑事审判参考》案例、提交初步辩护意见等。

　　书面沟通方式虽然效率不高，但有三个好处：一是让审判长在开庭前觉察到"辩护人有这么多要求，案子可能有问题"；二是为案件争取时间，让审判长有足够的时间听取笔者的意见，进一步审查案卷材料；三是工作留痕，如果一审不顺利，还可以为二审阶段的辩护工作做好铺垫。

　　上述工作方式很快显现出效果：在第一次开庭后，法院同意了笔者向 A 市法院调取证据的申请，随后的第二次开庭中，审判组织从独任审判变更成了合议庭，除了一名人民陪审员，合议庭中还增加了一位审判经验丰富的法官。后来的事实证明，这名法官对本案降低量刑起到了十分积极的作用。

　　二、蓄力出拳，以事实撬动量刑

　　公诉机关显然知道何某在 A 市因关联事实被判决，所以，《起诉书》中未区分何某和曾某的作用大小，给了何某 2 年的量刑建议，其指控思路显而易见。而曾某已经公开的生效判决中认定的事实"被告人曾某、张某 2……在何某等人的授意和安排下……"与何某的供述"曾某系出资人、老板"存在重大矛盾。但仅凭两名被告人供述上的各执一词，显然不足以说服合议庭，所以，笔者还需要从其他证据材料入手，重构量刑的基础事实。

　　笔者综合研判在案证据后，仔细对比同案被告人的全部供述、书证、聊天记录等证据后发现，何某的犯罪地位有三个明显特征：收益少、不出资、行动受几个老板的管理和安排，这恰恰是论证从犯和降低量刑的三个重要切入点。这三点也在会见中得到了何某的确认。何某还提出,他们有一个微信群,聊天内容可以直接佐证其为被授意安排的身份,这让笔者信心大增。

在准备庭审的过程中,笔者制作了12页的庭审预案,从出资金额、加入时间、犯罪流程、犯罪分工、工具提供到变现分赃等各个环节进行了逐一对比,质疑曾某"避重就轻,互相矛盾"的供述,全方位地重构了何某的共同犯罪事实。庭审时,笔者通过对何某进行抽丝剥茧式的发问,向合议庭展示出:何某没有授意和安排其他同案犯的行为,其仅为一般参与者身份。

果然,笔者认真的态度、扎实的发问让合议庭注意到了两个案件认定的共同犯罪事实之间的矛盾之处,审判长随即对何某进行了进一步的讯问。笔者决定趁热打铁,当庭再次要求调取何某提到的微信聊天记录。公诉人意识到了案件存在的问题,在随后的法庭辩论阶段当庭变更了量刑建议,从2年有期徒刑变成了1年9个月有期徒刑。至此,第一阶段的辩护任务完成。但何某的漏罪问题还没有解决,辩护工作还没有结束。

三、合议庭考虑漏罪问题后,何某的刑期再次降低

何某在A市服刑完毕后的当天即被B市公安局刑拘,所涉的犯罪事实为何某在A市法院宣告判决前所犯,且B市公安局在办理曾某案时曾两次前往A市对何某进行提审。整个曾某案的办理时间,绝大多数发生在何某被宣告判决后,刑罚执行完毕前,符合《刑法》第70条关于漏罪的规定,应予数罪并罚,已经执行的刑期,应当计算在新判决决定的刑期以内。

为了更清楚地说明A市法院和B市法院的办案时间,笔者制作了两个案件的时间轴。如图1所示:

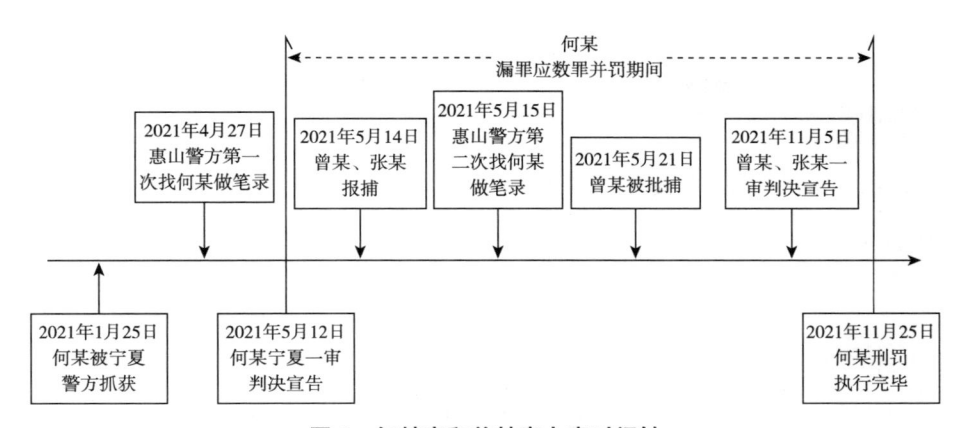

图 1　何某案和曾某案办案时间轴

虽然《起诉书》中已经认定了漏罪，但笔者检索到了《刑事审判参考》中类似的案件，最终判决未认定漏罪。考虑到这个裁判风险，笔者决定在法庭辩论阶段再次重申何某的漏罪情节以增强合议庭的内心确信。

庭审中，笔者对何某前罪服刑时间段和后罪发现时间点进行了详细的论述，坚持认为何某后罪的发现时间点就出现在何某前罪判决宣告后刑罚执行完毕前，完全符合《刑法》第 70 条关于漏罪的相关规定。为了保障何某的权益，笔者在辩护意见中提到了"即便法院不认可何某属于漏罪，也应在量刑中考虑何某因同样的案件事实被判处过刑罚并已经执行完毕的情况"。

庭审结束后，法院没有当庭判决。这对于认罪认罚并适用简易程序的案件来说，已经是利好的信号了。但此时距离简易程序的审理期限不足 5 天，笔者对结果充满信心的同时又有一些忧虑，担心会不会再次突发变故。

几天后，笔者收到了一审判决，法院最终认定何某构成帮助信息网络犯罪活动罪，判处有期徒刑 1 年 8 个月。虽然没有认定漏罪情节，但在公诉人当庭调整的量刑建议基础上又减少了 1 个月。能在认罪认罚具结的情况下两次降低量刑，实属不易！

> 辩护技巧

认罪认罚案件的辩护，重点在协商沟通，难点也在协商沟通。回顾本案的辩护过程，笔者认为，有三点辩护技巧值得分享。

一、在量刑没有协商余地时要据理力争

认罪认罚案件中，律师的辩护观点如果争取不到检察院的认可，可以再去争取法院的认可。检察院认定的犯罪事实并非铁板一块，实践中，检察院和法院认识不一致的情况时有发生。辩护人如果能够敏锐地发现并抓住检、法之间认定犯罪事实的不同思路，往往能有意想不到的辩护效果。本案就是在共同犯罪事实认定上抓住了机会，影响了法官的内心确信，最终促使检察官当庭变更量刑建议，实现了第一次降低量刑的阶段性目标。

二、善于运用书面沟通方式，引起法官充分重视

认罪认罚案件中，不少审判人员存在先入为主的思维惯性，对于公诉机关指控的犯罪事实"照单全收"。遇到这种情况时，单纯的口头沟通无法留痕，也不易引起法官充分重视，要善于通过书面方式进行全方位论证。论证的内容既要涉及实体问题，也要涉及程序问题。在确认书面材料签收的情况下，再及时就书面材料的内容与审判人员进行口头沟通，查漏补缺，以引起审判人员的足够重视。

三、对《起诉书》中已经认定的量刑情节不能掉以轻心，防止出现裁判风险

对于《起诉书》中已经认定的量刑情节，在庭审过程中以及辩护意见中仍应予以强调，否则就可能出现法院要改，但辩护人没有提出过任何辩护意见的窘境。本案中，《起诉书》认定的漏罪情节虽然在法院判决中未予认定，但仍考虑了这一情节，并在实际量刑时作出了反映。这是本案能够在公诉机关当庭调低量刑建议后，获得法院再次调低量刑的主要原因之一。

逆向思维：争取认罪认罚从宽制度下的利益最大化

● 刘华国[*]

辩护策略

认罪认罚从宽制度是我国司法实践长期总结出来并行之有效的司法制度，包括"认罪从宽"与"认罚从宽"两部分，在司法机关强有力的推进下已进入"深水区"。如何在检察机关主导的量刑协商中，充分发挥律师作用，实现案件的有效辩护，切实维护委托人的合法权益，是刑辩律师应深入思考和广泛探讨的问题。尤其是在监察机关办理的职务犯罪案件中，定罪量刑会综合考量诸多因素，以实现法律效果与社会效果的有机统一。其中，量刑情节的认定、考量，以及适用何种从宽幅度，与整个认罪认罚过程中的辩护观点和思路息息相关，辩护人要调动一切有利的积极因素并加以利用。

案情简介

2020年9月29日上午9时许，正在参加会议的A某突然接到监委的电话，要求其前往指定地点协助核实相关情况。A某到达后，监委工作人员告知其涉

---

[*] 北京市盈科（连云港）律师事务所刑事法律事务部主任。

嫌受贿罪，已由市监委指定某县监委对其涉嫌违法问题线索进行初核。次日，A 某被该县监委留置。2021 年 1 月 29 日，A 某因涉嫌受贿罪被移送县检察院审查起诉，同日被刑事拘留，同年 2 月 3 日被批准逮捕。同年 3 月 3 日，检察院向县法院提起公诉。

《起诉书》指控：2015 年中秋节前至 2020 年春节，A 某利用担任某镇党委副书记、镇长，某智慧物流产业园管委会主任，某经济开发区党工委副书记、管委会副主任，某工业园党委副书记、管委会主任，某经济开发区党工委书记，某工业园党委书记，某街道党工委书记等职务上的便利，为河北某公司、连云港某公司、张某、杨某等单位和个人在项目承接、工程款拨付、融资、提供资金支持等事项上提供帮助，非法多次收受和索取上述单位及个人现金 48.1 万元、0.69 万美元（折合人民币 4.66 万元）、2.3 万澳元（折合人民币 11.441 万元）、消费卡（价值 29.2 万元），以及房屋及装修、象牙、家电等物品共计价值 104.25 万元。上述指控涉嫌的犯罪事实分述 27 起，总受贿金额 197.6 万元。

在案件进入审查起诉阶段前，A 某的家属及相关行贿人上交相关款项 78 万余元。监察委员会的《起诉意见书》认可 A 某有检举揭发他人犯罪的情节，但是《起诉书》并没有认定 A 某的立功情节。

辩护过程

笔者接受委托前，听闻 A 某在被监委留置之前，就有相关人员已经被采取了调查措施，案情牵涉多名政府官员的违纪违法情况，在本地影响较大。接受委托后，笔者即刻复制并初步查阅了涉案相关卷宗材料，并会见了 A 某，向其核实《起诉意见书》列举的案件事实，听取其对案件相关背景、发案过程、案件事实经过、检举揭发等情况的陈述，尽可能全面准确地了解案情，初步研判基本的案件事实是否成立。

《起诉意见书》分述的 A 某非法收受他人给予和索取财物的违法事实共 27 起，每一起的数额从 0.2 万元至 50 余万元不等。与 A 某核对后，A 某只对其中的 2 起犯罪数额提出不同的意见，但由于时间较长，也不能确定具体的案涉数额，更无法提供有力的证据。就此，笔者确立以情节辩护为主的辩护思路，鉴于案件系上级监委交办案件，县监委的办案压力很大，承办检察官更不容易被说服。因此，笔者从逆向思维出发，着重考虑在与检察官就"认罪认罚"的协商中，犯罪嫌疑人的哪些量刑情节容易被认同。

辩护思路确立后，笔者和 A 某就辩护观点及切入点进行了交流。首先，从检察官的角度考虑，留置期间 A 某未全部退赃，如能在审查起诉阶段全部退赃，会使检察官的工作更有成效，进而更能调动检察官的积极性，便于检察官作出对 A 某有利的量刑建议。同时，笔者也提醒 A 某和其家属，鉴于案件的特殊性和其他因素影响，也有可能达不到这一效果。但考虑到目前司法实践中对刑事判决涉及财产部分的执行情况，相较于在判决生效后被动退赃，如果现在能积极退赃，对当事人来说应该更能实现利益最大化。其次，考虑在审查起诉阶段退赃与法院阶段退赃的"利益核算"问题，检察院给予的认罪认罚从宽幅度无疑要比法院大一些。

笔者在与 A 某的家属交流过程中，其家属除在量刑上追求轻判之外，还期望继续保持对涉案房产的占有使用，希望该房产不被办案机关处理。卷宗材料显示，涉案房产是一栋别墅，有院落和菜地，面积约 270 平方米，评估后的价格为 54.13 万元。因此，该房产的实际使用价值要远高于其评估的价格，这对笔者和检察官就案件交流的分寸提出了隐性的要求——不能太激烈。

笔者结合案件事实（索贿受贿 190 余万元）、相关法律法规及案例检索情况及 A 某及其家属的意见，就案件的定性量刑问题和辩护思路与团队律师进行了研判讨论。形成书面辩护意见后，笔者于当日约见了检察官，进行了面对面的交流。辩护意见主要有以下三个方面的内容：首先，表达 A 某及其家属愿意在审查起诉阶段积极筹措资金，争取全额退赃；其次，提出 A 某具有自首及一般立功情节的辩护意见；最后，希望检察机关在考虑前两点意见的基础上，如 A 某认罪认罚，提出 3 年 3 个月的量刑建议。检察官认真考虑之后回复笔者，对后面两点意见有不同的看法。关于自首和立功，检察官认为根据现有证据不能认定 A 某具有自首情节，A 某检举他人的犯罪线索目前尚未经查实，因此也不能认定立功情节。关于量刑建议，在全额退赃及认罪认罚的情况下，只能初步同意 3 年 6 个月的量刑建议，并且要上报上级检察院征求意见。

据笔者了解，与 A 某同类的案件，在没有认定自首及立功的情况下，量刑通常在 5 年 6 个月至 6 年 6 个月。目前检察官给出的 3 年 6 个月的量刑建议，已经算是比较低了。A 某及其家属也对量刑建议很满意，并且愿意全额退赃。

然而，世事总是不尽如人意，对于 3 年 6 个月的量刑建议，上级检察院并不同意，认为量刑过轻，要求增加至少 1 年的刑期。笔者、A 某及其家属听到这一消息后，一时都无法接受，认为上级检察院要求增加量刑建议的做法，不仅有损检察机关的公信力，也打击了当事人筹资退赃的积极性。笔者提出，每个案件的量刑要考虑具体案情的差异化，应该考虑整个案件的量刑平衡，并强烈要求检察院维持最初的量刑建议。

由于种种原因，虽经过多次交涉，在没有认定自首和立功的情况下，检察官最终还是提出了 4 年 6 个月的量刑建议，并表示如果 A 某不同意签署《认罪认罚具结书》，则将量刑建议改为 5~6 年的幅度刑。在此情况下笔者分析，在案件事实方面，A 某已经供认，即使笔者针对其中的一两起指控事实和证据提出异议，其金额相对太少，也不足以影响整体量刑，辩护效果难以体现。几经权衡利弊，笔者采取有条件认罪认罚的策略，即笔者已经掌握的立功被查实线索不再作为在审查起诉阶段量刑时的条件提出，因为此时提出，检察官调整量刑建议的可能性也不大。由另一名辩护人见证签署《认罪认罚具结书》，并明确载明辩护人保留对自首和立功情节的辩护权，以便笔者在后面的审判阶段对量刑情节进一步争取。

开庭前，笔者向法院提出调取相关立功材料的申请，在调取到立功材料后，再次向检察官提出调整量刑建议的要求。终于功夫不负有心人，检察官同意将量刑建议由 4 年 6 个月调整为 4 年 3 个月。关于 A 某家属关心的涉案房产问题，笔者从侧面了解到，鉴于已全额退赃，办案机关不再对涉案房产进行处置，这样的结果让 A 某家属也倍感欣慰。

2021 年 10 月，法院对本案作出一审判决，判处被告人 A 某有期徒刑 4 年 3 个月，并处罚金 30 万元，违法所得予以追缴。A 某及其家属对本案的判决结果均表示满意。

笔者认为，这一判决结果体现了在审查起诉阶段和审判阶段量刑协商的效果以及认罪认罚从宽制度的价值，同时，辩护权的前移及延续在整个案件中也得以充分展示。另外，笔者在行使辩护权过程中，始终将如何利用一切积极因素，进一步调动和推动检察权的行使，并使其为最终的辩护和裁判效果服务作为辩护工作的重中之重。

辩护技巧

认罪认罚从宽制度实施以来，律师价值该如何在具体案件中体现，辩护权在认罪认罚的各个阶段该如何行使，曾一度给辩护律师带来困扰。在当前司法环境下，如何立足现有条件因势利导，笔者有两点体会可供参考。

一、切合案件实际，把握取舍关系

实践中，职务犯罪案件特别是犯罪事实多、时间跨度大、争议内容少的贪污贿赂案件，适用认罪认罚程序，能够取得最大限度的从宽效果。鉴于监委在职务犯罪案件中发挥主导作用，在认罪认罚过程中，检察官行使裁量权更为审慎。律师在量刑协商中既要一针见血、切中要害，又要抓大放小、通盘考虑。本案中，A某涉案的27起违法事实中，其只对其中2起涉及数额较小的事实有异议，这种情况下一味"就事论事"无益于辩护大局，笔者建议A某对全案事实认罪，通过认罪认罚争取更大的"从宽"幅度。从案件整个过程来看，检察官对A某认罪的态度是认同的，这对案件最终量刑起到了积极的作用。

二、善用逆向思维，实现辩护效果

实践中，辩护人基于维护当事人合法权益的迫切心情，容易"一厢情愿"地急于说服检察官接受辩护观点，有时会适得其反，造成相互对立的局面。鉴于检察官在量刑协商中占据主动权，一旦控辩沟通不畅，便难以取得协商实效。辩护人应当善于换位思考，先从检察官重视且当事人具备的量刑情节切入，调动检察官的积极性，建立量刑协商的初步共识，为后续争议问题的辩护奠定基础。本案中，笔者立足于创造认罪认罚有利的条件，比如通过积极退赃体现出检察官的工作成果，使其在汇报或讨论本案时，提出对A某从宽量刑的意见。

疑证不罪：促成认罪认罚不起诉

● 黄　敬[*]

辩护策略

即便认罪认罚案件的犯罪嫌疑人、被告人作出了有罪供述，相应的证据要求和证明标准也并未降低，辩护律师应当充分发掘其中的辩护空间。审查起诉阶段，辩护律师可以在充分把握案件材料和会见交流情况的基础上，锁定要点并确定辩护方案，争取通过条理清晰、论证得当的辩护意见，与检察机关达成共识，为犯罪嫌疑人争取合理范围内的最大利益，促成认罪认罚不起诉，实现辩护最佳效果。

案情简介

C某为A市某企业管理咨询有限公司的法定代表人，该公司主要业务是为地产、IT公司等提供中高级人才的猎头服务。2019年以来，C某、Z某、Y某等犯罪嫌疑人接受境外公司的委托，按要求为其在国内物色、推荐相关从业人员，并从中获取中介费。

---

[*] 北京市盈科（深圳）律师事务所管委会副主任、刑事法律事务中心主任。

公安机关《起诉意见书》认定，C某等犯罪嫌疑人自2019年开始，在明知多个外国公司用App软件进行网络赌博开设赌场的情况下，仍接受这些公司的委托，并为其招聘、输送开发、维护赌博网站的技术人员。犯罪嫌疑人之间分工明确，C某等负责接受国外赌博公司的对接委托，Z某、Y某等人则分别负责撒网招聘、技术考核面试等。中介费用按照成功输送技术人员年薪的10%～20%进行收取，费用全部打入C某个人账户，由C某再行分配。截至2020年12月17日，C某共计非法获利十七八万元，其余犯罪嫌疑人分别获利12,000元、10,000元。

刑事诉讼程序启动后，C某表示愿意认罪认罚，如实供述案件经过及涉案所得金额，并对银行交易流水等进行指认。在审查起诉阶段，笔者阅卷发现，C某的第三次讯问笔录中提到对自身行为定性为开设赌场罪存疑。同时，《起诉意见书》中载明C某的涉案金额模棱两可，缺乏认定依据。笔者立足于上述两点，复盘案件事实，有针对性地对开设赌场罪的具体认定和涉案金额认定进行了深入研究。根据研究所得，笔者撰写了《建议不予批准逮捕的法律意见书》，论证当前证据不足以证明C某构成犯罪。承办检察官未予采纳，对C某批准逮捕。笔者随后提交《羁押必要性审查申请书》，重点论述C某对开设赌场犯罪所起作用属于间接技术帮助，恳请检察机关综合考虑C某自愿认罪认罚、积极退赃、企业影响等因素，变更其强制措施为取保候审。

最终，检察院采纳笔者意见，认定C某构成开设赌场罪，但是犯罪情节轻微，在共同犯罪中属于从犯，同时具有认罪认罚、初犯等从宽处罚情节，对C某作出不起诉决定。

辩护过程

笔者通过与 C 某会见交流，听取其对案件事实的陈述，初步判断其行为依法不构成开设赌场罪，因此在辩护工作开展初期确立了无罪辩护的方案。在检察机关作出批准逮捕决定后，笔者再次对案件进行综合分析研判，随即调整辩护策略，从无罪辩护转向罪轻辩护。早期的无罪主张尽管未被采纳，但为全案辩护打好了基础，通过论证促使检察机关对案件中行为定性、涉案金额认定等情况予以重点审查。由于检察机关已对案件形成基本认识，在此基础上转变辩护策略，罪轻辩护意见被采纳的成功率大大提升，最终笔者为 C 某争取到了不起诉决定，切实维护了其权益。

围绕既有证据，就 C 某行为的定性，笔者认为其不构成开设赌场罪；即便认定其给开设赌场犯罪提供了帮助，也仅限于间接帮助。笔者从两个角度切入，尝试以理说服检察机关。首先，单独看 C 某的涉案行为是否构成开设赌场罪。从立法背景考察，设立开设赌场罪的目的在于打击组织赌博这一扩大赌博负面影响的行为，C 某为境外技术公司推荐从业人员，并一次性收取相应服务费用，其扮演的角色只是人才输送中介，居间介绍的行为难以被评价为组织犯罪，所得利益也并非开设赌场的持续分红。其次，从共同犯罪的角度分析 C 某是否为境外公司开设赌场提供帮助，如果有，在其中起到什么作用。根据《最高人民法院、最高人民检察院、公安部办理跨境赌博犯罪案件若干问题的意见》第 2 条的规定，跨境赌博犯罪中"开设赌场"的行为必须是"组织、招揽中华人民共和国公民赴境外赌博"或"以各种方式组织、招揽中华人民共和国公民跨境赌博"。《起诉意见书》指出 C 某明知外国公司开设网络赌场，仍接受这些公司委托为其招聘、输送开发、维护赌博网站的技术人员，笔者针对这点在《建议不予批准逮捕的法律意见书》中提出：一方面，境外公司是否构成犯罪尚未查证属实，在未能明确正犯行为是否需要承担刑事责任的情况下越位评价帮助行为，略显本末倒置；另一方面，C某承认为境外公司招揽人员，但招揽目的仅为推介人才而非赌博，其事先对相关人员被实际安排至博彩公司工作的情况并不知情，不具有开设赌场犯罪的主观故意，更谈不上共同犯罪的故意。根据《最高人民法院、最高人民检察院关于办理赌博刑事案件具体应用法律若干问题的解释》第4条的规定，只有"明知他人实施开设赌场犯罪，而为其提供资金、计算机网络、通讯、费用结算等直接帮助"时，才可能以赌博罪共犯论处。在本案中，客观上提供了技术支持的主体系被推荐的特定技术人员，而非C某本人。既然成立共犯限定了"直接帮助"，C某未直接为开设赌场犯罪提供技术支持，退一步说，其在犯罪中所起的作用甚至不及《最高人民法院、最高人民检察院、公安部办理跨境赌博犯罪案件若干问题的意见》规定的"与组织赌博活动无直接关联的一般工作人员"，后者除特殊情况外均可不予追究刑事责任。参考举轻以明重的出罪规则，同样可以不予追究C某的刑事责任。加之案卷材料表明C某自愿认罪认罚，如实供述，笔者认为应当给予上述情节充分的评价。

金额并非构成开设赌场罪的必备要件，但如果认定C某成立该罪，金额会关系到情节严重与否的判断，因此笔者认为理应明确其认定问题。在《建议不予批准逮捕的法律意见书》中，笔者指出，目前尚无证据证明境外公司行为已然达到司法解释规定的"情节严重"程度，而C某获利是否属于违法所得数额亦无法查证。一方面，C某自述涉案数额与其辨认银行流水确认的涉案数额存在明显差异；另一方面，银行流水也无法证明C某指认相关数额的交易对象为境外公司。除了犯罪嫌疑人的供述，缺乏其他证据佐证C某违法所得数额的性质与确切数值。笔者认为，认罪认罚案件的证据裁判原则要求即便C

某认罪，对本案的证据要求和证明标准也不能降低，诉讼程序的推进仍然需要做到犯罪事实清楚，证据确实、充分，但《起诉意见书》及案卷材料未能满足这些要求。

不过，由于跨境赌博犯罪日益泛滥，司法解释明确要求"从严从快惩处"，检察机关综合考虑后决定批准逮捕C某，笔者亦从中了解到办案机关办理跨境赌博案件的审慎态度。辩护工作绝不能一成不变，笔者深知要想达到辩护效果的最优化，就必须根据现实变化，在坚持基本立场的情况下灵活调整辩护策略。最初的无罪辩护方案不被检察机关接受，笔者决定退而求其次，转向罪轻辩护，着重强调行为定性不属于"直接帮助"，并再次强调其社会角色，争取最大限度从宽处理。在《羁押必要性审查申请书》中，笔者在《建议不予批准逮捕的法律意见书》的基础上围绕"C某行为充其量是间接技术支持"展开补充论证，承认C某受托推送给境外公司的技术人员抵达境外后或被实际安排至当地赌场充当技术人员，但也正因如此，C某并不是直接提供技术支持的主体，即便其对开设赌场犯罪提供了帮助，亦属于间接帮助，充其量认定为从犯中所起帮助作用较轻的人员，依法应适用3年以下有期徒刑的量刑幅度。同时C某具有多项从宽处罚情节，包括自愿认罪认罚、积极退赃等，均反映出其人身危险性、社会危害性极小，不具有干扰诉讼进程的情况。再综合其社会角色的影响，对其实行羁押缺乏必要性。通过口头与书面的积极沟通，检察机关对全案证据、C某的罪后表现进行综合考量，最终全部采纳笔者的意见，即先对犯罪嫌疑人取保候审，后对其作出不起诉的决定，辩护策略发挥出了应有的作用。

在笔者看来，认罪认罚从宽制度下辩护律师的工作绝不仅是"签署认罪认罚具结书时在场"，而是需要更加细致地精研细判案件证据、法律适用等，找出强有力的辩点。同时，由于当前我国认罪认罚案件呈现以检察机关为主导的诉讼格局，辩护律师需要与检察机关积极沟通，了解其对案件的态度，及时调整辩护策略。本案C某能够获得不起诉决定，一方面是因为辩点切中要害，另一方面是沟通带来的策略转变。笔者一直以违法所得数额等证据存疑为辩点，使得"C某直接开设赌场""C某直接帮助境外公司开设赌场"且"从中获利"的"事实"无法成立，大大降低可能需要其承担的刑事责任。笔者也十分注重与检察机关的沟通，通过不同方式表达本方意见、了解对方态度，并在此基础上审时度势，适时调整辩护策略。在最初的辩护意见中，笔者以"C某不构成犯罪，即便构成犯罪，也……"的表述为转向罪轻辩护预留空间，也为检察机关选择作出从宽决定、选择最大的从宽幅度提供一定心理预期。正因如此，笔者调整辩护策略后，检察机关采纳意见，迅速作出不起诉决定，C某最终取得了理想的诉讼结果。尽管本案无罪辩护未能成功，但笔者最大限度地维护了当事人的人身自由，降低了对其工作和生活的影响，实现了有效辩护。

辩护技巧

在认罪认罚从宽案件中，辩护律师不应站在检察机关的对立面，更不能做"走过场的工具人"。除扎实完成本职工作，挖掘关键证据外，还需做好与当事人、检察机关的交流工作，审时度势，顺势而为，在良好控辩互动中实现当事人利益最大化。

一、"证据为王"，全面阅卷挖掘辩点

笔者始终坚持高标准，秉持"证据为王"的辩护理念开展全面阅卷工作，努力挖掘可能影响C某定罪量刑的情节并及时确认是否有相应证据予以证明，总结有利疑点，形成层次分明、简洁有力的辩护意见。证据是诉讼程序运转的关键，笔者把握住了这个"齿轮"，为之后与检察机关良性互动奠定了基础，从根本上维护了C某的诉讼利益。

二、合理预期，适时调整辩护策略

在此类案件中，当事人对于认罪认罚后的从宽处理往往具有较高预期，但辩护律师与检察机关的协商结果受多种因素影响，未必能达到最佳，因此在交流与制定辩护策略时，最优选是拟定合理的从宽预期，制定灵活的辩护方案，为应时而变预留空间。笔者从最高期望"无罪"开始为当事人争取，在与承办检察官交换意见、明确检察机关态度后，迅速转换辩护策略朝"轻罪"努力，让先前预留的空间发挥作用，最大限度地影响了检察官，最终实现无罪以外的最佳结果。

穿针引线：力促二审适用认罪认罚并判处缓刑

● 周国平[*]

辩护策略

在刑事辩护当中，绝大多数案件的认罪认罚从宽是在审查起诉阶段。在案件二审程序中，辩护律师如何灵活地运用认罪认罚从宽，为当事人争取量刑的减让？二审程序适用认罪认罚从宽与审查起诉阶段有何不同？又会有哪些实施的障碍？本文通过笔者亲办的案件，就二审程序中如何协调各个办案部门，排除各种障碍，运用认罪认罚从宽为当事人争取二审改判缓刑进行探讨。

案情简介

本案的当事人阿俊从事化工生意，在浙江开了一家规模不小的化工厂。通过一段时间的辛苦经营，阿俊的事业稳定且红火，家庭关系也非常和睦，应当说是大家羡慕的对象。事业有成的阿俊为人比较大方，经常宴请老乡朋友，通过酒局和饭局认识了各式各样的人。其中就有本案的同案犯阿志和另外一个老乡。老乡向阿俊介绍，其一直带人到缅甸参与赌博。在缅甸赌博是合法的，不

---

[*] 北京盈科（衢州）律师事务所管委会副主任、刑事法律事务部主任。

用担心会被公安机关查处。当地很多赌场都是中国人开的，在缅甸赌博比国内刺激很多。如果要去当地赌场，涉及一切费用都是免费的，还包吃包住，运气好的话能大赚一笔。在老乡和阿志的怂恿下，阿俊心动了，老乡便催促他提供身份信息，帮他代买了机票。

2019年11月底，阿俊和同案犯阿志在老乡的安排下，先是从浙江坐飞机到了云南的西双版纳。夜里由当地人以骑摩托车的方式，将阿俊从西双版纳打洛镇中缅边境上偷越国（边）境至缅甸小勐拉。然而缅甸的情况并不像老乡描述的那样自由自在，反而环境破烂不堪，阿俊更因为惧怕赌场有抽老千等行为，不敢参与赌博。在短暂逗留2天后，阿俊从缅甸小勐拉中缅边境偷偷回到了云南省西双版纳。

本以为偷偷出了一趟国门，神不知鬼不觉。但后来老乡因介绍很多人到缅甸跨境赌博，并造成了恶劣的社会影响，被公安机关抓获归案。同时，侦查机关通过微信聊天记录等证据，顺藤摸瓜找到了阿俊和阿志，并对他们偷越国（边）境的行为予以刑事立案。由于公安机关从立案开始就对阿俊采取了取保候审的强制措施，加之阿俊认为自己偷越国（边）境的行为是小事，况且自己偷越到缅甸境内并没有做违法犯罪的事情，所以一直没把这件事放在心上。直到法院一审宣判后，阿俊才意识到事情的严重性。一审法院经审理后认定阿俊和阿志的行为构成偷越国（边）境罪，判处阿志拘役5个月，缓刑10个月，并处罚金人民币15,000元；判处阿俊拘役2个月，并处罚金人民币5000元。面对被判处实刑的结果，阿俊想到自己要在看守所度过2个月，要在客户及朋友面前消失2个月，这段时间生意没人照料，更没有办法向客户解释原因，心里感受到了无比的恐慌。这才想到聘请律师进行辩护，基于对盈科律所的信任找到了笔者团队。

辩护过程

笔者和团队成员接待了当事人阿俊，并对案件情况进行详细了解。谈及一审没有判处缓刑的原因，阿俊认为一是自己重视程度不够，听别人说这种案件判得很轻且都是缓刑，所以完全没有理会；二是一审法院委托户籍所在地的司法行政机关进行社会调查，而当事人根本没有住在户籍所在地，可能存在不同意接受社区矫正的情况；三是当事人有多次前科劣迹，虽然都不严重，但会影响法官的量刑考量。

了解案件情况后，笔者认为一审判决不存在认定事实不清或者程序违法的事项，二审辩护要从程序上或者说证据上进行突破，是非常困难的。向当事人阐明难度后，当事人仍表示想要争取，委托我们展开二审辩护工作。通过梳理，本案的二审辩护主要有以下难点问题：一是二审案件以书面审理为原则，开庭审理为例外。本案中不存在事实认定和法律适用错误，如何才能让二审启动开庭审理？二是如何让二审法官重新委托当事人经常居住地的司法行政机关进行社会调查？三是一审法院没有判处缓刑的根本原因是什么，若二审改判一审法官有无意见？四是二审公诉机关持何种意见，能否支持改判？五是如何启动本案二审阶段的认罪认罚从宽，为当事人争取改判缓刑？

围绕梳理出的上述问题，我们决定从以下几个角度入手展开工作：

一、从上诉状着手，为二审辩护奠定基础

在上诉状中，首先，阐述阿俊有积极认罪悔罪态度。阿俊归案后，通过办案机关的教育，认识到自己行为的违法性，积极配合案件调查，并如实供述犯罪事实。在本案的审查起诉阶段，阿俊曾签署过《认罪认罚具结书》，公诉机关的量刑建议为拘役2个月，缓刑4个月。

其次，重点阐明对阿俊的社区矫正评估未能通过的原因。一审法院曾委托阿俊户籍所在地司法行政机关进行社会调查，因阿俊长期未在原籍居住，相关人员不了解阿俊的情况，遂出具了不同意接受社区矫正的意见。二审法院可以委托阿俊经常居住地的司法行政机关重新进行社会调查，根据阿俊的真实表现判断其是否符合社区矫正相关要求。

二、收集相关证据，证明阿俊经常居住地不在户籍所在地

为了支持上诉状中的观点，笔者主动收集并提交了以下证据材料：一是房产证明及近3年的电费、水费交纳清单，证实阿俊在某地购买了房产并长期居住；二是该房产所在社区出具的证明，证实阿俊长期在该房屋内居住；三是阿俊户籍所在地社区出具的证明，证实阿俊虽然户口在该地，但并未在该地生活。

三、展现阿俊投身公益、积极服务社会的表现

阿俊曾因年少轻狂，屡次触犯法律红线，履历并不好看。笔者建议阿俊积极参与公益活动，用实际行动回馈社会，也让司法部门看到其认罪悔罪的态度。阿俊主动担任社区抗疫活动的志愿者，帮助社区维护疫情防控秩序，为敬老院捐赠防疫物资，助力抗疫各项活动的开展。相关部门对阿俊的行为给予了高度评价，并向阿俊颁发了多项荣誉证书。

四、提交阿俊作为民营企业家的相关证据，阐明对其判处缓刑有利于保障民营企业健康发展的意见

党的十八大以来，以习近平同志为核心的党中央高度重视保护产权和企业家合法权益，作出一系列重大决策部署。习近平总书记发表一系列重要讲话，为民营经济健康发展指明了方向、注入了强大动力和信心。原最高人民法院周强院长多次强调企业家是全社会的宝贵财富，是推动经济发展的重要力量。笔者收集了阿俊开设公司的营业执照、合伙协议等材料，阿俊个人及其企业缴纳税金的材料，以及阿俊公司雇用员工的相关材料，以期展现出阿俊依法纳税、为社会解决就业的企业家形象，结合涉企审判的相关政策，为二审审理做好铺垫。

五、主动对接，听取一审法官的意见

在向一审法院提交上诉状和相关证据时，笔者得以和一审法官进行了一次有效沟通。一审法官告诉我们，该案件在审查起诉阶段确实已经做了认罪认罚，并且检察院给出了缓刑的建议，一审判处实刑主要是因为当时户籍所在地的相关职能部门出具的社会调查报告不同意接受阿俊的社区矫正。沟通后一审法官表示，如果二审法院将来征询他的意见，他会表示同意对阿俊适用缓刑的。通过这次沟通，我们对案件二审争取到缓刑的信心大增。

六、主动对接二审公诉机关，争取认罪认罚从宽

鉴于本案采取二审认罪认罚从宽的辩护策略，我们也主动向二审公诉机关送达了上诉状等材料并表达了辩护观点：第一，案件在审查起诉阶段已经做了认罪认罚，并且签署了具结书，公诉机关给出了缓刑的量刑建议；第二，一审法院没有对阿俊判处缓刑只是因为社会调查报告不同意接受阿俊的社区矫正，其他都不存在问题；第三，一审阶段的社会调查报告不能真实反映阿俊的实际情况，阿俊未在户籍居住，但另有经常居住地，且表现良好；第四，阿俊作为民营企业家，不仅诚实守信经营，依法足额纳税，帮助社会解决就业，还主动投身公益，参与抗击疫情，积极回馈社会，充分展现了一名企业家的责任心与担当精神。结合上述意见，希望本案二审能继续签署认罪认罚，按照之前审查起诉阶段的量刑意见进行处理。

听取汇报后，检察官表示如果二审法院同意重新委托社会调查，新的评估结果同意对阿俊进行社区矫正，公诉机关可以考虑再做认罪认罚，对当事人提出缓刑的量刑建议。

七、与二审法官持续保持沟通,启动新的社会调查

除了提交上诉状和相关证据,我们还把与一审法官和二审公诉机关沟通的意见整理成书面材料提交给了二审法院。在与二审法官沟通时,笔者强调了阿俊可以改判缓刑的理由:一是一审没有判处缓刑的原因在于社会调查报告不同意对阿俊进行社区矫正,但这不能客观反映阿俊的日常表现,该调查报告不具有客观性,二审应委托阿俊经常居住地的司法行政机关重新进行社会调查;二是一审判决偷越国(边)境 8 次的同案犯阿志适用了缓刑,而阿俊仅偷越国(边)境 2 次却被判处实刑,罪责刑不相适应;三是一审法官和二审检察官对本案重新委托社会调查以及对阿俊改判缓刑都表示支持,二审公诉机关也表示可以重新签署《认罪认罚具结书》,并提出缓刑的量刑建议。

二审主办法官表示已经充分了解辩护意见,也会认真考虑。之后我们又多次与法官进行沟通。后来得知二审法院委托阿俊经常居住地的司法行政机关重新进行社会调查,我们第一时间将该情况反馈给了二审公诉机关。在焦急的等待中,终于等到了二审公诉机关可以签署《认罪认罚具结书》的通知。当事人在二审阶段签署了《认罪认罚具结书》,二审公诉机关也提出了判处缓刑的量刑建议。在签署具结书后不久,本案在二审法院公开开庭审理,二审当庭改判阿俊拘役 2 个月,缓刑 4 个月。二审辩护获得了成功。

辩护技巧

笔者认为,在二审案件辩护中,律师可以借助认罪认罚从宽为当事人获得量刑上的减让,但应当注意以下辩护技巧:

二审认罪认罚有别于审查起诉阶段的认罪认罚。在审查起诉阶段,涉及的办案机关只有公诉机关,相对来说比较简单。但是二审认罪认罚涉及的主体比较复杂，律师要尊重各方意见。一审法院已经作出了判决，虽然并未生效，但二审改判毕竟是对一审判决的变更，一审法官的意见非常重要。实务中，二审法院对改判非常谨慎，二审公诉机关也不会轻易作出变更一审判决的认罪认罚决定。

　　作为二审的辩护律师，我们要积极协调一审法院、二审公诉机关、二审法院等部门，起到信息桥梁的作用。这里的协调不是勾兑而是沟通，我们要把各部门对案件处理的意见或者建议，向各方及时传递，把对我们辩护有利的信息以穿针引线的方式汇集到一起，既勾勒出有利于当事人的各项要件，又打通涉案部门的信息壁垒。只有这样，认罪认罚从宽的有效辩护才可能水到渠成。

反客为主：争取认罪认罚的主动权

● 吴凤姣[*]

辩护策略

在认罪认罚从宽制度的设计和推行过程中，检察机关发挥着主导作用。案件是否适用、如何适用该制度，检察官通常掌握着主动权，辩护律师相对处于被动的地位。在某些情况下，基于案件本身原因，量刑似乎已无协商余地，检察官可能并不建议适用该制度。此时，辩护律师或可尝试主动调查取证、重塑案件事实、拓宽量刑协商空间，从而扭转被动局面，主动要求适用该制度以争取当事人合法权益的最大化。

案情简介

2021年1月以来，经营便利店的X某在未取得烟草专卖许可证的情况下，违规从各种渠道购买不同品牌型号的卷烟用于销售，包括：（1）在国内市场销售的中国品牌正品真烟；（2）假冒他人注册商标的伪劣卷烟；（3）"无标志外国卷烟"，即从国外走私入境的卷烟，多为专供出口但又非法"倒流"入境的中

---

[*] 北京市盈科（佛山）律师事务所刑事法律事务部主任。

国品牌卷烟，俗称"走私烟"。X某将这些卷烟存放于便利店内真伪混杂对外销售。

2021年7月27日，X某经事先与上游卖家电话联系后，驾车买进150条卷烟准备用于销售。当日下午，当地烟草专卖部门来到X某的便利店进行执法检查，在其店内及小汽车内当场查获前述三类卷烟共计2358条（47.16万支）。烟草专卖部门随即将案件线索移交侦查机关，X某被当场抓获归案。经鉴定，本案被查获的卷烟价值共计27.28327万元。

笔者接受委托时本案已临近侦查阶段尾声、即将移送审查起诉。笔者第一时间安排会见，获知并确认以下重要信息：（1）侦查机关已将鉴定意见告知X某，X某认为鉴定价格明显高于其实际售价；（2）因涉案卷烟品牌型号逾70种，X某只能说出少数几种日常销量较大的卷烟价格，不能一一交代其他卷烟价格，同时也不能提供反映实际销售或者购买价格的书证材料；（3）X某没有自首、立功、从犯、未遂等可能减轻处罚的情节；（4）X某已向侦查机关表示自愿认罪认罚。

会见结束后，笔者不免心情沉重。非法经营烟草专卖品犯罪现行的数额标准以25万元为界，达到25万元即应处5年以上有期徒刑，不足25万元则处5年以下有期徒刑。这一数额标准制定于2010年，距今10年有余，客观上已经滞后于当今的经济发展水平，但在新的规定出台之前，司法机关仍须遵照执行。本案卷烟的鉴定价格正好稍高于25万元，如以鉴定价格认定非法经营数额，由于X某没有减轻情节，即便其自愿认罪认罚、检察官有意对其宽大处理，量刑建议也不可能低于5年有期徒刑。那么，本案适用认罪认罚从宽制度的效果与意义何在？综合考虑X某的犯罪情节、认罪态度及社会危害性，5年有期徒刑无疑偏重了。更何况，X某是两个年幼孩子的妈妈，女儿9岁、儿子3岁，X某被抓后两个孩子一直寄养在外祖父母家中，由两位老人帮忙照看。

长达 5 年的牢狱生活，是 X 某本人及家属都难以接受的结果。

在向 X 某的家属反馈会见情况并分析本案可能的判罚结果后，其父母当场泪眼婆娑，他们请求笔者无论如何都要设法帮帮 X 某和两个年幼的孩子。

辩护过程

第一次会见之后，笔者已确定，本案的辩护出路仅有一条：降低非法经营认定数额。

《最高人民法院、最高人民检察院关于办理非法生产、销售烟草专卖品等刑事案件具体应用法律若干问题的解释》第 4 条规定："非法经营烟草专卖品，能够查清销售或者购买价格的，按照其销售或者购买的价格计算非法经营数额。无法查清销售或者购买价格的，按照下列方法计算非法经营数额：（一）查获的卷烟、雪茄烟的价格，有品牌的，按照该品牌卷烟、雪茄烟的查获地省级烟草专卖行政主管部门出具的上年度卷烟平均零售价格计算……"（注：此即鉴定价格的来源）

按照上述规定，如果本案鉴定价格偏高，那么要降低非法经营数额，理论上有两个方案：一是找出鉴定意见本身存在的足以否定其效力的严重问题，推动重新鉴定；二是设法查清涉案卷烟的实际销售或者购买价格（以下简称实际价格），争取按实际价格计算非法经营数额。

关于方案二需要说明的是，笔者第一次会见询问 X 某能否提供反映实际价格的书证材料时，X 某言辞闪烁、似有隐情。但因初次见面刚刚建立信任关系，加之尚未阅卷也不便核实，笔者没有追根究底。

2021 年 10 月 16 日，本案移送审查起诉。鉴于 X 某已表示自愿认罪认罚，同时也为争取与检察官协商探讨的机会，笔者在申请阅卷时填写了一份检察机

「盈」的秘密3：认罪认罚从宽制度下的有效辩护

关的《听取辩护人意见表》，写明 X 某自愿认罪认罚、请求启动认罪认罚程序。

拿到案卷后笔者马上开展工作，一是严格审核鉴定意见，但未找出明显错漏；二是全面阅卷，确认是否有反映实际价格的证据或者线索。结果发现：X 某本人的供述语焉不详，上游卖家与下游消费者均不在案，侦查机关亦没有提取任何书证材料，并且，X 某供述的几种卷烟的实际价格与鉴定价格基本持平甚至还略高。细想也不奇怪，X 某真伪混杂销售，为免被消费者识破，无论真品还是伪劣产品必然都会统一按市场价格出售。既然如此，X 某为何还言之凿凿坚称鉴定价格偏高？笔者困惑不已。两个方案似乎都行不通，案件辩护一时陷入僵局。

更为雪上加霜的是，此时承办检察官主动联系笔者，她表示已经看到笔者填写的意见，但由于本案量刑方面没有协商余地，她不建议启动认罪认罚程序，否则她只可能提出一种量刑建议，即有期徒刑 5 年。综合考虑 X 某的情况，提出这样的量刑建议她也于心不忍，因此提议不如不启动认罪认罚程序，待到审判阶段再看是否有转机。

听得出来检察官对 X 某确有恻隐之心，只是囿于现状爱莫能助。笔者深知，刑事诉讼越往前推进，量刑协商空间可能就越小、希望就越渺茫。故笔者当机立断回复道，X 某认为鉴定价格高于实际价格，笔者正在设法调取反映实际价格的书证材料，请求检察官给予时间。检察官沉吟片刻后表示，她可以等笔者的证据材料，但务必尽快，同时要保证证据材料的真实性与合法性。

时间紧迫。笔者立即预约会见。见面之前，笔者再次回顾案情、厘清思路。笔者此时想到，X 某销售的卷烟分为三类，第一类真品与第二类伪劣产品都是按市场价格出售，实际价格与鉴定价格应当基本一致；第三类"走私烟"则不然，走私入境的商品无须缴纳关税，售价通常低于合法入境的商品的正常价格，消费者对此也都能理解接受，不会因为价格偏低而质疑商品的真伪，这正是走私商品长期以来屡禁不绝的原因所在。本案若鉴定总价偏高，可能就是"走私烟"的鉴定价格偏高所致，因鉴定机构必然是根据合法商品的正常价格来出具鉴定意见的。所以，本案降低非法经营数额的突破口应当是——查清"走私烟"的实际价格。于是笔者迅速将"走私烟"的品牌型号数量进行列表统计，发现：涉及品牌型号 12 种、数量 1182 条，在本案卷烟总数（2358 条）中占比逾半；只要"走私烟"的鉴定价格平均每条高于实际价格 20 元以上，本案卷烟总价即非法经营数额即可降至 25 万元以下。

转机似乎出现。笔者大受鼓舞。在看守所见到 X 某后，笔者首先转述检察官的原话，X 某当即惊惶落泪。笔者进而晓以利害，指出查清"走私烟"的实际价格是其唯一出路，希望其尽力回忆并提供相关书证材料。X 某听后眼中燃起希望，其坦言"走私烟"的实际价格确实明显低于正常价格，平均每条相差应有 20 元以上；且"走私烟"的实际价格她都记得，因"走私烟"涉及品牌型号不多、定价差别不大，上游卖家通常以每条 40～50 元的价格卖给她，她每条加价 5 元左右出售，简明易记。随后 X 某一一说出 12 种"走私烟"的实际价格，所述价格有零有整，感觉真实可信。

关于书证材料，X 某说她进货销货都会打印相应的"进货单""销售单"，这些单据存放于便利店收银台内、不定期清理，被抓时还剩下一些，家属应能找到。X 某坦言，此前因不明实际价格的意义，担心提供书证反而会坐实罪名，是故上述情况从未向侦查机关供述过，也不敢对笔者如实相告。

会见结束后，笔者紧急约见 X 某家属，向他们详述目前的情况并转告了 X 某关于寻找书证材料的请求。X 某的母亲告知笔者，前不久他们清理店内物品时的确发现 10 余张"进货单""销售单"，出于同样的顾虑，他们不敢贸然提交也不敢销毁，一直保留着。笔者闻之庆幸不已，遂动员他们尽快提交，同时也不忘告诫他们伪造证据的后果。

确认家属配合后笔者随即致电检察官，检察官指示向侦查机关提交。次日，X 某家属前往侦查机关提交了上述单据原件，并拍照发给笔者。尽管一再告诫，笔者仍担心家属会因救人心切伪造证据，但见到照片后笔者疑虑顿消并喜出望外，因为其中一张"进货单"清晰记录，2021 年 7 月 27 日即 X 某被抓当天，其以每条 41.5 元、45.5 元的价格买进"软南"50 条、"硬南"100 条［"红双喜软南洋""红双喜硬南洋"（均为"走私烟"）鉴定价格分别为每条 63.6 元、68.31 元］；而 X 某多次供称其在当天买进 150 条"走私烟"。由此可见，一则该"进货单"与 X 某的供述能够相互印证，而 X 某的供述内容家属并不知情，故可排除家属伪造证据的可能；二则根据该"进货单"记录，"软南""硬南"的购买价格与鉴定价格每条相差逾 20 元，据此推算，本案非法经营数额应当可以降至 25 万元以下。

几天后，检察官通知笔者补充阅卷。经查阅，侦查机关不仅补充了 X 某关于 12 种"走私烟"实际价格的供述笔录及上述"进货单""销售单"，还提交了新的统计表，将涉案"走私烟"全部按照"进货单""销售单"的记录计价，最终认定本案的非法经营数额为 19.824795 万元。与之前的 27.28327 万元相比，差额不过 7 万余元，但在量刑方面意义重大：首先，非法经营数额低于 25 万元即可判处 5 年以下有期徒刑；其次，如前所述，由于 25 万元的数额标准已经相对滞后，作为平衡之策，司法实践中对于不足 25 万元甚至接近 25 万元的被告人，若无其他从重情节，法院通常判罚较轻，笔者所在地的类案判罚多为有期徒刑 1 年左右。

峰回路转！笔者知道，时机已经成熟，于是再次联系检察官请求启动认罪认罚程序。这次检察官爽快地答应了，经沟通后给出一个非常理想的量刑建议：有期徒刑 9 个月至 1 年 2 个月。

案件很快进入审判阶段。笔者继续说服 X 某家属代为退赃 3 万元，最终法院认定 X 某"归案后如实供述自己的罪行，且认罪认罚，并主动退出违法所得，依法从轻处罚"，对其就低判处有期徒刑 9 个月。

辩护技巧

如前所述，具体个案中检察官拒绝启动认罪认罚程序的情况并不罕见。除本案这种缺乏量刑协商余地的情形外，案件涉及新型复杂罪名、被害人拒绝和解、部分量刑情节暂未查明等，都可能导致检察官不愿启动认罪认罚程序。在当事人自愿认罪认罚，辩护律师也认为认罪认罚更有利于实现最佳辩护效果的情况下，辩护律师不妨反客为主，争取适用认罪认罚从宽制度的主动权。具体而言笔者有以下心得。

一、掌握先机，提前申请启动认罪认罚程序

笔者的做法是，如果案件事实清楚，证据确实、充分，在案件移送审查起诉之初即向检察官表明当事人自愿认罪认罚、请求启动认罪认罚程序的意见，有时还会递交当事人亲笔签名的《认罪认罚申请书》，那么检察官无论是否愿意启动，至少都会给予辩护律师回应，辩护律师因此可以获知检察官拒绝的理由并及时调整后续的辩护方案。

二、主动作为，积极拓宽量刑协商的空间

通过全面阅卷，发现各种有利于当事人的案件事实与量刑情节并争取检察官的认可，必要时提供线索申请收集调取证据，甚至主动调查取证，以及说服当事人家属协助退赃退赔、积极促成当事人与被害人和解等。通过这些方法，可以化被动为主动，从而实现与检察官的平等有效协商，为当事人争取最大幅度的量刑减让。

『盈』的秘密 3：认罪认罚从宽制度下的有效辩护

攻守有道：取得诉辩利益"最大公约数"

● 康　烨[*]

辩护策略

认罪认罚不是无原则的妥协，而是控辩双方博弈的结果。任何谈判桌上取得的成果，都与双方实力息息相关，没有硬核实力就没有谈判的资格，认罪认罚量刑协商亦是如此。然而一味硬杠，不懂得审时度势，也会过于机械，不利于争取辩护利益最大化。《道德经》有云，"事善能，动善时"，就是指做事需要发挥能动，行动需要善于择机。认罪认罚案件的量刑辩护，概莫能外。

案情简介

2020年5月，上海某知名家装网络平台公司（以下简称"家装网"）负责人到公安机关报案，称公司在内部核查时发现，与公司合作的装修企业大量解约。经公司调查，发现有人公然在微信上售卖该公司装修客户的信息，每条价格在 80~500 元。与该公司合作的某装修企业也反映曾从一个微信名叫"老周"的人处购买过客户信息。经比对发现，相关客户信息与公司数据库内的信

---

[*] 北京盈科（上海）律师事务所高级合伙人、盈科刑辩学院金融犯罪研究中心主任。

息完全一致，甚至连客户的备注信息、标点符号等都如出一辙。遂报案。

经过调查，侦查机关发现王某有作案嫌疑。2020年6月17日11时许，侦查人员赴外省王某家中将其抓获，王某供出与其合伙贩卖客户信息的搭档胡某。同日14时，侦查人员在胡某所在公司将其抓获。经讯问，王某、胡某二人均对合伙收购信息并以每条400元的价格出售给装修企业的事实供认不讳。次日，二人以涉嫌侵犯公民个人信息罪被刑事拘留。

侦查机关的起诉意见书称，2020年3月至6月，经事先预谋，犯罪嫌疑人胡某通过"巧装网"某客服人员（基本信息不详，在逃）获取了3000余条有装修需求的客户信息（包含姓氏、地址、手机号码、房屋面积、装修需求等），再将这些信息提供给犯罪嫌疑人王某，由王某提供给各装修公司，装修公司与客户签订装修协议后，以每条信息400元的价格支付给王某。王某、胡某二人累计获利41万余元。

审查起诉阶段，检察机关接受了笔者作为王某辩护人的部分辩护观点，但鉴于笔者坚持无罪辩护，控辩双方未能达成量刑协商，检方向法院提起公诉，建议对王某处以3~4年有期徒刑。经过笔者的不懈努力，王某最终被法院判处有期徒刑1年8个月，远低于检察机关提出的有期徒刑3~4年的量刑建议。王某出狱后向笔者和团队表示诚挚感谢，称其准备和家人到省城开始新的生活。

辩护过程

一、事实不明，据理力争无罪辩护

笔者接手这个案件时，犯罪嫌疑人王某已被逮捕。家属找到笔者委托此案，告知笔者王某有一个幸福的家庭，妻子是一名护士，孩子尚未满周岁，王某为了多赚点钱，从一家装修公司离职，和胡某合伙开了一家公司，但不承想会被牵扯进刑事案件。

笔者会见王某后，发现本案事实不清、证据不足，信息来源方的关键人员刘某（起诉意见书中提到的客服人员）尚未到案，本案疑点未除，王某尚有无罪可能。与径直认罪相比，笔者认为不应放弃无罪辩护的机会。在与家属和王某本人充分沟通后，笔者向检察机关呈交了《建议不起诉的法律意见书》，提出四项辩护意见：

第一，本案的信息来源不明。虽然侦查机关认为信息来源于报案人"家装网"，但是王某与同案人胡某均称，提供信息的人员来自"巧装网"而非"家装网"。实践中，有装修需求的同一客户向多家家装平台网站询价，留下联系姓名、电话、小区地址和装修需求也属常见，符合消费习惯。

第二，信息同一性不能证明。电子数据同一性需要检验机构作出数据比对方可得出结论，不能仅以"家装网"工作人员自述标记有特殊字符而确定同一性。另外，本案缺乏比对电子数据的样本组，没有提取"家装网"和"巧装网"的客户信息电子数据进行比对，而没有电子数据的检验鉴定，就不能证明"巧装网"的客户信息系从"家装网"非法取得。

第三，"巧装网"的客户信息是否经信息所有人同意提供而获得，该事实并未查清，违法性前提不明。[1]我国《民法典》第1036条规定，"处理个人信息，有下列情形之一的，行为人不承担民事责任：（一）在该自然人或者其监护人同意的范围内合理实施的行为……"。《最高人民法院、最高人民检察院关于办理侵犯公民个人信息刑事案件适用法律若干问题的解释》第3条第2款规定："未经被收集者同意，将合法收集的公民个人信息向他人提供的，属于

---

[1] 知情同意是《个人信息保护法》第13条第1款第1项规定的个人信息处理的合法性事由。

刑法第二百五十三条之一规定的'提供公民个人信息',但是经过处理无法识别特定个人且不能复原的除外。"该解释也规定了将"知情同意"规则作为出罪事由。本案中,王某、胡某公司与"巧装网"合作取得有家装需求的客户信息,辩方已举证"巧装网"网页中有明确的"隐私条款",说明个人信息的提供系经过信息所有人授权同意。

第四,信息提供人"巧装网"客服人员在逃。有证据证明,起诉意见书中提到的客服人员系"巧装网"的实际控制人刘某,只有其到案才能说明"巧装网"个人信息的来源是否非法,而刘某一直未归案。

另外,王某的违法所得数额虽然不作为无罪辩点,但针对获利所得的计算错误,辩护人也提出了相关意见。起诉意见书称王某、胡某二人非法获利累计41万余元,但根据王某、胡某二人获利五五分成的约定,王某的收入为15万余元,如果再扣除返还商家充值的预付款剩余金额,王某、胡某实际利润总和应为20万元左右,与起诉意见书认定的41万余元相去甚远。

二、存疑补查,辩护压力陡然升高

笔者的以上辩护获得了阶段性成果,检方接受了笔者关于违法所得数额应扣减的意见,并要求侦查机关对刘某进行追逃。其余意见控辩双方分歧较大,未能达成一致,检察机关向法院提起了公诉。

《起诉书》指控,2020年3月至6月,被告人王某、胡某经事先预谋,由胡某以人民币55元/条的价格从他人处获取客户装修信息后转发给王某,再由王某负责联系长期合作的装修公司,以收取预付款后续每笔成单抵扣400元的方式将上述信息批量卖给多家装修公司以非法牟利。经审计,王某、胡某二人通过售卖上述公民个人信息共非法获利19万余元,系情节特别严重。

同案犯罪嫌疑人胡某接受了检察院有期徒刑3年的认罪认罚量刑建议。由于我方未能在犯罪违法性和有责性两个方面与检方达成一致意见,为了保障当事人的合法利益，在审查起诉阶段我方未签署《认罪认罚具结书》，检察机关提出的量刑建议为有期徒刑3~4年，我方辩护压力陡然升高。

三、围绕量刑，自首、立功双双认定

在法院审理阶段，检察机关围绕辩护人提出的证据问题申请补充调查，并督促侦查机关将在逃人员刘某抓捕归案。据刘某交代，其向国内一知名装修门户网站"家装网"的客服人员收买信息，后转手倒卖给胡某牟利。刘某的供述彻底排除了信息来源合法的重大疑点，检方拼图中缺失的那块也终于被完美地补齐。据同案犯胡某交代，其在收购信息时知道该信息来源于"家装网"，而王某在处置信息时并未在意信息来源，这也坐实了王某构成放任犯罪结果发生的间接故意。至此，本案无罪辩护的可能性已被全然封堵，但笔者并没有灰心，使命必达的责任心驱使笔者将工作重心落在了两个有力的量刑情节上。

1. 立功情节之辩。

辩护人经过会见王某，发现本案一个重大量刑情节——王某协助抓捕同案犯胡某构成立功。派出所2020年6月18日出具的《抓获情况》载明，"在民警询问后，嫌疑人王某交代了与其合伙销售客户装修信息的犯罪嫌疑人胡某，同日14时许，民警在胡某公司内抓获涉嫌侵犯公民个人信息的犯罪嫌疑人胡某"。该《抓获情况》只是简单提到王某交代了胡某的信息，并未提到王某是否存在协助抓捕的情节。经检察机关向侦查机关核实当日抓捕情况，侦查机关重新出具情况说明，证实王某在侦查机关不知晓同案犯的情况下主动揭发胡某，在侦查人员的安排下，用自己的手机号给胡某打电话确认其位置，并带领侦查人员成功将胡某抓获。王某协助司法机关抓捕其他犯罪嫌疑人的行为已经查证属实，应当认定为立功。

2. 自首情节之辩。

本案王某、胡某被抓获时间为6月18日，执行拘留时间在6月19日，而

拘留证的开具时间为 6 月 17 日。这三个时间节点不禁让笔者脑中产生疑问。如果侦查机关对胡某的犯罪嫌疑人身份并不知晓，是在王某协助下抓获胡某，那怎么能未卜先知在 6 月 17 日就开具对二人的拘留证呢？开具拘留证的时间明显存在问题。很显然王某只是因一般性排查而被传唤到案，而非在公安机关掌握犯罪事实的情况下拘留到案，其如实交代犯罪事实，应当认定为自首。

自首、立功的法定量刑情节最终被检方认可，检方从原先的不同意到同意对王某做认罪认罚具结，并将量刑建议从 3~4 年有期徒刑降低到 2 年有期徒刑，减少了近一半刑期。其间虽有波折，但取得了这个减档量刑结果，也让笔者心里踏实了不少，感觉曙光就在前方。

四、公益诉讼，精锐尽出调解结案

案件移送到法院后，检察机关提起了刑事附带民事公益诉讼，这在当地尚属首例。经笔者与团队讨论研究，除同为辩护人的张温娴律师外，笔者又邀请辛本华律师、张西东律师代理本案的附带民事公益诉讼，可谓郑重其事、精锐尽出。

本案审理期间，正值我国《个人信息保护法》颁布之际，虽然该法规定检察机关可对侵犯公民个人信息的行为人提起附带民事公益诉讼，然而法律生效时间为 2021 年 11 月 1 日，本案提起公益诉讼时该法尚未正式生效，且案涉犯罪也不属于《人民检察院公益诉讼办案规则》提起公益诉讼的范围。作为代理人的辛本华律师、张西东律师指出，虽然本案作为该行政区域内第一起侵犯公民个人信息罪的公益诉讼，对于相关案件的处理具有指导意义，但是明显有违法律规定。最终，律师与检方达成公益诉讼调解协议，被告家属代为退赔违法所得，将该金额作为公益诉讼的赔偿款项，双方调解结案。

基于笔者提出的自首、立功、退赃量刑情节以及公益诉讼律师的有力代理，辩护人建议对被告人王某判处 1 年 8 个月的量刑意见被法院采纳，王某最终被判处有期徒刑 1 年 8 个月，远低于检察机关提出的有期徒刑 3~4 年的量刑建议，同时低于同案犯胡某的刑期。笔者终于不负王某家人所托，帮助他们一家早日获得团圆。

辩护技巧

一、坚守辩护定位，适时调整辩护方向

认罪认罚从宽制度是实现公正高效司法的"中国方案"，公正与效率是刑事诉讼追求的两大价值目标。在维护法律公正实施这点上，检察官与辩护人的目标是一致的。因此，在刑事辩护中，辩护人应着力说服检察机关，不忽视证据疑点"带病起诉"。在排除证据疑点的基础上，积极推动量刑协商，实现诉辩利益的"最大公约数"。

二、厘清前置规范，有效挖掘罪名辩点

我国《刑法》自 1997 年修订至今，陆续出台了 12 个修正案，而变动的内容多在法定犯。《刑法》条文中有大量空白罪状和引证罪状，需以其他法律为前置性规定。而庞杂的法律规范体系中，规范叠床架屋、效力打架的现象依然存在。所以，对于法定犯的辩护，律师要对相关法律、行政法规甚至部门规章进行体系性的检索和分析，从中发现立法目的、立法本意以及违法性阻却事由，从而找到有效辩点。

三、坚持罪刑法定，防止罪名扩张适用

我国刑法、民法、行政法等法律法规对公民个人信息从不同法域予以保护，初步建立了公民个人信息的保护制度。在未来的司法实践中，律师和司法机关在进一步探索公益诉讼规则、形成多维度保护公民个人信息的同时，也要坚持罪刑法定、无罪推定原则，严防罪名被扩张性适用，依法保证被告人的合法权益。

趋利避害：认罪认罚后的量刑建议抗辩

● 刘 飞[*]

辩护策略

为保证认罪认罚的自愿性，我国《刑事诉讼法》设立了值班律师制度，旨在使被追诉者签署《认罪认罚具结书》时，能够获得律师的法律帮助，充分了解认罪认罚的法律性质和法律后果。但司法实践中，值班律师提供的法律帮助往往流于形式，被追诉者签署《认罪认罚具结书》后，时常仍在关键事实上未与检察机关达成一致。面对此种情况，律师既要守土有责，就关键事实问题充分辩护，也要讲究方式，避免引起司法机关反感。

案情简介

本案系一起典型的利用互联网非法吸收公众存款犯罪。2017年8月，C某、Z某、X某（均另案处理）注册成立M公司。M公司成立后，三人违反国家金融管理规定，以公司自行开发的App软件为平台，在网络中以社交、分享趣味分类为掩护，通过许以高额回报，诱导不特定公众购买该平台会员、投资

---

* 北京市盈科（南京）律师事务所刑事法律事务部主任。

该平台虚拟商品，向社会不特定公众吸收资金。H 某作为该平台一家虚拟公司的首席执行官（chief executive officer，CEO），通过建立微信群、发展下线、口口相传等方式，邀请不特定公众加入虚拟公司，帮助 M 公司吸收资金，从中领取报酬并按比例获得提成。

2018 年 1 月 6 日，被害人 L 某至公安机关报案，公安机关于当日立案侦查。2020 年 8 月 8 日，H 某到公安机关投案自首，并于当日被取保候审。经会计师事务所审计，与 H 某相关的集资参与人共 706 人，吸收资金合计人民币 822.02 万元，造成其中 514 人经济损失人民币 367.16 万元；其中报案的集资参与人共 38 名，投入金额为人民币 326.64 万元，造成经济损失共计人民币 168.24 万元。

H 某投案自首时并未委托辩护人。投案自首后，H 某表示愿意认罪认罚，并退赔集资参与人部分损失 60 万元。其后，H 某签署了《认罪认罚具结书》，认可了检察院提出的判处 H 某"有期徒刑 3 年，并处罚金人民币 8 万元"的量刑建议。H 某签署具结书后，认为检察院判处有期徒刑 3 年的量刑建议过重，遂委托笔者为其辩护。笔者与其面谈后得知，因 H 某在整个犯罪集团中层级较低，对许多犯罪事实并不了解，加之 H 某签署《认罪认罚具结书》时，虽然有值班律师在场，但该值班律师未发表任何意见，以致 H 某在未充分了解其诉讼权利及认罪认罚法律后果的情况下认可了较重的量刑建议。

笔者详细阅读本案相关证据材料后，认为审计底稿数据与报案数据不一致，《审计报告》认定的集资数额及集资人数过高。一审开庭期间，笔者着重对《审计报告》的证据属性和证明力进行质证，提出《审计报告》的审计底稿真实性存疑，影响对 H 某刑事责任的认定，希望对 H 某从轻处罚并适用缓刑的辩护意见。最终，一审法院采纳了笔者的辩护意见，判处 H 某有期徒刑 3 年，缓刑 4 年，并处罚金人民币 5 万元。

辩护过程

一、H 某认罪认罚自愿性存在瑕疵

H 某自首前，曾与其从事法律工作的亲戚 W 某联系寻求帮助，W 某认为 H 某虽然构成非法吸收公众存款罪，但其成立的虚拟公司规模很小，H 某从中获利金额不高，在共同犯罪中属于从犯。W 某建议 H 某尽快自首、积极退赔退赃、认罪认罚，认为结合 H 某从犯、自首、认罪认罚、积极退赔退赃等从轻、减轻情节，法院不会对 H 某判处过高刑罚。

2020 年 8 月，H 某自首后，于当日被取保候审，其后 H 某积极退赔退赃 60 万元，并表示愿意认罪认罚。2020 年 9 月，检察院通知 H 某至检察院签署《认罪认罚具结书》，认罪认罚内容包括认可检察院指控 H 某非法吸收公众存款的犯罪事实；认可检察院提出的判处 H 某有期徒刑 3 年，并处罚金人民币 8 万元的量刑建议；认可本案采用简易程序简化审理。

H 某在签署《认罪认罚具结书》时，并不了解量刑建议是否适当，自己是否可以获处更轻刑罚。签完《认罪认罚具结书》后，经与 W 某沟通才发现有期徒刑 3 年的量刑建议过重，遂委托笔者为其辩护，其核心诉求是希望法院判处其缓刑。笔者会见后，认为 H 某签署《认罪认罚具结书》时，虽然有值班律师在场，但值班律师在整个过程中未发表任何意见，甚至没有告知 H 某其值班律师的身份。值班律师仅形式上参与认罪认罚，导致 H 某未能全面了解其认可的犯罪事实与量刑建议之间的关系，未全面了解认罪认罚的法律性质及法律后果，其在非法吸收存款数额与集资参与人数这一关键事实上，并未与检察机关真正达成一致。虽然 H 某认罪认罚自愿性存在瑕疵，但笔者考虑到否认认罪认罚有效性辩护难度较大，且容易引起司法机关不满，因此并未质疑认罪认罚有效性，只是向司法机关提出存在的问题，以博取司法机关对当事人的同情，软化司法机关的态度。

二、本案关键事实仍存在争议

首先，笔者与检察官充分交流了案件意见，表明本案属于典型的利用互联网非法吸收公众存款案件，案件参与人数众多、交易数量庞杂。H某虽然是集资平台上一家虚拟公司的CEO，但在整个犯罪集团中地位较低，不能准确掌握通过其虚拟公司参与非法吸收存款的人员数量及参加人的充值资金数额。H某在签署《认罪认罚具结书》时，只是对其非法吸收存款的整体事实表示认可，但在集资参与人数及吸收资金数额上，H某在签署《认罪认罚具结书》时并无清晰认知，与检察机关仍存在争议。检察官表示，检察机关认定集资参与人数与吸收资金数额的主要依据是会计师事务所出具的《审计报告》，H某签署《认罪认罚具结书》时，检察院已经依照《刑事诉讼法》第173条，依法告知了其享有的诉讼权利和认罪认罚的法律规定，《认罪认罚具结书》在自愿性、真实性、合法性上不存在问题。虽然未在会面中与检察官达成一致，但检察官的意见也为笔者指出了辩护的主要方向，即针对《审计报告》的证明力展开辩护。

检察院《起诉书》指控与H某"相关的集资参与人共706人，吸收资金合计人民币822.02万元，造成其中514人经济损失人民币367.16万元。其中报案的集资参与人共38名，投入金额为人民币326.64万元，造成经济损失共计人民币168.24万元"。笔者查阅《审计报告》后，发现作为《审计报告》制作依据的审计底稿真实性存疑。《审计报告》是以集资平台的后台数据为原始资料，据以计算H某虚拟公司参加人数及集资数额的。笔者将后台数据与报案人提供的报案数据对比，发现后台数据与报案数据存在很大差异，后台数据整体呈现集资参与人数偏多、吸收资金数额偏高的特征。

笔者形成完整辩护意见后，在一审庭审中，为避免引起司法机关反感，未过多提及 H 某签署《认罪认罚具结书》过程中存在的程序性问题，而是肯定 H 某依旧认罪认罚，但着重陈述了对《审计报告》的质证意见，认为侦查机关提供的集资平台后台数据与报告数据存在明显不一致，其真实性存疑，依照该数据制作的《审计报告》认定的集资数额虚高，参与人数过多，不能据此认为 H 某非法吸收公众存款 822.02 万元。

三、庭审辩护结果圆满，法院未判处 H 某实刑

认罪认罚从宽制度虽然是为简化刑事诉讼程序、提高刑事司法效率而设立，但认罪认罚案件的定罪量刑证明标准与不认罪案件的定罪量刑证明标准完全相同，被追诉人所认的"罪"和"罚"都必须是真实的，符合包括有罪供述在内的全案证据能够证明的事实。认罪认罚案件要"坚持法定证明标准，侦查终结、提起公诉、作出有罪裁判应当做到犯罪事实清楚，证据确实、充分，防止因犯罪嫌疑人、被告人认罪而降低证据要求和证明标准"（《关于适用认罪认罚从宽制度的指导意见》第 3 条）。本案中，H 某在签署《认罪认罚具结书》的过程中自愿性存在瑕疵，就本案关键事实未与检察机关达成一致。而检察机关则因 H 某认罪认罚而放松了案件的证明标准，未仔细审查《审计报告》中存在的问题，因此量刑建议存在过重的情况。

法庭辩论后，法院考虑到《审计报告》存在的瑕疵，未采纳检察院的量刑建议，认为 H 某"主动投案，如实供述自己的犯罪事实，系自首，并认罪认罚，依法可从轻、从宽处罚。被告人 H 某退赔集资参与人部分损失，可酌情从轻处罚。公诉机关指控被告人 H 某犯非法吸收公众存款罪的事实清楚，证据确实充分，指控的罪名和适用法律正确，予以采纳。对 H 某辩护人提出的被告人系自首、认罪认罚、部分退赔集资参与人经济损失，所在社区愿意对其进行矫正，希望对其从轻处罚并适用缓刑的意见予以采纳"。最终法院判处 H

某有期徒刑 3 年，缓刑 4 年，并处罚金人民币 5 万元。

在 H 某已经签署《认罪认罚具结书》的前提下，笔者在庭审过程中，对本案的事实问题进行辩护，并获得了法院认可，使法院最终未采纳检察院的量刑建议，而是采纳了笔者的辩护意见，对 H 某判处缓刑，并降低了罚金数额。法院判决后，H 某非常认可判决结果，对笔者的辩护工作给予了高度评价与充分肯定。

辩护技巧

目前大部分案件适用认罪认罚从宽制度，检察机关出具的量刑建议，被追诉人只能选择接受或者不接受。接受量刑建议后又认为量刑建议较重的情况，在实务中经常遇到，成为刑辩律师的头痛难题。笔者总结办案经验，认为可以通过以下方式破解该难题。

一、坚持客观主义立场，目光往返于案件事实与量刑建议之间

案件事实清楚、证据确实充分是适用量刑建议的前提，单纯紧盯量刑本身毫无意义，因为量刑建议是具体案件事实、情节体现的结果。本案中，笔者多角度论证《审计报告》认定的事实不清，让案件证据说话，以此为协商条件争取理想的量刑建议。同时让法官形成合理怀疑，有理有据、水到渠成地获得较轻量刑。如果与检察官沟通时只拘泥于量刑建议本身，那么这样的沟通毫无说服力。

二、如果具体量刑建议存在明显过重情形，可以争取获得幅度量刑建议

公诉机关的职责是指控犯罪，有的检察官可能存在重打击、轻人权的办案思维，而审判机关则是居中裁判。如果公诉机关提出较重的具体量刑建议，法院要有充分理由才能改变。如果获得幅度量刑建议，在审判阶段就会存在获得较轻量刑的可能性，从而为当事人争取到更大的利益。

追根溯源：运用法理促进量刑建议突破

● 丁一元[*]

辩护策略

认罪认罚制度实施以来，我国案多人少的司法资源配置问题得到有效解决，案件实现了有效分流。作为一种协同式司法制度，其体现的是公正基础上的效率观，但是，认罪认罚案件以效率为"帆"，更须以公正为"锚"。即使当事人已经签署了《认罪认罚具结书》，作为辩护人仍要本着专业精神，追根溯源、因势利导，充分运用法律规则的解释能力和法律原则的平衡作用，维护当事人的合法权益，追求个案的公平正义。

案情简介

本案是一起关于归国留学生误入歧途的毒品犯罪案件，大致案情和之前新闻报道的福禄寿乐队成员吸毒案相似。

用时髦一点的方式介绍本案的主人公，他应该叫——熊·青年企业家·哮喘征服者·新晋奶爸·某。熊某和同案李某均是在国外留学期间接触到大麻并

---

[*] 北京市盈科（广州）律师事务所刑事法律事务部主任。

养成了吸食的习惯，回国后，迫于国内毒品管制严格而停吸。

2018年，李某经人介绍取得国外代购途径开始少量购买大麻。2019年11月，熊某从李某这里得到了国外大麻代购"火焰"的微信，并购买了一次大麻。到了2019年年底2020年年初，因"火焰"提出分单麻烦、量少不发，也为了降低风险、节省费用，两人商议合买大麻，货物和款项平分。与此同时，熊某公司员工林某为两人收取邮寄包裹提供了个人信息。

2020年7月8日，李某在收取快递时被民警当场抓获。同月15日，熊某主动投案。经过熊某电话规劝，林某也于2021年3月8日主动投案。

案件经过补充侦查，检察院指控熊某自2019年11月以来，在"火焰"处单独购买大麻1次，和李某合买5次，前后共买大麻147.5克，并根据我国《刑法》第347条第4款以及2016年《最高人民法院关于审理毒品犯罪案件适用法律若干问题的解释》（以下简称《解释》）的规定，认定熊某属于"向多人贩卖毒品或者多次走私、贩卖、运输、制造毒品"，构成情节严重，对应的幅度刑为3~7年。

在当时辩护律师的建议下，熊某签署了《认罪认罚具结书》，量刑建议为3年有期徒刑。一般来说，在已经签署《认罪认罚具结书》的情况下，法院大多适用简易程序审理案件，并根据《认罪认罚具结书》中协商的结果判处刑罚。

距离开庭时间越来越近，3年有期徒刑的协商结果就要成为现实……

熊某的家属风尘仆仆，从南昌来到广州，欲委托笔者为熊某在即将到来的庭审中进行辩护。

辩护过程

一、庭前协商，进退维谷

执业以来，影响力大的毒品案件笔者代理多起，网上流传甚广的"广东十大毒枭"就代理了李某欢、刘某伟两人。眼前这起案件的性质、程度都远远达不到那种程度，笔者认为应当能争取缓刑甚至免除刑罚。但是我国对毒品犯罪一向呈现"严厉打击"的高压态势，相对地，毒品犯罪的辩护难度一直以来大于其他案件。虽道阻且长但行则将至，出于不愿让一个家庭支离破碎、不愿让疫情之下的数十名员工失去工作的考量，笔者还是接下了这根辩护的"接力棒"。

在了解案件基本情况之后，笔者向熊某家属坦言，案子正处于一种两难境地。熊某已经签署《认罪认罚具结书》，几乎木已成舟，法院不会轻易突破控辩双方协商的量刑建议。反过来，如果此时反悔，具结书失效，量刑建议突破3年，辩护的起点则更高。这番坦言让熊某家属面露难色，将熊某签署《认罪认罚具结书》的原因和盘托出："为了争取宽大处理，熊某对侦查工作十分配合。所求就是不受这牢狱之灾。那边说，走认罪认罚程序，量刑建议是3年有期徒刑，不签署《认罪认罚具结书》，量刑建议就要到3年零6个月……熊某怎么也没想到在国外习以为常的事情，在国内竟然到了犯罪的地步。之前一直取保候审在家，还侥幸事态不算严重，这马上就要开庭了，真要判3年实刑，对个人、家庭和公司影响巨大，仔细想想还是不能接受。"

认罪认罚制度实施过程中，类似情形并不少见，如此看来，本案似乎走进了"迷宫"，怎么走都是"死胡同"，笔者只能在有效的时间内反复咀嚼案件证据。消化案卷材料后，笔者在开庭之前赴南昌市和取保在外的熊某全面深入地了解核实案情，发现熊某存在多个从轻、减轻处罚情节，本案在量刑上仍然存在很大的辩护空间。

第一，本案走私的大麻叶均是"火焰"在美国组织货源并利用邮递进境的，熊某向其购买自吸只是在国内接收，从走私活动环节来看，起主要作用的是"火焰"，李某和熊某相比而言是起次要辅助作用的从犯。再者熊某相对于李某而言，所起的作用也是次要的。熊某经由李某介绍与提供试吸才开始在国内吸食大麻并萌生从国外购买的念头，"合买"的意思表示和每人各25克的分配方式也是李某在与"火焰"洽谈时的单方面表示（"火焰"要求李某询问熊某的意见，但李某没有询问），自己单方面决定之后才告知熊某并征得其同意。相较于李某主动联系国外卖家购买大麻、谈价、出资、付款、接收邮包，熊某在整个走私过程中并未起到主要作用。

第二，熊某存在自首、立功情节。熊某在2020年7月15日就规劝林某和其一同乘车前往海关缉私局配合调查并做了笔录。关于这一点，林某2021年3月9日的讯问笔录可以佐证，但是侦查机关未将同案犯林某在2021年3月9日之前所做的询问笔录附卷。若上述情况得到证实，那么应当认定熊某具有立功表现，可以对熊某从轻或减轻处罚。熊某主动投案，到案后如实供述，应当认定其有自首情节，这一点检察院在《起诉书》中并未全面认定。同时熊某自愿认罪认罚，结合其他量刑情节，应当依法对其减轻处罚。

开庭在即，时间就是生命，为了抓住最后一根"稻草"，笔者赶在开庭之前和控方交流了以上初步辩护意见，动之以情、晓之以理，希望检察院能够更改量刑建议。得到的回复是"情况我们了解了"，但检察院并未变更量刑建议。所幸检察院也并未将此认作是对认罪认罚的反悔，这意味着具结书仍是有效的，至少保住了量刑辩护的低起点。在已经签署具结书的情形下想要法院突破量刑，必须有非常充分的理由，接下来的重点将会是庭审。

二、庭审辩护，柳暗花明

针对上述辩护意见，笔者在庭审过程中进行了充分举证、质证。深知案件判决结果必须兼顾社会效果与法律效果的统一，除了上述常规辩点，在庭审当天笔者重点围绕熊某行为的社会危害性做了大篇幅的充分论述。得益于庭前意见交流，控方鲜少打断，珍贵的庭审时间几乎都是笔者一人在"滔滔不绝"，法官、检察官都近乎"袖手旁观",回想庭审场景总有点像是沉默版的"舌战群儒"。

熊某走私毒品三次以上,根据司法解释,走私毒品多次的属于情节严重,适用的幅度刑为3年以上7年以下有期徒刑,在认罪认罚基础上检察院作出3年有期徒刑的量刑建议,似乎已是底线。但是毒品犯罪量刑,多是以毒品数量多少为主要依据的,《刑法》第347条的三档量刑均是以毒品数量来规定,不考虑社会危害性机械地适用法律规定将违背罪责刑相一致的原则。

那如果以数量来衡量被告人行为的危害性呢?笔者根据《刑法》第347条第2款第1项[1]和《解释》的同档次详细规定[2],得出大麻和海洛因的换算比率大致为3000∶1,270.6克的大麻换算之后相当于0.0902克的海洛因,尚不到0.1克,数量极少。如果只是在国内购买几百克大麻用于自己吸食,甚至达不到起刑点,是不构成任何犯罪的。熊某之所以吸食大麻,是因为自身患有哮喘,在国外留学时发现吸食大麻能够缓解哮喘带来的痛苦,并没有主观恶意,也并非寻求精神刺激。笔者通过向国内支气管方面医学专家咨询,得到了仅从效果来看大麻对哮喘有缓解作用的肯定回复。

虽然说不知法不是抗辩理由,但熊某自初中起即在国外留学,和我国对毒品的低容忍不一样,在很多国家,大麻随处可见,是合法药品。正如熊某曾在《致检察官书》中写道的"自己并不认为是问题的行为,已经触碰到法律的红线",熊某知道在国内购买大麻违法,却不曾想过会触犯刑法。作为初犯,熊

---

[1]《刑法》第347条第2款规定:"走私、贩卖、运输、制造毒品,有下列情形之一的,处十五年有期徒刑、无期徒刑或者死刑,并处没收财产:(一)走私、贩卖、运输、制造鸦片一千克以上、海洛因或者甲基苯丙胺五十克以上或者其他毒品数量大的……"
[2]《最高人民法院关于审理毒品犯罪案件适用法律若干问题的解释》第1条规定:"走私、贩卖、运输、制造、非法持有下列毒品,应当认定为刑法第三百四十七条第二款第一项、第三百四十八条规定的'其他毒品数量大':……(十)大麻油五千克、大麻脂十千克、大麻叶及大麻烟一百五十千克以上。"

某走私毒品仅用于自己吸食，数量较少，不存在任何贩卖牟利的动机和行为。同时熊某还是一名积极上进、有担当、有贡献、有想法的青年企业家，而今他身上肩负着的不仅是自己的小家庭，更是公司数十名员工的就业和家庭的保障。考虑到疫情背景下就业形势的严峻，熊某又有多个从轻、减轻情节，笔者向法官表达了希望适用缓刑的意见。

在判决结果上，法院"战术迂回"：一方面依旧保守认定熊某和李某均为主犯，且两人多次走私大麻构成情节严重。另一方面认可其自首、立功情节，认可其在侦查阶段认罪认罚的悔罪态度，本着宽严相济的刑事政策精神，最终熊某被判处有期徒刑 2 年，缓刑 2 年，避免了一场牢狱之灾。被告人本以为自己将身陷囹圄，前途一片黑暗，经过笔者锲而不舍的辩护以及法官的公正审理，最终柳暗花明，维护了人身自由。

判决结果下来后，检察院没有抗诉，案件尘埃落定。家属感谢笔者"为熊某的人生开了一扇天窗"，但笔者认为本案最终判处缓刑，从形式上看是成功的，但要说熊某罚当其罪还不足够，或许还可以有更好的处理结果。当然，从另一个方面来说，本案在熊某已经签署具结书的情况下打破常规，从宽，再从宽，对认罪认罚从宽制度的完善，是有积极意义的。

辩护技巧

一、专业预判，倒推论证

大胆假设，小心求证。辩护人的预判力十分重要，常会以此打开辩护的突破口。以本案为例，了解案件基本情况后笔者便作出应判处缓刑的预判，以结果为导向进行回溯推理，从面到点寻找突破口。排除常规的自首、立功、犯罪地位等辩点后，一方面进行毒品犯罪数量的论证，另一方面进行大麻具有抑制哮喘病疗效的论证，进而从社会危害性角度引出罪责刑相适应原则的适用。笔者追根溯源、因势利导，有效运用法理辩护，取得了预期的辩护效果。

二、追求公正，实质解释

几十年从业经验赋予笔者的，除了对案件结果的预判力，还有对正义极致追求的勇气。许多案件之所以走进"死胡同"，并非法律从业人员不具备预判力，而是过于形式理解法律条文。因此，有效辩护必须抛弃机械式的法律适用。以本案为例，案件定性为"走私"，双方都没有异议。然而从定量分析，如果在国内购买相同数量的毒品尚达不到起刑点，仅就侵害走私犯罪保护的法益而言，判处熊某3年有期徒刑，显然会导致量刑畸重。法律条文尤其是刑法条文，必须从实质解释出发，考察行为的社会危害性以及刑事处罚的必要性，方不至于因追求效率而稀释了公正的价值观。

以战促和：实现认罪认罚效果最大化

● 秦　钢[*]

辩护策略

在认罪认罚从宽的制度背景下，刑事辩护体现出从控辩对抗到量刑协商的发展趋势，标志着协商式辩护发展的新阶段。然而，认罪认罚从宽制度实施以来，认罪认罚与无罪辩护之间的矛盾一直没有得到妥善解决，"骑墙式"辩护虽然存在争议，但实践中仍然广泛应用。在认罪认罚案件中，辩护律师能否适应从传统的对抗模式向沟通、谈判模式的转变，最大限度地取得量刑协商的实效，将是决定认罪认罚案件有效辩护的关键。

案情简介

2011年4月，被告人刘某通过许某等人帮助，注册成立某投资有限公司，注册资本300万元。刘某系公司法定代表人，持股比例为51%，未实际出资。2011年7月，李某经朋友孟某介绍认识被告人刘某，刘某称其准备开发一个大型项目，希望李某投资，并提出可以将项目中用于开发别墅的10亩地中的

---

[*] 北京盈科（荆州）律师事务所刑事法律事务部主任。

1亩以200万元的价格转让给李某开发。2011年7月7日、28日，李某分两次向刘某的个人银行账户汇款共计200万元，刘某出具了写有"投资款"字样的收据，还向李某出示了该项目的审批手续、宣传画册等。2012年上半年，李某发现刘某宣传的大型项目根本不存在，遂多次找刘某退款，刘某先是不承认项目有问题，后又以正在筹资还款等多个理由应付、拖延。2014年10月，李某向公安机关报案。同年12月29日，李某收到刘某的现金10万元（系孟某转交）。2016年4月22日，刘某在因涉嫌合同诈骗罪被刑事立案后，于取保候审期间以转账的方式退还给被害人李某150万元。

本案历经两轮一审和二审程序，其间曾以部分事实不清、证据不足被发回重审，历时3年，当事人和公诉机关对于定罪和量刑呈现出完全对立的局面。无论是司法资源的消耗，还是涉案各方精力的投入，都到达了极点。

辩护过程

笔者接受刘某之子的委托，担任刘某涉嫌合同诈骗罪一案发回重审后的二审辩护人，刘某及其家属对于无罪辩护十分坚持。笔者基于多年的办案经验，结合案件事实和证据初步判断：两次一审判决均对刘某判处11年有期徒刑、罚金10万元，尤其是第二次被二审法院以部分事实不清、证据不足发回重审后，在控方没有提交任何新证据的情况下，原审法院仍然作出了同样的有罪判决，显属不当。

一、兼顾理想现实，确立辩护方向

从感性角度出发，笔者对刘某及其家属的心情可以理解，也很想帮助他们实现夙愿。但从现实出发，基于专业判断，必须做好两手准备。笔者认为，案件事实和证据确有突破口，无罪辩护并非没有希望，应以无罪辩护为主打方向。同时，刘某已被羁押多年，司法纠错成本很高，无罪辩护难度确实很大。退而求其次，在可接受的范围内进行认罪认罚量刑协商，不失为一种解决问题的方法。因此，在与刘某充分沟通后，笔者最终确立了"骑墙式"辩护的思路。

笔者通过多次会见刘某，对案件基本情况及主要争点进行了梳理和总结，随后多次向检察院提交法律意见书，针对主要争议问题进行充分沟通，并在第一次开庭前与法官交流了辩护思路。

二、挖掘无罪依据，逐一论证说理

第一次开庭期间，笔者针对一审法院对被告人判处诈骗罪事实不清、证据不足，不能排除本案系经济纠纷的合理怀疑进行辩护，指出：第一，刘某没有犯合同诈骗罪的事实前提。控方提交的相关政府的证明文件只能证明项目并未成功落地，而不能证明该项目及刘某出示给李某的一系列文件是虚假的。项目未能开发成功，并不能否定刘某前期积极运作开发过的事实。第二，刘某没有犯合同诈骗罪的犯罪行为。控方提交的《交通银行基本账户明细》不能充分证明刘某将公司资金的大部分用于炒股的事实。虽然刘某将公司账户绑定为股票交易的关联账户，但是绑定行为不能直接认定账户资金全部用于炒股的事实。人民币属于种类物，在控方没有提交股票账户的明细，且刘某又否认将公司的全部资金用于炒股的情况下，不能证明刘某将李某的汇款用于炒股的事实。第三，刘某没有合同诈骗罪的诈骗故意。刘某被采取强制措施之前，已经向被害人归还了10万元，案发之前汇给孟某的50万元，事实上是刘某让孟某还给李某的，案发后刘某又积极出卖房产还钱，据此不能认为刘某具有诈骗的故意。第四，一审判决不能排除本案证人孟某利用隐名股东的身份，唆使李某投资，并在投资项目失败、李某找其还钱的情况下，利用其公安人员的身份插手该案，使该案由经济纠纷转为刑事案件的合理怀疑。

三、运用关键证人，提出合理怀疑

第一次开庭因为证据原因休庭，时隔半年，终于迎来了第二次开庭。针对控方出示的证人证言等言词证据，为了核实其真实性，笔者提交了被害人出庭作证申请书、证人出庭作证申请书，并且针对控方两次申请延期审理补充侦查提交的新证据，一一提出了质证意见。笔者提出，即使控方调取的证据均可作为定案的根据，本案仍然达不到证据确实充分、排除一切合理怀疑的证明标准，并补充强调了以下辩护意见：

第一，被告人刘某并没有诈骗的故意。本案中，刘某是出于对许某的信任，对于其参与签订的一系列政府文件确信无疑，才成立公司吸引股东，在吸收投资款时并未产生诈骗的犯意。在关键证人许某没有到案之前，不能排除刘某被许某欺骗的合理怀疑。

第二，公司的财务证明凭证只能证明公司的财务管理不规范，没有发票不等于借款后没有据实开支，也不能证明被告人刘某将公司的款项用于挥霍。除刘某外，还有其他人从公司借款。

第三，本案中，李某转款并非基于被告人刘某的诈骗行为使其产生错误认识而交出，而是基于对本案证人孟某的充分信任才投资款项。早在 2010 年 7 月 8 日，李某便已经汇出过 100 万元，此时刘某并未提供其银行卡号，不排除系孟某提供。刘某是在去海南之前才将个人账号告诉李某，也是基于对孟某的信任才接受了李某的 100 万元汇款，并出具了 200 万元的收条。

第四，刘某没有及时还款，不是没有能力归还，更不是不想归还，而是因为股东之间还没有清算，以及未就利息问题与李某协商达成一致。

笔者特别指出：本案无论是被害人还是被告人，对公司项目的投资都是基于对孟某的信任。李某与被告人刘某之前并不认识，不会草率投入巨额资金，完全是基于对朋友孟某的信任才进行投资的。案发后，刘某曾向孟某转过 50

万元要其转交给李某，当时孟某是公司的隐名股东，刘某不可能在未到分红期限之前向其分红，因此可以推定该 50 万元是刘某让孟某转给李某的。虽然孟某将该笔款项私自截留，但是并不能就此认定刘某存在诈骗故意。

四、进行"骑墙式"辩护，终获圆满结果

在第二次开庭之前，辩护人与刘某进行了充分沟通，向其分析了利弊，并对本案的庭审走向进行了预判。刘某已被羁押近 3 年，能够认识到改判无罪的现实难度，他表示只要能尽快恢复自由，其愿意认罪认罚。如前所述，在二次庭审中，控辩双方对证据存在重大争议，一直僵持不下。在这种情况下，笔者行使独立辩护权，坚持作无罪辩护，而刘某在庭审结束前表达了认罪态度，并申请适用认罪认罚从宽制度。

之所以选择上述"骑墙式"辩护策略，是因为刘某已退赔被害人全部经济损失并取得了谅解，还主动提前缴纳了罚金，如果其自愿认罪认罚，可以主张适用《刑法》第 67 条第 3 款"犯罪嫌疑人虽不具有前两款规定的自首情节，但是如实供述自己罪行的，可以从轻处罚；因其如实供述自己罪行，避免特别严重后果发生的，可以减轻处罚"之规定，实现在法定刑以下量刑的辩护目标。

2019 年 12 月 12 日，中级人民法院作出判决，被告人刘某由有期徒刑 11 年、罚金 10 万元，被改判为有期徒刑 3 年，罚金 5 万元。本案历经 3 年，经过四次审判，尽管该判决结果与笔者期待的无罪有所差距，但是实现了刘某的诉求，也使其认识到了自身行为的危害性，不失为一种理想的结果。

辩护技巧

作为辩护人，除了为当事人的合法权益据理力争，也要出于专业考量，在恰当的时机分析利弊，给出理性化的建议。实践中，"骑墙式"辩护较为常见，但并非都能取得预期效果，一定要审时度势、对症下药。

第一，以"无罪空间"为本，专业是基础保障。

对于涉案的被告人而言，无罪判决显然是最为理想的结果。如果案件证据不足，具备无罪辩护的可能性，辩护律师无疑应当积极争取。但是，如果经过阅卷认为案件不具备无罪辩护空间，就应当与被告人充分沟通，认罪认罚更有利于维护被告人的量刑利益。如何把握"无罪空间"，一方面在于专业水平。如果证据把握不准、专业判断力不够，贸然无罪辩护只会适得其反，还易引发与当事人之间的争议。另一方面在于尽责精神。囿于控、审双方的思维惯性，辩护意见往往并非"一击必中"，而是反复推动、润物无声，律师不断挖掘辩点、不断深化辩护方案的韧劲尤为重要。

第二，以"认罪认罚"为术，时机是重要因素。

实践中，如果被告人前期已经认罪认罚，只有律师一直坚持作无罪辩护，会给法官形成一种"有罪"印象，进一步压缩无罪辩护空间。因此，即使采取"骑墙式"辩护方式，也要选择恰当时机，不能成为无罪辩护的负累。2019年最高人民法院、最高人民检察院、公安部、国家安全部、司法部联合出台的《关于适用认罪认罚从宽制度的指导意见》第5条规定，认罪认罚从宽制度贯穿刑事诉讼的全过程，其中包括审判阶段。如果经过庭审质证，充分暴露证据问题，引起法官足够重视，形成了无罪的合理怀疑，就最大限度地扩大了"无罪空间"。在这种情况下，从被告人行使诉讼权利的角度出发，再选择认罪认罚，将成为补强证据的一个路径，既为法院定罪提供了条件，也为宽缓量刑创造了空间。

"盈"的秘密 3：认罪认罚从宽制度下的有效辩护

百折不挠：强制措施之辩贯穿实体辩护

● 田宏伟[*]

辩护策略

认罪认罚从宽制度对于案件繁简分流、节约司法资源、提升司法效率具有很大的促进作用，同时对于案件当事人获得从宽处理具有现实意义。但是，认罪认罚本身能够带来的从宽幅度毕竟有限，辩护人对认罪认罚案件仍然要进行全方位辩护，全方位维护当事人的程序利益和实体利益。一方面，羁押必要性审查是重要的策略，将为有效辩护奠定基础。另一方面，庭审辩护技能是重要的保障，为保持和扩大战果提供加持。

案情简介

陕西某投资管理有限公司于 2013 年 3 月 26 日在陕西省工商行政管理局注册登记，股东为姜某某、董某某夫妇，姜某某是该公司法定代表人。公司主要经营范围为商务咨询、投资管理咨询（金融、证券、期货、基金投资咨询除外）、财务管理、企业管理，翟某某为公司实际控制人。2013 年 5 月，被告人

---

[*] 北京市盈科（西安）律师事务所刑事法律事务部主任。

张某某经人介绍进入该公司工作，担任业务经理。2013年3月至2016年7月，该公司在未经中国人民银行批准，国务院银行业监督管理机构审批、许可的情况下，通过签订《合作投资合同》，约定固定利率到期还本的方式，公开向社会募集资金。该公司经营期间，实际控制人翟某某将客户理财的部分资金挪用至由其控制的河南汝州某煤矿，由于资金无法回转，该公司资金链断裂。2016年7月公司停业。

因公司无法兑付投资人的本金和利息，从2016年8月起，就有投资客户陆续向西安市某区公安机关经侦部门报案。由于被告人张某某是本地人，其本人也经手一部分熟人客户资金，便主动负责接待公司客户。迫于维稳的压力，为了安抚客户，张某某代表该公司和部分客户签订了《客户债权确认书》。

2016年9月，被告人张某某接受公安机关询问。在接受调查期间，为了追回汝州某煤矿占用该公司的资金，张某某多次前往河南向翟某某讨要该资金，还通过诉讼的方式将翟某某控制的汝州某煤矿告到了法院，经西安市某区人民法院调解，该公司与汝州某煤矿达成了7,833,200.00元的调解协议。履行期限届满后，该煤矿并没有按期履行，张某某又代表公司申请了强制执行。2018年12月，翟某某通过股权转让的方式将公司转让给李某某。

2020年1月31日，西安市某区公安机关以涉嫌非法吸收公众存款罪对陕西某投资管理有限公司刑事立案。2020年8月30日，陕西某司法会计鉴定所出具鉴定意见："2013年3月至2016年7月，陕西某投资管理有限公司共计非法吸收公众存款524.5万元，给群众造成直接经济损失449万元，其中该公司经理张某某参与非法吸收公众存款153万元，给群众造成直接经济损失128万元。"2020年11月，通过张某某提供的信息，公安机关冻结了涉案资金108万元。2020年11月18日张某某被刑事拘留，同年12月22日被批准逮捕。

辩护过程

本案的独特之处在于张某某一直在各个诉讼阶段认罪认罚，虽然未签订《认罪认罚具结书》，但并不影响办案机关和承办人对其认罪认罚情节的肯定。

一、变更强制措施，屡挫屡战

2020年12月28日，两位白发苍苍、泪眼婆娑的老人来到律所求助，笔者认真听取了老人断断续续的陈述，认为张某某可能涉嫌非法吸收公众存款罪，"黄金救援期"已经错过，面临判处实刑的风险，但是对于辩护律师来说，需要进一步核实案件具体情况，才能判断张某某的罪责，为其争取最大限度从宽处理。

接受委托后，笔者第一时间会见了嫌疑人。张某某称其供职的陕西某投资管理有限公司确实存在吸收公众存款的事实，但他仅是一名普通职员，称呼其经理只是对外承接业务方便，也是社会普遍对业务人员的一种泛称，公司老板和法定代表人另有其人，其经手的金额不到100万元，已在侦查阶段认罪认罚。笔者还获悉，张某某曾经为了挽回受害群众损失往返河南和陕西几十余次，案发后接受传唤自动到案。在此情况下，笔者首先考虑的是为张某某申请变更强制措施。

2021年1月22日，一本装订整齐的《关于张某某涉嫌非法吸收公众存款羁押必要性审查申请》呈递到承办检察官面前，笔者重点提出无羁押必要的法律意见，论述了张某某具有自首情节、有认罪认罚表现、不具有社会危险性等观点。虽然承办检察官表示研究后再决定，但迟迟没有明确回复。2021年2月1日，案件被移送审查起诉，笔者于2021年2月7日再次向承办检察官递交了《关于张某某涉嫌非法吸收公众存款羁押必要性审查申请的补充意见》，重点论述认罪认罚从宽还应体现在对当事人宽松的强制措施适用上，张某某认罪认罚，变更强制措施更能体现对其主动认罪和及早认罪的刑事激励。遗憾的是，时值除夕前一天，笔者在检察院大门口一直等到下班时间，仍未能等到结果。

2021年春节过后，笔者在阅卷的基础上，再次向承办检察官递交《关于张某某涉嫌非法吸收公众存款羁押必要性审查申请的第二次补充意见》，重点提出虽然张某某认罪认罚，但不能降低案件的证明标准，本案存在张某某所经手的公众存款数额计算不准确、受害群众直接损失金额不准确等明显问题。承办检察官被笔者锲而不舍的敬业精神打动，3月14日，检察机关同意了笔者提出的无羁押必要性的辩护意见，建议公安机关对张某某变更强制措施为取保候审，本案辩护取得重要进展。

二、坚持庭审辩护，多管齐下

在开庭审理前，笔者会见了张某某，详细告知了庭审的程序及其享有的诉讼权利，共同商定了对其进行罪轻辩护的方案。

本案涉及经济犯罪，鉴定意见对于犯罪数额的最终认定有着决定性的影响，进而影响当事人的定罪量刑。虽然张某某已经认罪认罚，但辩护律师仍有必要提出对鉴定意见的质疑。笔者主要指出鉴定机构在计算张某某的涉案金额时存在重复计算问题，在计算实际损失时没有核减涉案群众已经收回的利息和本金等。可能有人会有疑问，已经认罪认罚了，如果再提事实问题，会不会影响"认罪"的成立？其实并不然，因为鉴定意见只是意见性言词证据，并不是书证，只代表鉴定机构的分析和判断。既然是意见，就存在偏颇的可能性，所以质疑鉴定意见并不是否认指控事实，而是协助法庭作出准确的事实判断。笔者充分利用辩方举证机会，当庭举出涉案群众已经收回本金和利息的反向证据，为此法庭决定休庭。在补充鉴定过程中，鉴定机构采纳了辩护律师提出的涉案金额重复计算和部分项目应当核减的辩护意见，将张某某非法吸收公众存款数额降为 109 万元，进一步夯实了罪轻辩护的基石。可见，尽责的辩护人不应放过每一个辩护细节。

恢复审理后，笔者顺势而为、持续发力，重点开展了三项工作：第一，提出张某某具有自首情节、主动退赔、积极挽回损失、认罪认罚等法定、酌定从轻、减轻情节，穷尽对当事人有利的辩护观点；第二，2022 年 3 月 8 日，笔者结合最高人民法院 2022 年 3 月 1 日施行的《关于审理非法集资刑事案件具体应用法律若干问题的解释》，向法院提交了对张某某更加有利的补充辩护意见，珍惜任何一次对张某某有利的辩护机会；第三，为了防止张某某被判处实刑，笔者向法院申请对张某某开展社会危险性的评估调查，并指导张某某积极配合，最终，张某某顺利通过了社区矫正调查评估。

2022 年 3 月 21 日，张某某被判处有期徒刑 6 个月并适用缓刑，重新回归社会。本案辩护成效显著，最大限度地维护了张某某的合法权益。

辩护技巧

回顾办案过程，案件每一步的进程，对笔者来说都是一次严峻挑战和意志磨炼，更是一次艰辛的心路历程。本案可谓是一场"保姆式"的辩护，取得了程序辩护和实体辩护的双丰收，成功之处关键在于辩护方法和辩护策略的正确使用，主要体现在以下两个方面。

一、锲而不舍申请变更强制措施

在轻罪认罪认罚案件中，羁押必要性审查在一定程度上对案件最终走向起到关键作用。通过羁押必要性审查争取变更强制措施，实现取保候审的目标，不仅关乎阶段性的程序利益，更会在实体上影响宣告缓刑的可能性。实践中，在被告人已经被逮捕的情况下，申请羁押必要性审查既是一项技术性工作，也是一项长期性工作，经过一次、两次申请，仍未予以变更强制措施，属于常见现象。一方面，辩护人要坚持不懈，不能因暂未取得成果而放弃；一旦辩护人放弃，办案机关主动变更强制措施的概率很低。另一方面，辩护人要层层递进，不断提出新的意见和理由；在案件不同阶段，办案机关的认知也会发生变化，尤其是在证据开示以后，辩护人申请羁押必要性审查的依据更有针对性，也更加充分。

二、有理有据质疑鉴定意见

根据法律规定，认罪认罚案件并不能降低证据要求，鉴定意见并不必然作为定案依据。但是，在非法吸收公众存款案件中，作为常见证据的鉴定意见，由于涉及繁多的材料和复杂的数据，会带来很大的核查难度，如果辩方未提出异议，鉴定意见往往会被"照单全收"。据此，笔者认为，鉴定意见并非牢不可破，辩护人要敢于质疑鉴定意见。具体方法有两种：一是运用规范，即针对鉴定意见的检材、鉴定方法和鉴定资质等方面不符合法律规范提出异议；二是运用证据，结合会见犯罪嫌疑人获取的信息，通过调取证据直观证明鉴定意见存在的错误，使得鉴定意见不能被法庭采信。

敢于突破：指控 10 年起刑，终判 1 年 3 个月

● 丁泽根[*]

辩护策略

认罪认罚案件中不能忽略政策与制度的变化。在办理案件过程中出现对被告人有利的新法时，应当及时同检方沟通，确立"定罪"标准。以本案为例，恰逢《药品管理法》对"假药、劣药"的认定标准进行了修改，祖传中药配方药粉能否认定为"假药"，成为控辩争议的焦点。笔者从立法、释法角度出发，坚持"假药"认定应当遵从实质判断，进而核减指控的犯罪数额，最后根据退赃退赔、认罪认罚等具体情节，争取到有利于犯罪嫌疑人的量刑建议，实现真正意义上的有效辩护。

案情简介

笔者的当事人张某系 B 省某县传统中医馆继承人，专治胃病及风湿、类风湿病。张某师承该中医馆掌门人，习得祖传秘方后自制中药粉并运用到治病救人的行医活动中。然而，2021 年至 2022 年，张某出售的自制中药粉被

---

[*] 北京盈科（昆明）律师事务所管委会副主任。

A省某患者倒卖，该患者购买张某的自制中药粉，加工成"保健茶"在A省市场上进行售卖。A省市场监督管理局在常规抽查过程中抽查到该款"保健茶"，经鉴定该款"保健茶"茶粉的成分与其包装不符，并非该包装所述为纯中药"茶粉"，其中含有西药成分。因该患者陈述药粉系从张某处购买，张某于2021年10月被A省公安机关立案侦查并取保候审。取保候审期间，张某仍在B省行医，继续销售药粉，2022年9月张某又被B省公安机关立案侦查，同年10月被B省检察机关批准逮捕。

据查，张某在诊疗过程中，根据其所继承的中药秘方配制出两种不同药材组成的药粉：一种是由7味中药材制作而成的纯中药粉，另一种是在7味中药材的基础上加入西药制作而成的混合药粉，视患者的具体病情选择相应的药粉开具给患者服用。A省患者将从张某处购得的加入西药的混合药粉进行工厂加工，包装成某品牌"保健茶"，线下、线上同时售卖。办案单位认定，张某明知其向该患者出售的"药粉"系中药粉中加入西药的混合药粉，但仍以"纯中药粉"的名义对外销售，涉嫌生产、销售、提供假药罪。该案地跨两省，具有较大社会影响。

案涉药粉经两级市场监督管理局鉴定，结论均为"假药"，相关销售金额近200万元。据此，检察院认为即使张某认罪认罚，量刑建议仍为10年以上。笔者首先和检察官明确了新药品法下何为法律规定的"假药"，以法律适用问题推翻了"一刀切"的"鉴定意见"，再详细梳理了法定假药范畴下的药粉销售全过程，限缩了销售假药的数量，最终销售金额认定为19.9万元，将张某的法定刑幅度降到了3年以下。结合张某的多个法定、酌定从轻、减轻情节，笔者为其争取到了1年3个月的量刑建议，张某签署了《认罪认罚具结书》。审判阶段，法院采纳了该量刑建议，张某最终获刑1年3个月。

> 辩护过程

一、坚持适用新法，对"假药"进行实质定义

法的适用历来就是刑事辩护的"兵家必争之地"，自 2019 年 12 月 1 日开始实施的《药品管理法》，开启了中国药品管理法治建设的新篇章。此次修订对假药、劣药的认定标准从旧法的形式认定进步到实质认定，全新的药品定义凸显了《药品管理法》对科学的尊重。《药品管理法》的总则对何为药品进行了明确定义："本法所称药品，是指用于预防、治疗、诊断人的疾病，有目的地调节人的生理机能并规定有适应症或者功能主治、用法和用量的物质，包括中药、化学药和生物制品等。"从立法精神和法律规定来看，能定义为《药品管理法》中的药品需要满足两个方面的条件：一是药品的科学认定，二是相关管理机关对部分药品的批准认定。旧法主要从形式审批意义上对假药、劣药进行认定，而新法则倾向于对药品疗效的实质认定。但遗憾的是，新法实施至今，仍有办案机关采用旧法对假药、劣药的形式认定思维，张某案正是适例。

笔者在侦查阶段交涉无果，故将"假药"论证的主阵地放在审查起诉阶段。通过查阅卷宗，笔者发现 B 省侦查机关对假药、劣药的认定标准为旧药品法，并对上百名购买张某中医馆药粉的人进行询问，制作了上百份证人笔录，同时出具了市场监督管理局认定所查获药品皆为假药的鉴定意见，最终认定了近 200 万元的假药销售金额。笔者认为，新修订的《药品管理法》对药品定义作出了实质解释，即"有目的地调节人的生理机能并规定有适应症或者功能主治、用法和用量的物质"。一般而言，认定假药、劣药首先应当进行事实认定，继而再进行法律认定，事实认定的主要依据便是《中华人民共和国药典》。《中华人民共和国药典》是中国政府为保证人民用药安全有效、质量可控而制定的技术规范,是国家药品标准体系的核心,也是我国药品检验、质量评价的最主要依据,更是药品生产商、供应商、使用单位、检验机构和监督管理部门共同遵循的法律依据。因此,假药、劣药的认定首先应依照《中华人民共和国药典》中所记载的药品标准进行事实上的检验,之后再依据检验检测结果通过《药品管理法》的规定进行实质认定,进而在准确定性"假药"的基础上,再确定生产、销售、提供假药的犯罪数额。

在笔者首次与检方的沟通中,检方明确表示不同意我方对于假药的理解。连续几轮博弈过后,检察官才逐渐被说服。

二、推翻鉴定意见,取得阶段性成果

如前所述,张某销售的药粉中,一部分是纯中药粉,另一部分是混合药粉。侦查机关查获张某中医馆内所有药粉后,分批次打包交由市场监督管理局鉴定,鉴定意见为查获药粉全部为假药。如何推翻专门机关出具的鉴定意见,成为该案的第二个难题。

鉴定意见认为:"查获的疑似假药粉末状物质,外观检视原料、包装上无品名、标签、说明书,也未标示药品批准文号及'功能主治和用法用量'等信息,不符合《中华人民共和国药品管理法》第二条第二款规定的药品概念,无须检验。根据侦查机关提供的附件'犯罪嫌疑人讯问笔录、辨认笔录及辨认照片、提取笔录及照片、微信聊天记录、快递单号、涉案物品照片'等其他证据材料,涉案人员主观上均认为是'药品'并进行宣传与销售。综上,查获的疑似假药粉末状物质,为非药品冒充药品。结合其他证据材料,根据《中华人民共和国药品管理法》第九十八条第二款第(二)项、《最高人民法院、最高人民检察院关于办理危害药品安全刑事案件适用法律若干问题的解释》(高检发释字〔2022〕1号)第十九条的规定,依法认定为假药。"

通常,刑事案件中,专门机关出具的鉴定意见极难被推翻。笔者先以药品的法律定义为由向上一级市场监督管理局提出认定异议，也深知异议认定更改的困难性，所以同时与检方积极磋商，站在法律适用的角度阐述该鉴定意见的错误之处。

笔者认为，张某销售的药粉从外观和形式上看，确实存在鉴定意见所述的情况，但是张某销售的药粉有两类：一是纯中药粉，二是混合西药的中药粉，应当根据两类药粉的不同情况分别进行认定。

首先，针对第一类纯中药粉，依据《药品管理法》规定，纯中药饮片由纯中药材组成。张某所使用的几味药材皆收录于《中华人民共和国药典》，属于药品的范畴，且成分中不含有毒性中药材，符合《药品管理法》第2条第2款规定的药品概念。《药品管理法》第24条第1款规定，"在中国境内上市的药品，应当经国务院药品监督管理部门批准，取得药品注册证书；但是，未实施审批管理的中药材和中药饮片除外。实施审批管理的中药材、中药饮片品种目录由国务院药品监督管理部门会同国务院中医药主管部门制定"。张某生产、销售的中药饮片并不属于国务院中医药主管部门有专门制定的目录范畴，药品生产批号不是该中药饮片上市的必备条件，该类纯中药粉符合上述《药品管理法》的规定，不应认定为"假药"。

其次，针对第二类混合药粉，《药品管理法》第98条第2款第2项规定，"有下列情形之一的，为假药：……（二）以非药品冒充药品或者以他种药品冒充此种药品"。其中，"以非药品冒充药品"应适用于不具有疾病预防、治疗、诊断功能的产品冒充药品的情形，而张某提供的药粉显然具有预防与治疗功能。因此，对于第二类混合药粉，应适用"以他种药品冒充此种药品"的标准来认定是否为假药。第二类混合药粉系张某加入西药（他种药品成分）冒充传统中药饮片并以纯中药粉名义制售，属于《药品管理法》规定的"以他种药品冒充此种药品"的情形，应认定为"假药"。

最后，笔者还向检方提供了《中国食品药品监管》杂志（国家药品监督管理局的机关刊物）关于药品监督管理部门出具鉴定意见规范的文章，供检方参考。在法律适用层面，笔者向检方提供了 2022 年最高人民法院发布的药品安全典型案例，其中一个案例与张某案情况基本相同，法院认定属于"以他种药品冒充此种药品"的情形。

最终，检方同意了笔者的全部法律意见，认可了笔者提出的假药认定标准，推翻了鉴定意见，认定本案只有张某销售的"二号药"为假药。笔者攻克了本案的最大难关。

三、核减"假药"金额，量刑建议从有期徒刑 10 年以上改为 1 年 3 个月

依据《刑法》的相关规定，生产、销售、提供假药的，如果没有对人体健康造成严重危害的后果，也没有其他严重情节且生产、销售数额 20 万元以内的，处 3 年以下有期徒刑，并处罚金。据此，本案量刑的核心待证事实就是张某累计销售的假药金额。

鉴于本案中两地侦查机关均鉴定了所查获药粉，所以应先确定符合假药标准的药粉数量，再依据买方向张某购买药品支付的金额来确定最终张某销售假药的金额。笔者认真研究卷宗，仔细梳理两地侦查机关从药粉查获到药粉鉴定、不同批次药粉的购买途径、销售过程等，筛选出含有西药成分的"中药粉"所属批次及其所对应的购买、转款记录等信息，由此整理出对应的证人证言、交易记录、对应批次的物流信息和照片，最终确认张某销售假药金额为 19.9 万元，成功将张某量刑区间定位至 3 年以下有期徒刑。经过与检方积极沟通，在确认退赃退赔、初犯、偶犯、签署《认罪认罚具结书》等酌定量刑情节的基础上，笔者为张某争取到 1 年 3 个月的认罪认罚量刑建议结果。

> **辩护技巧**

一、拓展专业储备，实现有效辩护

本案存在两种"假药"认定标准："以非药品冒充药品""以他种药品冒充此种药品"，虽然二者的结论均认定为假药，但是就假药的认定范围而言存在天壤之别。若将"以非药品冒充药品"作为本案的假药认定标准，那么张某在开设中医馆期间销售的所有中药均会被认定为假药，这也将直接导致涉案金额接近 200 万元，其最终量刑必然在 10 年以上。若将"以他种药品冒充此种药品"作为本案的假药认定标准，那么纯中药剂便不再属于假药，只有添加了西药成分的药剂才能认定为假药，这样就会大大降低销售假药的数量。

二、勇于突破权威，稳固支撑依据

本案辩护的难点在于，市场监督管理局作为"假药"认定机构，笔者在刑事辩护过程中并没有机会针对假药的认定意见与其直接进行沟通。司法实践中，基于行政机关的天然权威性，其作出的鉴定意见通常会成为司法机关定罪量刑的"铁证"，特别是法律适用问题，笔者提出的意见往往会成为打在"棉花上的拳头"。本案办理过程中，笔者曾多次提出重新认定的申请，并要求省级市场监督管理局重新作出认定，然而遗憾的是，省级市场监督管理局并未作出任何实质性改变。于是，笔者转变思路，以国家市场监督管理总局对于假药认定意见的专业文章作为突破口，以最高人民法院发布的指导案例为依据，同检方进行有效沟通。最终，在市场监督管理局坚持己见的情况下，经过数轮沟通，成功说服检察机关突破"假药"鉴定意见降低了量刑幅度，最大限度地维护了当事人的合法权益。

科学预判：借助法律修订，摆脱认罪认罚束缚

● 白景泽[*]

辩护策略

认罪认罚从宽制度对于提高刑事诉讼效率、优化司法资源配置具有显著成效，在此背景下辩护律师也面临着新的挑战。特别是在犯罪嫌疑人、被告人是否选择认罪认罚从宽的问题上，辩护律师除了要对案件事实问题和证据问题全面把握，还需要审时度势，把握法律适用的走向，对法律规定是否将会发生变化进行预测与分析，从而辅助当事人进行抉择，以期最大限度地维护当事人的合法权益。

案情简介

H 某是某医药科技有限公司的负责人。该公司的主营业务是通过组织宣传活动等方式帮助某几家药品生产企业向医药公司推销药品。因该公司本身没有药品经营许可证，所以不能自行销售药品。从 2020 年开始，因受新冠疫情的影响，该公司经营陷入困境，员工工资无法正常发放。H 某为了维持公司经营、

---

[*] 北京盈科（太原）律师事务所刑事法律事务部（二部）主任。

留住员工，冒用诊所、药店的名义向某医药公司大量购进药品，通过自己的员工向周围的熟人销售药品。2021 年 9 月，H 某存放药品的仓库被市场监督管理局和公安部门联合执法时查获，H 某因无药品经营许可证经营药品涉嫌非法经营罪被公安机关刑事拘留，后经检察院批准被逮捕。侦查机关认定，H 某违反国家药品管理法律法规，从 2020 年开始在未取得药品经营许可证的情况下非法经营药品，销售金额数百万元。侦查机关认为该案事实清楚、证据确实充分，足以认定，将该案移送检察院审查起诉。

作为 H 某的辩护人，笔者曾多次会见 H 某。H 某对无证经营药品的行为并不否认，对认定的销售金额也无异议，只是对 5 年以上有期徒刑的刑罚情感上难以接受，从未想到无证销售药品要承担如此严重的法律后果。审查起诉阶段，辩护人数次找到承办检察官陈述辩护意见，并反复进行量刑协商，最后检察机关的意见是如 H 某签署《认罪认罚具结书》，量刑建议为有期徒刑 6 年 6 个月至 7 年 6 个月，并处罚金；如不选择认罪认罚从宽，鉴于 H 某没有任何从轻、减轻的量刑情节且销售金额达数百万元，量刑建议为 9 年以上有期徒刑。

辩护过程

在认罪认罚案件中，辩护律师的职责绝不仅是帮助犯罪嫌疑人、被告人充分了解认罪认罚的性质和法律后果，确保其自愿认罪认罚，而更应是全面查阅案卷、详细了解案情、认真分析罪与非罪，充分掌握对当事人有利的各种因素，帮助其作出科学的决策。

一、全面分析，把握适用标准

非法经营罪是法定犯，要区分罪与非罪，必须首先厘清刑法与行政法的法律适用问题。《刑法》第225条规定，非法经营罪包括以下四类行为：（1）未经许可经营法律、行政法规规定的专营、专卖物品或者其他限制买卖的物品的；（2）买卖进出口许可证、进出口原产地证明以及其他法律、行政法规规定的经营许可证或者批准文件的；（3）未经国家有关主管部门批准非法经营证券、期货、保险业务的，或者非法从事资金支付结算业务的；（4）其他严重扰乱市场秩序的非法经营行为。由此可以看出，《刑法》第225条没有对非法经营药品的行为加以明确规定。但是当时《最高人民法院、最高人民检察院关于办理危害药品安全刑事案件适用法律若干问题的解释》（法释〔2014〕14号）（以下简称《2014药品解释》）第7条第1款规定：违反国家药品管理法律法规，未取得或者使用伪造、变造的药品经营许可证，非法经营药品，情节严重的，依照《刑法》第225条的规定以非法经营罪定罪处罚。司法实践中，无药品经营许可证经营药品情节严重的，通常被以非法经营罪追究刑事责任。值得注意的是，在本案立案之前，2021年3月1日起施行的《刑法修正案（十一）》增设了妨害药品管理罪。《刑法》第142条之一妨害药品管理罪规定："违反药品管理法规，有下列情形之一，足以严重危害人体健康的，处三年以下有期徒刑或者拘役，并处或者单处罚金；对人体健康造成严重危害或者有其他严重情节的，处三年以上七年以下有期徒刑，并处罚金：（一）生产、销售国务院药品监督管理部门禁止使用的药品的；（二）未取得药品相关批准证明文件生产、进口药品或者明知是上述药品而销售的；（三）药品申请注册中提供虚假的证明、数据、资料、样品或者采取其他欺骗手段的；（四）编造生产、检验记录的。"自《刑法修正案（十一）》增设妨害药品管理罪后，无证经营药品能否再被认定为非法经营罪的争论愈演愈烈。《检察日报》就该问题刊登过两种不同观点。检察官王勇在其文章《〈刑法修正案（十一）〉对认定非法经营罪、违法所得的影响》中指出，妨害药品管理罪将进一步挤占药品类非法经营罪的适用空间，仅有无证经营药品的行为将不再被作为犯罪处理。同时也有检察官撰文表示，《刑法》第142条之一与第225条的犯罪构成要件不一致，无证经营药品可能涉及药品安全性，危害人体健康，但侵犯的法益主要是扰乱市场秩序，在无证经营真药品的情况下，不足以严重危害人体健康，显然不能以妨害药品管理罪论处，但仍然可以认定为非法经营罪。虽然学界存在争论，但在当时的司法实践中，无证经营药品依然会被以非法经营罪追究刑事责任。笔者认为，相较于无证经营药品，销售无证生产且"足以严重危害人体健康"的药品明显是更严重的行为，却可以按照妨害药品管理罪这个轻罪处理；而无证经营药品，其购买、销售的药品均为真品，并不会对人体产生严重危害，若将此种行为依据《刑法》第225条认定为非法经营罪，将出现"轻罪兜底行为成为重罪"的刑罚"倒挂"现象，不仅导致罪刑失衡，在刑法体系上也难以自洽。

二、大胆预判，审慎认罪认罚

在本案诉讼过程中，已有专家学者预测到《2014药品解释》中关于非法经营罪的规定将会修改，无证经营药品或将不再构成犯罪。笔者对药品解释将会修改的预测也深以为然，虽然具体时间尚未可知，但基于对法律体系严密性的判断，修改时间应该不会太远。此时如选择认罪认罚从宽，无疑会加快案件的审理速度，无法等到药品解释的修改。而不作认罪认罚，尽量拖延案件的诉讼进度，必要时也可以通过上诉来延长案件审理的时间，这样或许可以等到药品解释修改的到来。一边是6年以上有期徒刑的认罪认罚，一边则是有可能不构成犯罪的判决结果，辩护律师要为当事人释明各种法律后果及背后的风险，帮助当事人作出选择。认罪认罚建议的刑期太长，又担心错失了认罪认罚从宽的机会导致刑期更长，H某一时陷入了选择困境。"认罪认罚从宽的幅度已经很高了，机会只有一次，你要好好把握"，检察官的话字字如锤，敲击在H某的心门上，想到丈夫和未成年的孩子，难过、紧张、焦虑和绝望的情绪几乎将她摧垮。笔者向她讲述了2018年7月电影《我不是药神》上映后，引起了强烈的社会反响，随即2019年《药品管理法》修订，全国各地许多被羁押的"药神"纷纷走出看守所大门的真实案例，告诉她药品解释修改也并非遥不可及。几次沟通后，H某逐渐平静下来，认罪认罚与否的结果是刑期很长和更长的问题，如果能有幸等到药品解释修改则是有罪和无罪的问题，只不过前者触手可及，而后者充满了不确定性。有罪和无罪对H某来讲不仅是失去自由的问题，也关系到其家庭，特别是对未成年孩子的影响。权衡利弊后，H某作出了决定，选择不作认罪认罚。笔者进而向她解释，药品解释的修改只是预测，并没有时间表，不利的结果任何人都无法替代，只有她自己才能承担，希望她再三思考。H某的目光变得非常坚定，表示愿意承担不认罪认罚的风险。

三、找准时机，实现无罪目标

功夫不负有心人，2022年3月3日最高人民法院、最高人民检察院联合发布了《关于办理危害药品安全刑事案件适用法律若干问题的解释》（高检发释字〔2022〕1号）（以下简称《2022药品解释》），该解释自2022年3月6日起施行，施行后《2014药品解释》废止，不再适用。《2022药品解释》删除了《2014药品解释》第7条关于无药品经营许可证经营药品、情节严重的以非法经营罪定罪处罚的相关规定，至此无证经营药品且情节严重的行为认定为非法经营罪就丧失了法律基础。

彼时，该案已起诉至人民法院，尚未开庭审理。《2022药品解释》发布当天，笔者的微信朋友圈"刷屏"了，一时间评论如潮。笔者及团队成员连夜组织学习，结合具体案件迅速改进了辩护意见，次日一早就赶往检察院向承办检察官陈述了药品解释发生变化后，无证经营药品不宜再被追究刑事责任的辩护意见。检察官表示需要一些时间学习新解释后再予以考量。从检察院出来，笔者到一墙之隔的人民法院找到承办法官发表意见，并提出了先行变更强制措施为取保候审的申请。承办法官表示会充分考虑新旧药品解释的变化对本案的影响。经过漫长、煎熬的等待，1个月后H某的强制措施被变更为取保候审，在被羁押7个多月后终于走出了高墙铁网。最终，法院作出了同意检察院撤回起诉的裁定。

辩护技巧

在认罪认罚从宽的制度背景下，或许有人认为辩护的工作量被大大压缩，但其实不然，辩护律师肩上的担子反而更重了。司法实践中，出现了一些律师见证认罪认罚后法院判决无罪的案例，这无疑是对有效辩护的极大伤害。不是所有案件都适合认罪认罚，对于不赞同过早认罪认罚的案件，辩护律师要有能力精准把握案件情况，并合理预测案件走向。在此类案件中，辩护律师开展工作应当注意以下两点。

一、审时度势，寻求最佳方案

辩护律师绝不能无所作为，局限于陪着当事人经历诉讼程序。当事人合理利益最大化是每一名有良知的辩护律师孜孜以求的。律师作为专业人士，需要日日精进，不断积累经验，不断提高自己的法律素养并时刻保持职业的敏锐度，以期在承办具体案件时能够观往知来、审时度势，为当事人提供最佳方案。

二、达成共识，追求最佳目标

最佳方案并不注定会有最好结果，利益和风险往往是共生的。选择一条少有人走的路是艰难的,最终的选择权在当事人手中,因为只有当事人才是最终结果的承担者。辩护律师要富有耐心、善于沟通,更要与当事人同荣辱、共进退,帮助当事人权衡利弊,在深思熟虑后作出抉择并甘愿承担不利后果。一旦作出决定,就须全力奔赴,即便没有取得期待的结果,也无怨无悔。

科学预判:借助法律修订,摆脱认罪认罚束缚

「盈」的秘密 3：认罪认罚从宽制度下的有效辩护

锲而不舍：低赔偿金额促成低刑期量刑

● 蔡宏生[*]

辩护策略

认罪认罚从宽制度在实践中不断完善，"认罪"和"认罚"不再停留于满足形式要件，而是更加关注实质内容。当事人不仅要自愿认罪，还要"实质认罚"，因其缺乏法律知识和专业判断，律师积极发挥作用责无旁贷。在被害人死亡的案件中，赔偿和谅解虽属酌定情节，却是影响认罪认罚的关键因素，进而直接影响从宽幅度。在被告人赔偿意愿和赔偿能力双低的情况下，律师的尽责精神与执着程度，对案件结果的影响至关重要。

案情简介

2009 年前后，同在某窑厂工作的刘某与已有家室的梁某互生好感并发生两性关系。2010 年梁某离开该窑厂，并主动中断与刘某的男女关系。刘某数次前往梁某的居住地，通过砸墙、打电话、尾随堵截等多种方式严重滋扰梁某的正常生活。被丈夫发现后，梁某不得已向其坦白曾与刘某有过不正当关

---

[*] 北京盈科（宿迁）律师事务所管委会副主任、刑事法律事务部主任。

系，由此引发了夫妻之间的情感危机。2020年8月25日至28日，刘某连续4天在梁某上班途中通过驾车尾随、别车等方式纠缠滋扰梁某，梁某十分恼火。2020年8月28日20时许，梁某洗完澡躺在床上看电视，刘某再次来到梁某住处，采用敲击院门、围墙的方式滋扰梁某。情急之下，梁某从堂屋的桌子上拿了一把水果刀到院外查看。据梁某个人供述："我当时特别生气，心想不管是谁，看到他后就拿刀去戳他。"梁某持水果刀来到堂屋东侧花生地，看到刘某向其靠近时，梁某持刀对刘某挥舞、戳刺，致刘某受伤倒地。梁某看到刘某倒地后十分慌乱，赶紧拿着水果刀回家，并在院子东边用水龙头冲洗了手和水果刀，同时冲洗了沾血的拖鞋和脚。之后梁某给家人打电话，告诉他们自己杀了人。梁某在家人的劝说下主动拨打"110"报警，并如实供述了全部犯罪事实。经鉴定，刘某系被锐器刺破心脏，心脏破裂后大量失血死亡。

笔者在接受梁某丈夫的委托后第一时间介入案件，并先后与办案警官、检察官及法官进行了充分的沟通和交流，数次会见当事人并约见当事人家属，积极推动认罪认罚。整个辩护过程虽不乏必要的策略，但更多是基于笔者在专业笃定的基础上对于当事人利益最大化的坚持。

辩护过程

接受委托后，笔者从办案警官处了解到，梁某对自己的犯罪行为供认不讳，并明确表示"认罪认罚"。笔者通过第一次会见得知，梁某稳定地供述了全部的犯罪事实，已经"认罪"，但其所谓的"认罚"并非真正意义上的"认罚"，而是基于梁某对于法律的理解偏差，在认为自己会被判处死刑的情况下作出的一种极为消极的反应，即"事情是我干的，反正是杀人偿命，死路一条，你想怎么判罚都行"。梁某认为，被害人刘某之前的行为严重影响了她的正常生活，其死亡不是她想要的结果，被害人有错在先，害得她如今身陷囹圄。所以，当笔者就赔偿事宜征求梁某的意见时，梁某果断予以拒绝。

《最高人民法院关于适用认罪认罚从宽制度的指导意见》明确规定："认罚"考察的重点是犯罪嫌疑人、被告人的悔罪态度和悔罪表现，应当结合退赃退赔、赔偿损失、赔礼道歉等因素来考量。犯罪嫌疑人、被告人虽然表示"认罚"却暗中串供、干扰证人作证，毁灭伪造证据或者隐匿、转移财产，有赔偿能力而不赔偿损失，则不能适用认罪认罚从宽制度。鉴于以上规定，笔者认为梁某所谓的"认罚"并非真正意义上的"认罚"，最终必将影响其认罪认罚从宽的适用。因此，在对案件事实没有异议的情况下，如何推动梁某实质性地认罚，以争取更大的从宽幅度，成为本案辩护工作的重点，重中之重在于对被害人家属的赔偿。因为赔偿不仅是认罚考察的重要因素，也是获取被害人家属谅解的前提。而被害人家属的谅解，同样是从宽处罚考量的重要酌定量刑情节。

2020年10月19日，案件移送检察院审查起诉。笔者联系了承办检察官，就案件量刑事宜进行沟通。检察官表示，其曾就赔偿谅解事宜分别征求过被害人家属及梁某本人的意见，家属的回复是不要任何赔偿，也绝不会出具谅解书，而梁某的意见竟也是一分钱也不愿赔偿。在此基础上，拟对梁某提出14~15年的量刑建议。检察机关认为，被害人刘某身上有多处刀伤，其中两处构成致命伤；在刘某受伤倒地后，梁某不仅没有第一时间实施救治，还回家用水将刀上、鞋子上的血渍冲洗干净，进而导致被害人不治身亡，足见犯罪情节极为恶劣，社会危害性特别巨大；且梁某拒绝进行任何赔偿，说明其并未真诚悔罪。

笔者提出以下辩护意见：第一，被害人刘某自身存在巨大过错，其反复多次的滋扰行为严重影响了梁某的工作及生活，梁某基于义愤导致本案的发生；

第二，刘某身上多处刀伤系梁某在黑暗之中、情急之下胡乱挥舞造成，未及时救治是基于案发后害怕慌乱造成，冲洗血渍也是基于害怕的本能行为，不能认定犯罪情节极其恶劣；第三，梁某家人积极自愿代梁某赔偿，被害人家属拒绝接受才是未赔偿到位的根本原因；第四，梁某具有自首情节，应当依法从轻、减轻处罚。后经反复沟通，检察机关最终同意在梁某认罪认罚的情况下将量刑建议调整为 13～14 年，同时承诺如果有赔偿谅解将会继续调减。2020 年 12 月 22 日，梁某签署《认罪认罚具结书》。

在一段时间内，"赔偿、谅解"几乎成了笔者的一种执念。经过反复思考，笔者决定从梁某一方寻找突破口。笔者认为，根据相关量刑指导意见，只要梁某积极主动进行赔偿，即便没有受害人家属的谅解也会减少基准刑的 30% 以下。更何况，只有梁某自愿赔偿，才有可能适用"认罪认罚"程序。为此，笔者专门安排会见，对其晓以利害，强调"积极赔偿"之于量刑的重要性，梁某表态会认真考虑。

2021 年 1 月 6 日，案件起诉至法院。笔者从法官处得知被害人家属委托律师提起了附带民事诉讼，提出了 109 万元的赔偿要求，这让笔者看到了获取谅解情节的希望。梁某家人表示，只要梁某同意，他们会尽量凑钱进行赔偿，但鉴于家庭窘迫的经济状况，数额不能太高。但梁某再次对赔偿建议予以拒绝，理由是家里穷，儿子还没结婚，不希望自己拖累家人，宁愿在监狱多待上几年也不愿意进行赔偿。为了能够说服梁某，笔者又对其进行了三次会见。经过反复耐心的解释疏导，梁某最终同意赔偿数额不能超过 10 万元。虽然这样的赔偿数额能够获取谅解的可能性极小，但总归是往前迈出了一步。笔者联系了法官，希望通过法官与被害人家属及代理律师进行沟通，以期促成和解。经过法官多次苦口婆心的释明劝解，被害人家属同意以 60 万元作为谅解的底线，双方之间的差异依然巨大。

即便笔者认为几乎没有谅解的可能，但依旧没有放弃希望，再次与法官当面沟通，阐明梁某确有经济困难，也有心结，60万元的赔偿数额实在难以承受。法官感动于笔者的执着，现场联系被害人家属的代理律师，希望律师能够对被害人家属做好充分的解释和说服工作。功夫不负有心人，一个星期后笔者接到了法官的通知，说被害人家属同意去法院就案件刑事附带民事的部分进行协商。当日被害人的父亲、配偶、两个女儿及代理律师悉数到场，笔者向他们转达了梁某的歉意，并介绍了梁某的家庭经济状况。之后法官单独与他们进行了解释和沟通。本次协商取得了意想不到的进展，被害人家属同意将赔偿金额降至20万元。笔者向法官及被害人家属承诺，一定会全力动员被告人家属全力以赴进行赔偿。第二天笔者就约见了梁某的丈夫及女儿，告知赔偿事宜取得如此巨大的进展来之不易，希望他们能够再努力一下，争取达成和解。同时也告知他们，梁某之所以不愿意过多赔偿主要是出于对家庭条件的顾虑，担心赔偿会连累家人。梁某的丈夫和女儿商量后，决定进一步克服困难，将赔偿数额增至15万元。当时，笔者就像两只手拉着已经绷紧了的橡皮筋，拉得如此地审慎，生怕哪只手的皮筋会突然崩断。眼看着双方之间的距离越来越小，内心却越来越紧张。法官在笔者再三恳求之下安排了第二次协商。当笔者小心翼翼提出被告人的家属已尽全力但仅有15万元赔偿能力时，内心十分忐忑，做好了被拒绝的准备。但出乎意料的是，被害人家属经过商议后竟然接受了15万元的赔偿数额。当双方达成赔偿谅解协议并将协议书递交法官的那一刻，笔者感到多日的努力与坚持终获回报。

在赔偿谅解的基础上，检察院对于梁某提出了10～12年的量刑建议。庭审中，被害人家属及梁某的家人到庭旁听，梁某当庭诚恳地表示认罪悔罪认罚，笔者将辩论的重点放在被害人过错及量刑辩护上，结合全案的事实及被告人的量刑情节提出了对梁某处以10年以下有期徒刑的处罚的意见。法院不仅全部采纳了辩护人的辩护意见,而且合议后当庭宣判,对梁某判处 8 年 6 个月的有期徒刑。这样的结果大大出乎笔者及梁某本人的预料,梁某当庭号啕大哭,表示不上诉并真诚表达了对法官、检察官及辩护人的感谢。笔者也如释重负,激动不已。

辩护技巧

一、"认罚"应为"实质意义"认罚

"认罚"不仅是口头上的表示,也不是对刑期的简单接受。"认罚"考察的重点是当事人的悔罪态度和悔罪表现,应结合退赃退赔、赔偿损失、赔礼道歉等因素来综合考量。律师应当将自己置身于办案人员的角度,重点关注上述因素的满足情况,然后有针对性地说服当事人,达到"认罚"的实质性要求,才能争取到最大的"从宽"幅度。在本案中,梁某虽然在侦查阶段和审查起诉阶段都表示"认罪认罚",却又明确拒绝对被害人家属进行赔偿,其行为并非实质意义上的"认罚",所以检察机关在量刑建议时,即便从宽,幅度也是极小的。笔者通过各种途径极力促成赔偿,才为梁某适用认罪认罚从宽创造了条件。

二、"赔偿"应为"最大限度"赔偿

在故意杀人、故意伤害(致死)案件中,被害人不能死而复生,只能通过被告人真诚的道歉、悔过以及经济补偿,来取得被害人家属的谅解,从而修复受损的社会关系。实践中,被告人与被害人家属之间基于对立的立场和情绪,在赔偿问题上容易僵持不下,特别是经济困难的被告人,如赔偿金额无法达成一致,则不能获得谅解,可能要面临被苛以重刑的结果。此类认罪认罚案件中,赔偿协商是量刑协商的基础,辩护人作为桥梁纽带,绝不能点到为止、顺

其自然，必须锲而不舍、不遗余力。所谓"最大限度"赔偿，不是金额最大化，而是诚意最大化。本案中，笔者费尽心力"几顾茅庐"，力促以低赔偿金额获得谅解，收获低刑期理想结果，可作为务实有效的参考做法。

"攘外安内"：做认罪认罚的理性选择

● 胡　瑾[*]

辩护策略

认罪认罚从宽制度是宽严相济刑事政策的具体化、法定化的产物，是以检察官主导为基础设置的诉讼制度。律师应当凭借其专业洞察力，对案件证据、法律适用和案件走向作出准确判断，并以此为有力抓手，围绕上述关键问题与检察官进行量刑协商。一方面要锲而不舍，不达目标不"罢休"；另一方面要收放自如，不可过分纠缠细枝末节。在此期间，律师要把握好与检察官的交涉分寸，也要掌握对当事人的引导和安抚火候。

案情简介

2018 年 2 月，W 某在工作期间，利用公司自研软件在网络检索"最大、最高、最顶级"等广告极限词，并根据检索情况，以使用上述字眼宣传违反了《广告法》为由，通过 12315 平台对相关企业进行举报。具体操作模式：W 某使用女友身份信息办理手机号码，将女友的银行卡号作为收款账户。在 W 某

---

[*] 北京盈科（合肥）律师事务所刑事法律事务部主任。

以其女友的名义对问题企业进行实名举报、被举报企业接到市场监管部门通知后，因害怕被市场监管部门处罚、影响企业信誉等，被举报企业便主动联系W某所留手机号码，W某随即向企业索要钱款，并承诺收到钱款后向对方邮寄撤诉函。在相关企业向其提供的微信或者银行账户支付了500~8000元不等的钱款后，W某委托他人向对方邮寄撤诉函。2018年4月至2019年3月，W某伙同他人通过上述方式向安徽、山东、上海、江苏等183家企业共计索要人民币43万余元。

笔者在本案侦查阶段接受W某近亲属的委托，担任W某的辩护人。在看守所会见W某时，W某辩解自己的行为不构成犯罪，涉案钱款都是被害人主动自愿给付，要求辩护人作无罪辩护。而当笔者向侦查人员了解案情并申请取保候审时，被告知本案涉及企业众多、数额巨大，不符合取保候审条件。在此情况下，凭借多年的刑事办案经验，笔者认为当事人以此"侥幸心理"接受后续侦查，很有可能作茧自缚。为此，笔者在后续的会见过程中，结合敲诈勒索罪的法条、相关司法解释、类案判例对W某进行释法说理，使其在思想上意识到刑事追诉活动的严肃性，嘱咐其在后续侦查期间每次都要认真核对笔录，以避免被动局面的继续恶化。

案件移送审查起诉后，辩护人与W某核实案卷材料，告知其侦查机关的《起诉意见书》中认定敲诈勒索犯罪数额为43万余元，该犯罪数额对应的刑期将在10年以上，检察官对W某提出的量刑建议为11年。W某立即流露出慌乱情绪，对案件结果十分悲观。笔者做了大量心理安抚工作，告知W某在阅卷过程中辩护人也发现了一些有利的情形，本案仍存在较大辩护空间。W某配合笔者确定了辩护方案，笔者多次就案件中的证据、定性、数额问题向检察官提出辩护意见，促使检察机关将指控的数额降至20余万元，认罪认罚后量刑建议调整为2年，被告人在辩护人的见证下自愿签署了《认罪认罚具结书》，该量刑建议最终得到了法院判决确认。

辩护过程

鉴于 W 某的客观行为表现为以"实名举报"为要挟，向相关企业索要钱款，争取无罪或者不起诉的可能性较小。辩护人与 W 某及其家属多次沟通辩护策略，最终确立了以罪轻辩护为主线，在减少犯罪数额、降低主观恶性上下功夫，争取量刑从宽的辩护思路，并据此分步开展辩护工作。

一、说服检察官本案不属于信息网络犯罪，为事实辩护打基础

笔者通过反复梳理证据发现，《起诉意见书》中认定 W 某的犯罪数额为 43 万余元，但有被害人陈述佐证的数额仅有 6 万余元，其余数额系按照微信和银行交易流水直接认定。显然，侦查机关在本案中打算适用"涉众型信息网络犯罪案件的特殊证明规则"，以减轻案件侦办和取证压力。唯有改变"涉众型信息网络犯罪案件"的基本定性，才能为犯罪数额的辩护赢得空间。

笔者抓紧时间向检察官提交辩护意见，指出本案行为虽然与网络有关联，但并非"涉众型信息网络犯罪案件"。2014 年出台的《最高人民法院、最高人民检察院、公安部关于办理网络犯罪案件适用刑事诉讼程序若干问题的意见》对网络犯罪有明确界定，应当限于"（1）危害计算机信息系统安全犯罪案件；（2）通过危害计算机信息系统安全实施的盗窃、诈骗、敲诈勒索等犯罪案件；（3）在网络上发布信息或者设立主要用于实施犯罪活动的网站、通讯群组，针对或者组织、教唆、帮助不特定多数人实施的犯罪案件；（4）主要犯罪行为在网络上实施的其他案件"。

辩护人指出，本案的被告人是通过国家工商总局的虚假广告投诉举报平台进行投诉，然后通过电话与被投诉方进行讨价还价，索取被投诉方的财物。第一，本案没有"危害计算机信息系统安全犯罪"行为，因此，不属于危害计算机信息系统安全犯罪案件；第二，本案被告人没有通过危害计算机信息系统安全实施敲诈勒索行为，是按照国家工商总局的投诉举报平台规定的程序进行的，没有非法进入计算机系统；第三，被告人没有针对或者组织、教唆、帮助不特定多数人实施的犯罪案件，是自己举报、自己获利；第四，被告人的犯罪活动是通过电话联系被举报方而获利，不是通过网络方式。本案行为虽然与网络有关联，但并非"涉众型信息网络犯罪案件"。

检察机关采纳了笔者的辩护意见，认定本案不属于信息网络犯罪，按照刑事证据印证规则进行审查，最终起诉数额为23万余元。

二、质疑定罪关键证据，为量刑协商争取筹码

从阅卷的情况来看，侦查机关指控W某敲诈勒索183家企业共计43万余元，但有充分证据证明的部分仅有6.88万元。侦查机关提供的受害人遭受损失的证据明显不足。虽然侦查机关调取的W某的银行流水达到43万余元，W某也承认这些款项都来自被举报的单位，但这些款项是W某敲诈所得的证据并没有形成完整的证据链。

本案中给予W某费用的183家企业，实际上或多或少都存在违反《广告法》的行为，有的违法行为还比较严重。这些被举报企业经联系W某将投诉撤销后，得以避免市场监管机构对其几十万元的行政处罚。

我们推断，几千元损失对于企业来讲微不足道，大部分企业应该不会为此费心劳神，如果补充侦查时仍然不能取得相关被害人的陈述，将有利于后续辩护。为了实现当事人利益最大化，辩护律师又向检察官提出，敲诈勒索罪中被害人是否在被要挟心态下给付钱款是行为人构成犯罪的关键事实，被害人陈述对定罪至关重要，不能从钱款给付结果直接推定被害人属于被要挟，本案属于部分事实不清、证据不足，申请公诉机关将本案退回补充侦查。

补充侦查的结果果然不出所料。侦查机关重新移送审查起诉的补充侦查案卷中果然写明:"对于W某等人敲诈勒索183家企业情况,现已核查相关企业名称94家,另有26家拒绝配合,63家无法联系。"经过补充侦查,已经可以确定侦查机关客观上无法获取指控43万余元犯罪金额对应的充分证据,案件向着有利于被告人的方向发展。检察机关认定的犯罪数额不仅从43万余元锐减到23万余元,且部分事实仍未达到证据确实、充分的标准,为后续辩护人与检察官量刑协商争取到了筹码。

三、围绕定性做文章,为刑罚减让增加砝码

案件经过一次补充侦查后,辩护人再次梳理了全部证据材料,发现有被害人陈述或者证人证言和转账记录完全相印证的部分,涉及的金额仍仅有6.88万元。在公诉机关认定的23万余元中,律师根据W某敲诈的行为模式,结合被害人给付钱款意愿的程度,将该案分成三种情况:一是愿意给付钱款,被举报人提出的数额被告人不还价;二是愿意给付钱款,但金额低于被告人预期,双方讨价还价;三是不愿支付任何钱款,被逼无奈最终支付。

其中,第一种情况,23万余元中有近17万元属于这种情况,不应当认定为犯罪;第二种情况是否构成犯罪存在争议;第三种情况可以认定为犯罪。辩护人认为,如果被害人明确表示不愿意支付费用,而W某要挟之,这样的情况才可认定为犯罪;如果被害人愿意支付费用,且最终商定的数额未超出被害人谈判前的预期,W某的行为不应当被认定为敲诈勒索罪;金额低于被告人预期,双方讨价还价,是否可以认定为敲诈勒索罪,司法实践中争议很大。笔者再次向检察官提交辩护意见,提出《最高人民法院、最高人民检察院关于办理利用信息网络实施诽谤等刑事案件适用法律若干问题的解释》中删帖型敲诈勒索与本案的行为模式相似。

辩护人认为,W某收取的23万余元钱款大部分并未超出企业愿意支付的

范围。另外，按照市场监管的相关法律规定，举报人撤销举报并不是市场监管部门作出最终处理结果的必经程序，有大量的企业并不理会类似 W 某的行为，W 某的行为并不必然导致企业处于意志不自由状态。辩护人基于以上分析再次向检察官提交辩护意见，在辩护意见中，律师指出被害人属于被要挟支付钱款的证据不足，建议对 W 某作不起诉处理。

检察官在电话中表示不排除辩护人在辩护意见中提到的情况，但是现有证据能够证明部分被害人实属被逼无奈给付钱款，且涉及企业众多，查实数额超过 5 万元，有较大的社会影响，不符合不起诉条件，本省的量刑指导意见中敲诈勒索罪"数额巨大"的标准是 5 万元以上，即便是按照辩护人的意见将敲诈勒索金额认定为 6.88 万元，也可以建议量刑 3 年以上。但是，如果被告人认罪认罚、退赃、缴纳罚金，考虑到其行为恶性较小，可以向法院建议量刑 3 年以下。

四、在检察官限度和当事人预期之间做好平衡，争取量刑优惠最大化

检察官表示起诉数额认定为 23 万余元，认罪认罚、退赃并预缴罚金后的量刑为 3 年，而这一量刑并未对被告人退赃和认罪认罚的情节给予应有的刑期优惠。为此，辩护人多次与检察官交流，认为起诉数额 23 万余元的证据不充分，被告人如对该数额认罪认罚，目前的量刑建议并未体现从宽幅度，如果能够调整为 2 年，律师可以尽力做好当事人的释法说理工作。检察官回复称起诉数额确定为 23 万余元，量刑可以调低为 2 年 6 个月，如果庭审时能够足额退缴赃款，将当庭建议量刑 2 年。此量刑建议意味着检察机关同意对当事人的自首情节适用减轻处罚，体现了极大的诚意，不宜再犹豫拖延。辩护人通过会见，将检察官的上述量刑意见转达给 W 某时，其得知检察院认定数额降为 23 万余元，且可以在 2 年左右量刑，便认为自己的罪行不重，仍有操作空间，还想获得更低的刑期。为此，辩护人就最有利于被告人的量刑计算过程和结果、办案实践中的风险和不利因素与 W 某进行了深入沟通，解答了 W 某的相关法律疑问。W 某权衡利弊后觉得虽然退赃数额大但是量刑走了最低档，自由比财产更重要，于是自愿签署了《认罪认罚具结书》。W 某的亲属在庭前代为退赃并缴纳罚金，W 某庭审中保持认罪认罚态度，检察官按照约定明确提出建议量刑 2 年，法院最终采纳检察机关的量刑建议作出了判决。

辩护技巧

认罪认罚是一个法定程序，也是一个博弈过程。律师的角色，不仅是见证人，也是推动者，既要运用专业能力争取当事人的合法权益，也要运用心理战术应对当事人的不合理要求。

一、紧扣主要矛盾，进行专业辩护，为认罪认罚奠定基础

实践中，在认罪认罚的量刑协商中，检察机关占据主导地位，律师如果不能言之有物，很难让检察官改变量刑意见。律师须通过法律检索、说理论证、量刑计算，展现精细化量刑的专业性，在检察官未提出最理想的量刑建议前，保持定力积极沟通，最终为当事人争取到尽可能轻的量刑建议。为此，应当结合案件辩护重点，采取有步骤的沟通方式。本案中，辩护律师首先选择对本案是否属于信息网络犯罪提出意见；在检察官对证据材料熟悉一段时间后，又专门针对证据提出意见；待全案事实证据清楚后再针对法律适用提出意见。每份法律意见书都有明确的目的和具体的针对性，因而取得了良好的量刑协商效果。

二、把握全案节奏，进行心理疏导，防止错失认罪认罚机会

被告人普遍对案件结果抱有较高的期望值，尤其在委托资深律师办案时，当事人容易产生不切实际的幻想。甚至在律师取得较好量刑协商效果时，又滋生出"得陇望蜀"之心。辩护律师既要引导当事人对案件有信心,亦要告诫其不能盲目乐观,对期望值进行适当的管理。本案中,当事人曾脱离案件事实证据,把认罪认罚量刑协商当成市场上的"讨价还价",律师及时客观地为当事人分析利弊得失,最终抓住审查起诉阶段认罪认罚的机会,使当事人得以在法定刑以下量刑,实现了自首情节从宽处理效果的最大化。

有勇有谋：未签具结书情况下的
庭审实质化辩护

● 朱利锋 *

辩护策略

认罪认罚包含两个层面：第一层面是认罪，认罪是当事人对案件事实与罪名无异议，这是认罪认罚的前提；第二层面是认罚，检察机关依职权确定法定刑、量刑情节等与量刑相关的各种因素，综合作出量刑建议，再由当事人确认。当事人只要对案件事实、罪名、量刑建议等其中一项内容不认可，认罪认罚就不能完成具结。检察机关基于《认罪认罚具结书》作出的量刑建议仅是求刑权，仍需由审判机关"以审判为中心"以实现量刑权，在量刑建议不当的情况下，辩护律师要勇于坚持庭审实质化辩护。

案情简介

2016年，赵某某、杨某某（均已判决）先后加入由许某（另案处理）实际控制的H公司并担任销售总监，从事化妆品销售工作。同年10月，因经营状况不佳，许某等人预谋使用"勾单"方式销售化妆品，并让赵某某、杨某某

---

* 北京盈科（慈溪）律师事务所刑事法律事务部主任。

及另一名销售总监张某1（另案处理）负责通知运营人员，传授"勾单"方法。具体"勾单"过程：第一步，由招商人员发展被害人成为公司代理。公司在互联网上投放广告，通过竞价排名提高被搜索到的概率。如有人在网络上以"如何做微商"等关键词进行搜索，就可能登录到该公司网站，留下姓名、联系方式等个人信息。公司客服人员汇总这些信息后交给招商人员，由招商人员打电话联系被害人，以加入代理可以获赠价值人民币1000元的化妆品，还能享受折扣价进货等优惠，游说被害人交纳人民币600元左右的加盟费。被害人交费后，招商人员会把被害人微信推送给"客户分配中心"，再由"客户分配中心"推送被害人微信给运营人员。第二步，由运营人员直接骗取被害人财物。运营人员添加被害人微信后，以帮助增加微信好友数量、方便被害人销售为幌子，让被害人添加其实际控制的其他微信号（下称微信小号）。运营人员再使用已经伪装成美容院店主等身份的微信小号，向被害人订购化妆品。被害人为赚取利润，便向运营人员购买化妆品，并使用微信、支付宝或银行转账方式支付全部货款。在被害人支付货款后，运营人员使用微信小号联系被害人，以各种理由拒绝购买。如被害人要求退货，运营人员会以公司规定为由予以拒绝，并将被害人微信推送给售后客服。第三步，售后客服称可以对被害人进行培训、帮助销售，安抚被害人情绪，拖延或避免被害人报警求助。

2017年4月前后，被告人邢某某、周某某加入H公司成为运营人员，对公司运营人员采用"勾单"方式实施诈骗心知肚明。同年5月，H公司因涉嫌违法被公安机关查处，后关门歇业。

2017年7~8月，杨某某、赵某某先后加入由张某2（另案处理）实际控制的Y公司并担任公司销售总监。公司仍然采用上述"勾单"方式销售化妆品。被告人邢某某、周某某等H公司运营人员陆续加入Y公司，工作岗位与此前相同。被告人刘某某经杨某（另案处理）介绍加入Y公司，工作岗位为运营人员，伙同他人采用"勾单"方式实施诈骗。同年10月中旬，张某2将Y公司关门歇业。

2017年11月底，张某2等人又以X公司名义，采用上述相同手段，诈骗他人财物。同年12月底，张某2组建K公司，被告人刘某某等人转为K公司运营人员，继续实施诈骗。

2017年12月27日，被害人石某某报案。CC市公安局于2018年1月2日刑事立案，第一批到案的涉案人员有28名。2019年5月4日，CC市人民法院对该批涉案人员作出了判决。被告人周某某被侦查机关网上通缉。2019年4月14日，被告人周某某在某广场被JN铁路公安处SS车站派出所抓获，并被采取刑事强制措施。

辩护过程

2019年5月4日，笔者接受周某某父亲的委托，随即开展辩护工作。笔者通过会见，从周某某处获得以下信息：（1）2019年4月14日，周某某是接到派出所的所谓"套车牌"的电话前去后被羁押，一起前往派出所的有其女朋友的妈妈；（2）周某某供述曾经在H公司招商部工作3个月、运营部工作约1个月，在Y公司运营部工作约2个月；（3）周某某供述在运营部工作时，涉案金额为20多万元，但是能确认的被害人只有两个，分别是窦某和冯某某，涉及金额大概在2万元；（4）部分同案犯已经判决，而且判决已经生效。笔者会见之时，侦查机关已经向检察机关提请批准逮捕，笔者随即向检察机关提交了不予批捕法律意见书。但检察机关认为本案整体涉案金额高，于2019年5月10日作出逮捕决定。

2019年7月8日，本案被移送至检察机关审查起诉。笔者及时阅卷并调取电子数据。通过阅卷，辩护人汇总案件核心证据信息如下：

1. 到案经过系 JN 铁路公安处 SS 车站派出所出具，记载的过程是"2019 年 4 月 14 日 10 时许，苟某某和高某某根据研判，将网上逃犯周某某在 SS 站广场抓获"，该描述与周某某提到电话通知到案的情形不符。而且，周某某的第一份讯问笔录中也没有体现出电话通知到案的细节。

2. 周某某供述在 H 公司做运营人员约 1 个月，直接诈骗金额 5 万元左右；在 Y 公司做运营人员约 2 个月，直接诈骗金额十七八万元。

3. 能够确认的被害人是窦某和冯某某，合计金额约 2 万元。

4. 电子数据光盘的金额流水记录能够确认窦某和冯某某的损失金额合计 26,274 元，其他涉案金额没有相关证据证实。

5. 起诉意见书对周某某个人直接实施的诈骗金额认定为"骗得冯某某 20,790 元，窦某 5484 元"，合计金额 26,274 元。

6. 同案犯的判决书不在案卷中，笔者通过律师同行获得了本案第一批涉案人员的刑事判决书。

基于上述证据，辩护人开展以下两项工作：

1. 对到案经过的真实性提出异议并申请补充证据。综合案件核心证据，结合周某某陈述其前往派出所时其女朋友的母亲一同前往的事实与其曾接到电话的事实，向检察机关提出补充证据申请，但未获同意。

2. 分析同案犯的判决书。笔者分析赵某某、杨某某等 28 名同案犯的判决书，可以明确法院对本案基本的裁判逻辑：（1）运营人员认定为从犯；（2）运营人员涉案金额按照"从业期间所参与公司的全部诈骗数额计"，以此确定法定刑；（3）个人直接诈骗金额以现有证据能够确认的金额计算，以此确定宣告刑；（4）在从业期间公司诈骗金额在 50 万元以上、个人直接诈骗金额在 5 万元以下的同案犯，均判决 3 年有期徒刑，并处罚金。

结合周某某的犯罪事实及相关证据，对其指控的涉案金额应认定为26,274元，且具有从犯情节。再结合其他同案犯的刑事判决书，辩护人认为，即使不考虑电话通知到案的情节，周某某的宣告刑也是有期徒刑3年。本案事实、罪名、量刑均相对简单，周某某是否具有自首情节也不影响其最终的定罪量刑。对此，笔者与周某某沟通，并分析案件利弊，建议其审查起诉阶段签署《认罪认罚具结书》。

但是，公诉人对周某某个人直接涉案金额的认定却以其讯问笔录的供述为准，认定为25万余元，量刑建议为4年6个月。对此辩护人不予认可，并向公诉人提出意见，要求改变事实认定和量刑建议，但未获认可。同时，公诉人坚持安排认罪认罚程序。为此，笔者在公诉人提审周某某之前先行会见周某某，将案件事实、裁判可能性及利弊与周某某做好深入分析、沟通。之后，周某某决定不按照公诉人的意见签署《认罪认罚具结书》，并在公诉人提审时拒绝了检察机关的认罪认罚建议；但是，同案犯邢某某、刘某某均签署了《认罪认罚具结书》。

2019年8月23日，本案被起诉至审判机关。《起诉书》认定："被告人邢某某、周某某、刘某某的诈骗数额，以各被告人从业期间所参与公司的全部诈骗数额计，均在人民币50万元以上。各被告人直接实施的诈骗数额为：被告人邢某某为人民币35万余元，被告人周某某为人民币25万余元，被告人刘某某为人民币24万余元"。

笔者即刻与承办法官沟通，沟通内容主要有两点：（1）认定周某某直接实施的诈骗数额存在问题。侦查机关确认的个人涉案金额26,274元有被害人的印证，而检察机关确认的金额没有事实依据。（2）被告人周某某系漏网之鱼，应考虑同案同判。第一批涉案人员刑事判决书已经生效，与周某某同岗位的3名涉案金额在2.5万~5.2万元的同案犯，均被判处有期徒刑3年。上述观点也是辩护人与检察官在批捕环节沟通的核心观点。基于此，笔者建议法官阅卷时注意确定涉案金额的证据并与检察官沟通。

2019年9月12日，检察机关变更起诉决定书，将直接实施的诈骗金额认定变更为"被告人邢某某为人民币14.821万元，被告人周某某为人民币2.6274万元，被告人刘某某为人民币14.36886万元"。但是，检察机关没有调整量刑建议。辩护人拿到变更起诉决定书的当天就马上会见周某某，告知指控事实发生变化，并改变原定的辩护策略。之前指控个人涉案金额25万余元，辩护策略为在确认从犯情节的基础上，通过存在矛盾的证据来争取自首情节。涉案金额调整后，辩护策略也随之调整，在能基本确定刑期的情况下，优先考虑确保周某某的坦白情节。为此笔者与周某某协商，不再作自首辩护。

2019年9月16日，法院公开开庭审理了本案。在检察机关变更《起诉书》后，周某某对案件的事实与罪名均无异议，法庭审理简单化。在法庭审理中，笔者对检察机关的量刑建议提出异议，指出本案与赵某某、杨某某等28名同案犯的案件系同一案件分案处理，在个人直接诈骗金额大幅降低且有同案犯已经判决的情况下，理应对量刑建议做适当调整，但是，检察机关并未考虑同案同判的司法实践。为此，笔者提出法庭应考虑案件整体平衡并建议判处周某某有期徒刑3年。

2019年9月24日，法院对本案公开宣判。周某某被判处有期徒刑3年，并处罚金人民币2000元。

辩护技巧

在刑事诉讼法中，认罪认罚体现的是当事人对案件的一种态度，而这种态度会带来程序性利益，并让程序性利益转化为实质性利益成为可能。但是程序性利益产生的实质性利益的程度，往往是无法与案件事实带来的实质性利益相提并论的。在案件存在争议的情况下，当事人选择"进一步"还是"退一步"，直接考验辩护人对案件的整体把握程度，也考量辩护人与被告人之间的信任度。对此，笔者认为：

一、辩护人必须建立独立辩护思维

辩护人的辩护工作应当独立于办案机关，辩护意见不能被办案机关牵着鼻子走。同时，辩护人应当与当事人做好充分的案件事实认定分析、裁判走向利弊分析等关键性工作。尽管认罪认罚与否最终由当事人决定，但是辩护人不能被动放任，而应当积极作为，对认罪认罚的量刑利益进行精准评估，为当事人提供有价值的专业建议。

二、认罪认罚从宽制度不能代替法庭审理

认罪认罚从宽制度实施后，检察机关会弱化侦查程序合法化问题和证据的证明力问题。在这种情形下，辩护人不仅要考虑辩护工作的提前，还需要将辩护工作精细化、实质化。只有这样，辩护人才能和办案机关做好充分的沟通、交流，不受"不签具结书就加刑"观念的支配。无论签与不签，案件一切结果需要"以审判为中心"来确定。

"摇动"事实：以客观证据争夺"辩护话语权"

● 刘 洋[*]

辩护策略

部督案件，跨境执法，同案犯已经判决，指控为电信网络诈骗团伙股东，无罪空间几近于零……面对诸多困境，如何寻找突破口，为当事人在狭窄空间中争夺"辩护话语权"，有理有据实现当事人利益最大化？笔者通过研究证据、梳理事实，挖掘出案件的"终极症结"，并基于证据规则找到"破解之道"，从而获得与公诉机关充分、对等的协商机会，最终为当事人争取认罪认罚，在诈骗"数额特别巨大"的情况下获得最低量刑。

案情简介

2018年7月，W某加入菲律宾马尼拉某虚拟货币交易所。该交易所设有招商部（业务部）、技术部、后勤部等部门，使用自己开发的虚拟货币交易平台，通过招商部（业务部）招募引进诈骗团队入驻。

交易所通过在交易平台中内置小程序如"爆仓工具"、后台数据调节等手段，为诈骗团队实施以中国公民为主要对象的电信诈骗犯罪活动提供技术支

---

[*] 北京市盈科（海淀区）律师事务所管委会副主任、网络犯罪辩护部主任。

持。诈骗团队的作案手法为通过技术操控，造成行情瞬间由涨转暴跌或由跌转暴涨，使被害人的比特币多单或空单因保证金不足被自动强行平仓，让被害人误以为是自身做多或做空等方向性错误造成损失。

2018年7月，J某前往菲律宾的交易所磋商实施诈骗相关事宜。2019年6月，W某从菲律宾回到国内，与Z某、L某、J某等人见面，共谋在交易所实施诈骗。Z某与J某筹资准备实施诈骗，L某购买银行账户专门用于诈骗活动的资金汇集与转账等。该团伙包括直播组及第一组、第二组、第三组，每个组都是独立的诈骗团队。

笔者的当事人P某将H某某、W某某介绍至菲律宾马尼拉某虚拟货币交易所，H某某、W某某出资并纠集S某等人组成第三组，并允诺给P某10%诈骗所得作为分成。经查，第三组共诈骗被害人24名，涉案金额为289万余元。

本案为公安部督办案件，经公安部指挥行动，通过国际刑事司法协助机制捣毁诈骗窝点。2019年9月，该团伙277人在菲律宾被抓并羁押在移民局看守所。其间，P某受Z某指使返回菲律宾指使上述人员串供，以逃避中国警方的侦查。

公诉机关认为，该团伙以非法占有为目的，纠集或伙同同案犯在境外利用他人平台采用虚构事实、隐瞒真相的方法进行电信网络诈骗，数额特别巨大，其行为触犯了《刑法》第266条、第25条第1款的规定，应以诈骗罪追究刑事责任。

辩护过程

一、研究案件特点，确定辩护方向

虽然电信网络诈骗犯罪本质上属于诈骗罪，但在司法政策、裁判适用上与普通诈骗犯罪有巨大差别。在特大跨境电信网络诈骗案件辩护时，律师必须充分认识到二者之间的差异，不能陷入普通诈骗犯罪辩护的陈旧套路。

电信网络诈骗与普通诈骗的区别主要体现在两点：一是证明标准的不同，二是惩处政策的不同。

证明标准的最大不同在于，对电信网络诈骗在司法适用时采用简化证明机制，其体现在"消减控方证明负担＋扩大非证据证明"。前者指基于特殊考量，比如跨境电信诈骗犯罪存在"非接触式"犯罪现场勘查、境外取证与国内收集的证据关联性弱、广泛采取电子数据与案件事实难以同一认定等难点，因此出于遏制电信网络诈骗高发趋势的现实需要，适当去除或减轻控方指控犯罪所需要完成的证明任务；后者指通过增设推定、司法认知、拟制等认定法来合理分解指控犯罪的证明任务。

惩处政策的最大不同则在于从严惩处。为了遏制电信网络诈骗，对电信网络诈骗的司法处罚比对普通诈骗更为严厉。二者的法律后果也不同，比如《最高人民法院、最高人民检察院、公安部关于办理电信网络诈骗等刑事案件适用法律若干问题的意见》第2条规定了十种从重情形，只要诈骗数额达到基准数量的80%，就从重处罚。

因此，接受委托后，笔者首先研判了案件情况，根据实际情况确定辩护原则：将辩护重心放在审查起诉阶段，通过仔细审查证据、梳理有利事实，从证据、事实两方面充分说理、论证，提出有利于委托人的意见。本案中，当事人P某所在团队的2名股东H某某、W某某均已经被判处10年以上有期徒刑，罚金数十万元。对一起部督案件而言，在相关证据已经成为定案根据的情况下，侦查阶段的辩护空间非常有限，而在审查起诉阶段可以通过证据审查、事实认定来为当事人赢得辩护空间。

二、梳理案件事实，寻找辩护突破口

通过仔细阅卷、多次会见，笔者梳理出侦查机关确定的对当事人不利的四个事实：一是 P 某将团队负责人 H 某某介绍给了交易所高层；二是股东 H 某某、W 某某允诺给 P 某 10% 诈骗所得作为分成；三是基于参与分成的事实及同案犯供述，认定 P 某为管理层甚至是股东；四是 P 某在案发后受交易所高层指使前往移民局看守所指使其他人串供。针对四个不利指控，笔者翻阅了同案犯 200 多人的供述、电子数据、资金流证据，从中寻找突破口。庆幸的是，通过查阅数百人的供述、资金流证据，笔者发现了对当事人的身份认定非常有利的辩点。

通过梳理所有案卷，笔者认为本案的终极症结——最关键信息点就归结于一点：P 某的身份如何认定？它涉及两个核心问题：一是 P 某的地位（是普通成员，还是团伙股东、高层？）；二是 10% 的分成（如果有分成，那么是股东，还是管理层？）。从证据分析，P 某不是具体从事诱导被害人上钩的视频导师，不是采用话术联系被害人的业务员，不是操控虚拟币交易系统的技术人员。那么，他是不是股东或者管理层，将成为辩护胜败的关键所在。

对 P 某身份认定最为不利的证据有两大方面：其一，团伙股东供述给予其 10% 的犯罪所得分成；其二，同案犯供述中提到 P 某是领导，是管理层。

第一，关于 10% 分成的分析。两名已经判刑的股东供述里说"口头答应给分红"。但查阅全部证据，无资金流、数据流等证据证明 P 某参与了分配。笔者审阅在案财务证据、花名册、电话名单等书证、电子数据，搜索相关社交软件聊天记录的电子痕迹，均未找到跟 P 某领取款项有关的任何信息。从逻辑上说，如果 P 某真参与分红，这么长时间不可能一点蛛丝马迹都没有留下。也就是说，除了两名团伙股东的供述，再没有任何客观的给付、转账等行为予以证实。如果再排除 P 某自己的供述，在案证据达不到刑事案件证明标准。

第二，关于P某是不是管理层的分析。尽管有人供述P某是领导，属于管理层，但并无其他客观证据证明。P某在团伙中所扮演的角色是什么？在团伙诈骗人员被菲律宾执法机构抓获后，P某受托作为中间人向诈骗团伙成员传话、"引导串供"，从反面证明了他不是公司管理层、不是诈骗团伙成员。从常识逻辑上说，案发后，真正的团伙高层或者重要人物会主动回避，不可能冒险飞往菲律宾。如果P某真的深度参与该诈骗团伙业务，就不可能被选中作为"中间人"去菲律宾。

事实上，根据境外电信网络诈骗团伙的组织特点和作案习惯，诈骗团伙高层一旦有风吹草动，就会壁虎断尾，让团伙中地位较低的中层和底层人员去承担刑事责任，而自己则销声匿迹，逃脱法网。在公安部指挥收网、数百名同案犯被抓之后，高层不可能在面临巨大风险的时候前往菲律宾，那等于自投罗网。

第三，关于串供行为不是诈骗行为的分析。在诈骗窝点被打掉之后，P某受人之托前往菲律宾，该行为并非诈骗行为。对于其"传话"、充当"中间人"的行为，应当与诈骗团伙从事诈骗的行为区分开，二者存在本质上的不同。

基于前面三个方面的重点分析，在审查起诉阶段，笔者提交了详尽的辩护意见，旨在说明现有证据无法达到确实、充分的证明标准。在结论中，笔者强调：三组诈骗成员有40余人，在这样的跨境诈骗团伙中，对于P某在团伙中的身份、行为、地位的认定，应该是具体、确切的，不能存在模糊地带，不能根据臆测确定其身份、地位、行为，这是指控犯罪的基础。而现有证据对P某身份的指控达不到《刑事诉讼法》规定的证据确实、充分的证明标准。这份意见成为之后与公诉机关沟通的基础。

三、有理有据沟通，取得辩护效果

笔者第一次向公诉机关提交的意见，实质上是一份无罪辩护意见，因对P某的指控达不到《刑事诉讼法》规定的证据确实充分的证明标准，现有证据不能充分证明犯罪事实成立，按照疑罪从无的原则，应该依法认定其诈骗罪名不成立。检察官提出，虽然身份有模糊之处，但同案犯指控P某为团队股东，并有获得10%的分红允诺，以及其与诈骗窝点的种种联系，其作为诈骗团伙成员的身份是毋庸置疑的。笔者在提交书面意见的基础上，多次前往办案机关当面沟通，坚持认为P某不具有管理者和股东的身份，对其在团伙中充当某种辅助作用予以认可。

双方观点中有相同之处，也有不同之处。好在双方都没有固执己见，保持了良好的协商态度。检察官为慎重起见，又两次提审了当事人P某，反复确认其所处地位，也充分听取了P某本人的陈述、辩解。之后检察官和笔者交换意见，认为P某在本案中属于从犯，且无证据显示其有实际获利。此时，当事人的身份被认定为从犯，已在实质上取得了巨大的辩护利益。

鉴于经由P某介绍入驻交易所的两名股东均已经被判处10年以上有期徒刑、罚金数十万元，这意味着P某的量刑刑期从可能的10年以上有期徒刑，降档为3~10年有期徒刑。同时，P某如实供述、认罪态度一直较好，确认从犯地位之后又主动提出认罪认罚。公诉机关最终作出了有期徒刑3年、罚金1万元的量刑建议。

2022年10月，法院作出判决，P某因诈骗罪被判处有期徒刑3年，并处罚金1万元，系本案数十名被告人中判处刑罚最轻的被告人。

辩护技巧

一、寻找"线上痕迹"中的"无"

网络犯罪案件证据中包括大量电子数据，对于被告人的身份和获利认定，不能仅依据被告人和同案犯的供述，必须认真核查有无书证等客观证据相互印证。如果在电子数据中找到被告人领取诈骗团伙资金或者与诈骗团伙成员资金往来的数据痕迹，则可以此验证言词证据的真实性。如果在浩瀚的电子数据中，找不到上述数据痕迹，则可以此动摇言词证据的真实性。尽管查阅、对比电子数据的工作十分繁重，但是其在证据辩护中，具有非常重要的价值。

二、寻找"资金流"中的"无"

在电信网络诈骗证据审查时，要核实"资金流一致"的证据。通过审查资金流，可以确定犯罪主体身份及犯罪所得情况。审查涉案账户的资金去向，入账、提现、转账记录，审查相关银行卡信息与被害人存款、转移赃款等账号，以及诈骗窝点的纸质和电子账目报表，都是不可或缺的工作内容。如果无法形成"被害人—资金—犯罪嫌疑人—犯罪所得"的证据链条，则可以做有利于被告人的辩护。实践中，在书证繁多的情况下，如果缺乏耐心或者不够重视，就会错过在"资金流"中寻找突破的机会，进而导致言词证据"三人成虎"、被告人的辩解苍白无力的不利局面。

锦上添花：运用刑事政策辩护获得二审改判缓刑

● 朱江辉[*]

辩护策略

在审查起诉阶段被告人认罪认罚，检察院量刑建议适用缓刑，按照《刑事诉讼法》第 201 条规定，人民法院"一般应当采纳"。但是，确有人民法院对被告人未适用缓刑，而检察院也没有提起抗诉的情况。这种情形下，被告人提起上诉，争取二审改判缓刑，难度是比较大的，必须铺垫充分，双管齐下。既要与二审出庭检察官"统一战线"，争取其对改判意见的支持；又要增加说服法官的"筹码"。而妥善适用刑事政策会起到另辟蹊径的作用。

案情简介

2019 年 12 月至 2020 年 6 月，为图价格低廉，案涉地从事工程机械施工的人员普遍向私人购买柴油。被告人 D 某有经销柴油的经验，遂提议并与被告人 C 某、L 某共谋设立一个柴油生产、销售加工点，由被告人 L 某帮助被告人 D 某选址建设。被告人 D 某负责购买合格的轻循环油以及喷气燃料油，

---

* 北京盈科（漳州）律师事务所刑事法律事务部主任。

然后由被告人C某在加工点按照3吨轻循环油配1吨喷气燃料油（3：1）的比例混合勾兑并过滤加工制成伪劣柴油后，由被告人C某、L某负责以低于市场价的价格销售给客户。案发后，现场扣押尚未销售的伪劣柴油7.48吨（价值人民币35,156元）。经当地产品质量检验所抽样检验，上述柴油硫含量、闪点、十六烷指数均不合格。经查证，被告人D某、C某、L某三人共购进512,550元的原材料，全部用于制作伪劣柴油，制成后按照每吨200~300元的利润值加价进行销售。经计算，制成伪劣柴油的成本为4700元/吨，未销售的7.48吨价值为35,156元，已销售的伪劣柴油金额至少为497,494元。三被告人从中获利20,100元。

被告人D某、C某、L某均主动前往公安机关投案，并如实供述了全部犯罪事实。后D某被刑事拘留，C某、L某被取保候审。审查起诉阶段，检察院认定D某为主犯，C某、L某为从犯，建议对D某判处有期徒刑2年并适用缓刑，对C某、L某分别判处有期徒刑1年8个月并适用缓刑，三被告人均认罪认罚。案件诉至法院，三被告人均未委托律师辩护，并全部退赃且应法院要求预缴了罚金。D某家庭经济困难，为保住这个家庭唯一的劳动力，D某家属向亲戚朋友借款筹集资金，预缴了20万元罚金。但一审判决仅对C某、L某适用了缓刑，对D某未适用缓刑，判处了其有期徒刑2年的实刑。

辩护方案

被告人D某是地道的农民，从其朴素的认知来讲，买油、卖油是各取所需，自己也没有干什么伤天害理的事。如果判处缓刑，不影响正常生活，他内心是接受的，就当是一次教训。但是判处实刑，则无论如何也接受不了。宣判后，D某马上提出上诉，其亲属委托笔者担任其二审辩护人。笔者通过会见D

某及阅卷分析发现，在量刑方面的酌定情节，如退赃、预缴罚金等，均在一审认罪认罚中用尽，二审可谓"山穷水尽"。为此，笔者先找到一审的公诉人，请求检察院抗诉以改判缓刑，公诉人予以回绝。笔者只能从二审出庭检察员和二审法官处着手，努力推进辩护工作。

一、庭前主动与二审法官沟通，提出客户图价格低而购买三被告人的混合油品，不存在欺诈情节，不符合生产、销售伪劣产品罪的性质判断

1. 被告人的轻循环油、喷气燃料油均系通过合法途径购买，属合格产品，物理性混合并不改变油品的合格状态。

通过向具备相关知识的专业人员咨询及搜索各种资料，笔者了解到，柴油有以下两种分类标准：（1）按国家标准（GB 19147—2016）分为车用柴油和普通柴油，车用柴油按密度范围又分为不同型号即 0#、+10#、+20#、−10#、−20#、−30#、−35# 等；（2）按沸点的不同，分为轻柴油、重柴油。

根据上述柴油的分类，本案中的轻循环油以及喷气燃料油属于普通柴油，适用于拖拉机、内燃机车、工程机械、船舶和发电机组等压燃式发动机以及 GB 19756 中规定的三轮汽车和低速货车。且案涉轻循环油、喷气燃料油均来源于华龙油库，品质合格。三被告人也未对案涉两种油品进行任何化学添加，仅是对不同燃点的普通柴油进行混合过滤，并不改变其普通柴油的性质，两种合格的普通柴油混合后自然也是合格的普通柴油。

2. 在 2020 年之前，柴油尚未被列入危险化学品，三被告人的销售行为不违反《危险化学品安全管理条例》的规定。

根据应急管理部等十部委公告（2022 年第 8 号），自 2023 年 1 月 1 日起，柴油全部纳入危险化学品管理，危险性类别为"易燃液体类别 3"。经营柴油，须依法同时办理"营业执照""危险化学品经营许可证""成品油零售经营批准证书"。运输柴油，须取得危险货物道路运输证，使用危险货物专用运输车辆，并配备押运人员和驾驶人员。企业储存柴油自用，须经行业主管部门同意并符合危险化学品储存安全条件。

根据上述规定，柴油直至 2023 年 1 月 1 日起才被纳入危险化学品管理行列，但案涉被告人的犯罪行为发生于 2019 年 12 月至 2020 年 6 月，此时三被告人所销售的柴油尚未被纳入危险化学品管理，自然也就无须取得"危险化学品经营许可证"，更不违反《危险化学品安全管理条例》的规定。

3.被告人销售轻循环油、喷气燃料油的勾兑混合油品，并没有按柴油的价格销售，客户对此也明知，只是贪图其价格低且可以使用而购买，被告人并没有欺骗购买油品的客户。

本案中，向被告人购买案涉油品的客户为某项目的工程队、农村制沙石的机械工人、压板设备洗机台工人。被告人销售的价格低于市场柴油的价格，这些客户明知被告人所售的油品并非市面上所售的柴油，为了节约成本仍选择向被告人购买，被告人从未欺骗过购油的客户。

4.被告人未办理营业执照销售勾兑油品，仅违反行政管理规定，并不构成刑事犯罪。

《市场主体登记管理条例》第 43 条规定："未经设立登记从事经营活动的，由登记机关责令改正，没收违法所得；拒不改正的，处 1 万元以上 10 万元以下的罚款；情节严重的，依法责令关闭停业，并处 10 万元以上 50 万元以下的罚款。"

本案中，三被告人从事经营油品的活动未进行过登记，也未依法办理营业执照，违反了上述条例的规定，市场监督管理部门有权对被告人作出行政处罚，但被告人的行为并不构成刑事犯罪。

以上笔者对被告人 D 某客观行为的性质分析，动摇了二审法官对案涉行为构成生产、销售伪劣产品罪的既有思维。但因被告人 D 某坚持选择认罪认罚，只希望能判处缓刑，免受羁押，从而能支撑起家庭生活，并不追求无罪，所以笔者在庭外提出以上意见，建议二审法官能够直接改判适用缓刑。

二、提供证据证明被告人的家庭状况，应用刑事政策展开适用缓刑的量刑辩护

第一，提供被告人D某所在村委会出具的亲属关系证明及家庭成员的病历资料，证明被告人D某系家庭的唯一经济支柱。被告人D某上有体弱多病的七旬老母需要赡养，下有无劳动能力患有听神经瘤的女儿需要巨额医疗费，且妻子患有慢性疾病无法劳动，家庭经济负担极其沉重。若D某被判处实刑，其母亲、妻女的生活将完全无法保障。

第二，提供借条复印件，证实D某亲属为退赃、预缴罚金向亲戚朋友借款的事实，借款筹足20万元罚金后D某却没有被判处缓刑，不但失信于出借人，也面临无力偿还借款的风险。

第三，提供村老年协会联名请求书，证明被告人D某在村里的表现良好，有公益心，众多村民签名为其求情，希望能够对被告人D某适用缓刑。

以上量刑方面的证据，要结合刑事政策运用，才能发挥出最优效果。笔者援引了《全国法院维护农村稳定刑事审判工作座谈会纪要》第3条第2项关于对农民被告人依法判处缓刑、管制、免予刑事处罚问题的规定，"对农民被告人适用刑罚，既要严格遵循罪刑相适应的原则，又要充分考虑到农民犯罪主体的特殊性。要依靠当地党委做好相关部门的工作，依法适当多适用非监禁刑罚。对于已经构成犯罪，但不需要判处刑罚的，或者法律规定有管制刑的，应当依法免予刑事处罚或判处管制刑。对于罪行较轻且认罪态度好，符合宣告缓刑条件的，应当依法适用缓刑"，以及最高人民法院印发的《关于贯彻宽严相济刑事政策的若干意见》第14点的规定，"对于依法可不监禁的，尽量适用缓刑或者判处管制、单处罚金等非监禁刑"，第16点的规定，"对于所犯罪行不重、主观恶性不深、人身危险性较小、有悔改表现、不致再危害社会的犯罪分子，要依法从宽处理。对于其中具备条件的，应当依法适用缓刑或者管制、单处罚金等非监禁刑。同时配合做好社区矫正，加强教育、感化、帮教、挽救工作"。在此基础上，笔者提出被告人D某的情况符合上述刑事政策适用缓刑条件，应对其适用缓刑，实现法律效果与社会效果的统一。

三、推动二审开庭审理，终获改判缓刑结果

本案一审阶段三被告人因认罪认罚均没有委托辩护人。进入二审程序后，笔者就量刑方面提交了相应的证据，同时提交了申请二审开庭审理意见书，希望促使二审开庭审理。尽管当时二审开庭率很低，但笔者在程序上提供了新的量刑证据和品格证据，在刑事政策上也提供了充分依据，用专业和负责的精神打动了法官，最终获得二审开庭的机会，为案件改判创造更好的条件。案件经过庭审质证和辩论，在辩护人和二审出庭检察员的一致推动下，D某终获改判缓刑，恢复了人身自由。

辩护技巧

一、选择定性异议的适当方式

本案被告人至二审期间已经被羁押8个多月，其家庭状况经不起时间上的拖延，因此，尊重其本人意愿，笔者不再坚持无罪辩护，而是选择改判缓刑的量刑辩护。在此情况下，辩护人既要依法提出对案件定性的异议，又要考虑到不能干扰二审审理的焦点，因此选择在庭外交流时提出，促使二审法官产生同理心，重视本案的开庭审理及改判。

二、争取二审出庭检察员的支持

本案认罪认罚由一审的县检察院作出，二审期间市检察院会倾向维护其下

级检察院的意见。笔者不提出定性异议，控辩双方不致产生对抗，有利于出庭检察员与笔者形成一致的量刑意见。经过充分的沟通，笔者说服了二审出庭检察员，二审判决书也体现出出庭检察员支持辩方意见。

三、发挥刑事政策的关键作用

被告人D某的身份是农民，并且有特殊的家庭情况。本案中，除了运用一般性的宽严相济刑事政策，笔者侧重阐述了《全国法院维护农村稳定刑事审判工作座谈会纪要》的内容，为适用刑事政策改判缓刑提供了依据，促使最终的二审改判结果体现了法律效果与社会效果的统一。

寻找突破：以认罪认罚突破羁押必要性审查

● 朱曙光[*]

辩护策略

在公安机关、人民检察院、人民法院看来，犯罪嫌疑人、被告人是否认罪认罚，是其是否具有社会危险性的重要考量因素。在辩护实务中，刑辩律师要善用认罪认罚，为犯罪嫌疑人争取轻缓强制措施。特别是在犯罪嫌疑人已被批准逮捕，变更强制措施难度大幅增加的情况下，可以将犯罪嫌疑人自愿认罪认罚作为争取检察院开展羁押必要性审查的重要突破口，并结合犯罪嫌疑人存在的自首、从犯、主观恶性小、犯罪情节较轻等辩点，充分论证犯罪嫌疑人没有社会危险性或社会危险性较低。

案情简介

本案是一起多人共同实施的走私普通货物、物品案件。共同犯罪参与人包括 J 某、G 某（笔者委托人）、L 某、Y 某。2019 年 8 月，J 某拟从古巴共和国购买雪茄携带入境，并委托 G 某帮忙找人将拟携带入境的雪茄分散带出海

---

[*] 北京市盈科律师事务所刑事法律事务部（二部）副主任。

关监管区，再由 G 某在北京首都国际机场外接货。后根据 J 某要求，G 某安排 L 某、Y 某先到香港，再从香港乘坐飞机到北京首都国际机场 T2 航站楼与 J 某会合，上述过程由 J 某承担相关费用。

2019 年 8 月 10 日，J 某携带装有 5238 支雪茄的 8 个行李箱，由古巴共和国哈瓦那出发，经法兰西共和国巴黎转机，于 2019 年 8 月 11 日下午 16 时许到达北京首都国际机场 T2 航站楼。L 某、Y 某携带 8 个空行李箱于同日 17 时许到达北京首都国际机场 T2 航站楼。三人会合后，J 某将携带的雪茄分散给 L 某、Y 某分别通关，三人在通关时均走无申报通道，未向海关申报任何货物、物品，被海关关员当场查获，J 某、L 某和 Y 某也被当场抓获。经北京海关关税处计核，偷逃应缴税额共计人民币 407,652.27 元。同年 9 月 16 日，G 某在接到北京海关缉私局电话传唤后主动投案，并积极配合缉私部门查清案件事实。

辩护过程

考虑到本案其他嫌疑人系被缉私部门当场查获，犯罪证据翔实、完整，且 G 某主动投案后已如实交代犯罪事实，对涉嫌的罪名和犯罪数额均无异议，本案不太可能通过无罪辩护获得取保候审的效果。笔者经与 G 某协商，决定在 G 某自愿认罪认罚后，以认罪认罚为突破口开展变更强制措施的辩护工作。

一、了解案情，分析利弊，形成初步辩护思路

笔者以辩护人身份介入该案时，G 某已被检察院批准逮捕。一般而言，犯罪嫌疑人申请变更强制措施为取保候审的最佳期间为公安机关刑事拘留后至检察院批准逮捕前的一段时间，这段时间被称为"黄金救援期"。若错失黄金救援期，犯罪嫌疑人已经被批准逮捕，辩护人只能通过申请羁押必要性审查来争取变更强制措施。出于利弊权衡和执法惯性的需要，加之羁押必要性审查监督机制的缺失，相较于逮捕决定作出之前，辩护律师在批捕后为嫌疑人争取取保候审的难度很大。

尽管如此，笔者了解案情后发现：

其一，缉私部门认定G某走私雪茄200余盒，5400余支，涉嫌偷逃税款40万元人民币左右，应当认定为《刑法》第153条第1款规定的"偷逃应缴税额较大"，处3年以下有期徒刑或者拘役。

其二，检察官认为，G某在共同犯罪中起主要作用，应当被认定为主犯。但笔者认为G某并未参与走私的策划和走私核心实施环节，且并未参与利润分配，仅起帮助作用，存在从犯的辩护空间。

其三，G某具备自首情节，且为在校大学生，先前一贯表现良好，系初犯、偶犯。同时，G某曾规劝同案主犯J某不要实施走私犯罪，主观恶性较小。

综合分析利弊，笔者初步认为，G某具备变更强制措施为取保候审的空间，并拟通过申请羁押必要性审查实现强制措施的变更。为此，笔者一方面要强调G某已被认定的罪轻情节，另一方面需要充分挖掘并提出新的可以证明G某社会危险性低或没有社会危险性的情节。

二、确定辩护策略，以认罪认罚作为突破口申请变更强制措施为取保候审

在批捕后向检察院提交羁押必要性审查申请，等于要求检察院否定侦查机关曾经的批准逮捕申请，并推翻检察院捕诉部门已经作出的批准逮捕决定。因此，笔者必须挖掘出能被检察院认可的、确保羁押必要性审查顺利开展并能为变更强制措施提供充分依据的情节。

根据《最高人民法院、最高人民检察院、公安部、国家安全部、司法部关于适用认罪认罚从宽制度的指导意见》第 21 条的规定，已经逮捕的犯罪嫌疑人、被告人认罪认罚的，人民法院、人民检察院应当及时审查羁押的必要性，经审查认为没有继续羁押必要的，应当变更为取保候审或者监视居住。根据该条规定，犯罪嫌疑人认罪认罚是检察院开展羁押必要性审查的充分条件。为此，笔者制定了通过劝导犯罪嫌疑人认罪认罚，推动开展羁押必要性审查，进而争取变更强制措施为取保候审的辩护策略。之所以把认罪认罚作为变更强制措施的突破口，主要是基于以下两个方面的考量：

首先，根据《最高人民法院、最高人民检察院、公安部、国家安全部、司法部关于适用认罪认罚从宽制度的指导意见》第 19 条规定，"人民法院、人民检察院、公安机关应当将犯罪嫌疑人、被告人认罪认罚作为其是否具有社会危险性的重要考虑因素。对于罪行较轻、采用非羁押性强制措施足以防止发生刑事诉讼法第八十一条第一款规定的社会危险性的犯罪嫌疑人、被告人，根据犯罪性质及可能判处的刑罚，依法可不适用羁押性强制措施"。从法律层面分析，认罪认罚是批捕后考量社会危险性的重要因素。

其次，从实务经验看，绝大部分在批捕后成功变更强制措施的犯罪嫌疑人均有认罪表现。对于不认罪的嫌疑人，即使有证据证明其罪行较轻，检察部门在是否变更强制措施为取保候审的问题上也会存在很大争议。之所以如此，主要是基于两个原因：一是社会危险性的考量。嫌疑人不认罪而作无罪辩护，一般意味着在案证据存在不完善的地方，需要进一步调查取证。在这种情况下，取保候审会让办案机关产生顾虑，即嫌疑人可能在后续调查期间实施毁灭、伪造证据，串供或干扰证人作证的行为。二是立场和态度问题。一般来说，嫌疑人在批捕后不认罪，侦查机关会因此认定嫌疑人态度不好，主观恶性大，从而形成完全对立的立场。而通过羁押必要性审查变更强制措施为取保候审，检察机关一般需要考虑侦查部门的意见。且在侦查阶段，检察机关即便认为不需要继续羁押，也仅有变更强制措施的建议权，强制措施的变更最终需要由侦查部门决定。在立场和态度完全对立的情况下，侦查部门对于取保候审一般持否定态度。

三、固定认罪认罚证据，结合其他罪轻情节申请羁押必要性审查

为形成、固定并提交认罪认罚的证据，笔者做了以下工作：一是为主动提交认罪认罚证据寻求法律依据。根据《最高人民法院、最高人民检察院、公安部、国家安全部、司法部关于适用认罪认罚从宽制度的指导意见》第22条第2款的规定，"对在非讯问时间、办案人员不在场情况下，犯罪嫌疑人向看守所工作人员或者辩护人、值班律师表示愿意认罪认罚的，有关人员应当及时告知办案单位"。二是依法会见犯罪嫌疑人G某，在详细告知其涉嫌的罪名、相关法律规定、认罪认罚的性质和法律后果等基础上，向其分析利弊，阐述认罪认罚对于变更强制措施的意义。在会见中，G某向辩护人提出，其本人自愿认罪认罚。对此证据，笔者特别形成会见笔录交由G某签字，将G某认罪认罚证据以笔录形式固定。三是多渠道告知缉私部门、检察院G某的认罪认罚情节。辩护人在前期通过口头沟通告知司法机关G某认罪认罚情节的基础上，特别提交《关于G某自愿认罪认罚的情况说明》，以书面形式将G某认罪认罚意愿告知缉私局、检察院，恳请司法机关重视、充分考虑并核实G某自愿认罪认罚情节。

在落实G某的认罪认罚情节后，笔者向检察院提交《G某涉嫌走私普通货物案羁押必要性审查申请书》，以书面形式申请检察院进行羁押必要性审查。在申请书中，除陈述G某自愿认罪认罚，具有认罪悔罪表现外，笔者还提出G某存在其他变更强制措施为取保候审的理由：（1）G某涉案情节较轻，依法应判处3年以下有期徒刑或拘役，存在可能判处拘役的情况。（2）G某属于共同犯罪中的从犯。（3）G某存在自首情节。（4）G某系在校学生。

（5）G某系初犯，一贯表现良好，不具有社会危险性。（6）G某曾规劝J某不要实施走私犯罪，主观恶性较小。（7）G某能够提供适格保证人或者缴纳足额保证金。

提出以上理由的目的，一方面在于论证G某被批捕后存在新的可以证明其社会危险性低或没有社会危险性的情节，另一方面在于论证对G某采取取保候审既不会影响案件的调查取证工作和诉讼工作顺利进行，又不会产生新的犯罪，不会对公共安全、社会秩序等产生不良影响。

四、签署《认罪认罚具结书》，犯罪嫌疑人终被取保候审

经过不懈努力，G某签署了《认罪认罚具结书》，并于2020年6月19日被检察院变更强制措施为取保候审，辩护工作取得预期效果。回想整个辩护过程，认罪认罚是启动羁押必要性审查并最终变更强制措施为取保候审的重要突破口。除此之外，检察院同意取保候审，还考虑了以下两点理由：一是证明G某走私犯罪的主要证据基本到位，且G某认罪认罚、存在自首情节，主观恶性小，对G某适用取保候审不会出现毁灭、伪造证据，串供等妨碍诉讼的情况。二是根据在案证据可以确定G某会被判处3年以下有期徒刑或拘役，且检察院已给出缓刑的量刑建议，对G某取保候审不致出现逃跑、自杀、实施新的犯罪等情况。

辩护技巧

根据《最高人民法院、最高人民检察院、公安部、国家安全部关于取保候审若干问题的规定》，对于采取取保候审足以防止发生社会危险性的犯罪嫌疑人，应当依法适用取保候审。对辩护人来说，有关犯罪嫌疑人社会危险性较低或没有社会危险性的论证是争取变更强制措施为取保候审工作中的重点。其中，认罪认罚是考量犯罪嫌疑人社会危险性的重要因素。

一、充分发挥认罪认罚作为变更强制措施"突破口"的作用

在"捕诉合一"且羁押必要性审查也由捕诉部门负责的背景下，批捕后为犯罪嫌疑人申请变更强制措施变得愈加困难。但认罪认罚制度为犯罪嫌疑人争取取保候审提供了空间。原因如下：首先，认罪认罚为控辩协商提供了法定渠道；其次，认罪认罚是开展羁押必要性审查的充分条件；最后，自愿认罪认罚能够体现犯罪嫌疑人良好的认罪悔罪态度，证明其社会危险性较低，并且能避免犯罪嫌疑人与侦查机关立场对立，进而争取侦查机关对取保候审的支持。在此基础上，辩护人还要全面、详细地了解案情，从专业角度为犯罪嫌疑人争取其他从轻、减轻情节，为其争取更大的取保候审可能性和量刑从宽空间。

二、充分发挥无罪辩护在争取变更强制措施中的"坚强后盾"作用

实践中，认罪认罚并非争取取保候审的唯一策略。在嫌疑人不认罪、证据确有不足情况的案件中，不能为了换取变更强制措施而认罪认罚。新的无罪或免于追诉情节也是变更强制措施为取保候审的法定理由。对于无罪证据或理由较为充分的案件，坚持无罪辩护，最终也会获得取保候审及不起诉的理想结果。但因嫌疑人不认罪，争取变更强制措施的过程会较为曲折，需要的时间会比较长，需要辩护人和当事人共同的坚持和耐心。

先守再攻：签署具结书后再争取减轻情节

● 张海雷[*]

辩护策略

在认罪认罚从宽案件中，是否签署《认罪认罚具结书》是一个选择难题。同样，何时签署《认罪认罚具结书》也时常让辩方陷入纠结。在审查起诉阶段，有时公诉人与辩护律师对于案件的某些具体量刑情节难以达成一致意见，如果此时不签署《认罪认罚具结书》，延后认罪认罚则意味着量刑红利的减少，甚至存在后期难以认罪认罚的风险。对于这种情况，如果不是罪与非罪的本质争议，可以先签署《认罪认罚具结书》，争取最大从宽幅度，其他从轻或减轻情节留待审判阶段再争取。

案情简介

本案系一起典型的先在审查起诉阶段签署《认罪认罚具结书》，后在审判阶段再争取其他从轻或减轻情节的认罪认罚案件，被告人刑期得到最大限度缩短。

2022年9月4日16时许，家电门市工作人员S某前往J某家中安装电视机，

---

[*] 北京市盈科律师事务所合伙人律师。

其间 S 某看见 J 某外甥女 L 某在床边玩卡牌，S 某蹲在 L 某身后将手伸进其裤子内摸其屁股，造成 L 某外阴组织挫伤。当日 20 时许，L 某母亲给 L 某洗澡时得知以上情况，便联系家电门市老板沟通情况后报警。家电门市老板电话告知 S 某，L 某母亲已经报警。

当日 22 时许，公安机关电话通知 S 某，要求其暂时不要外出，等待第二天处理。次日 9 时许，办案民警驾车前往 S 某所住村，在村干部陪同下到 S 某家门口，办案民警电话联系 S 某告知其警车已到其门口，S 某随即出门上警车被带至公安机关。到案后，S 某如实回答公安机关的问题并供述了自己的犯罪行为，表示愿意赔偿被害人损失。

笔者接受 S 某母亲的委托，担任 S 某侦查、审查起诉、一审阶段的辩护人。首次会见时，S 某认为自己的行为构成犯罪，明确表示愿意认罪认罚。笔者详细询问其到案过程，认为其接到公安机关电话后居家等候，次日接到电话时便主动前往警车处，到案后也如实交代了整个犯罪过程，应属于自首。笔者就该自首情节分别与侦查机关、检察机关沟通，均不能达成一致。侦查机关、检察机关均认为 S 某被警车接走，不属于主动投案，不应认定为自首。

检察官在起诉前问询笔者，S 某是否签署《认罪认罚具结书》；若不签署，则起诉时将不认定其具有认罪认罚情节。考虑到本案系作罪轻辩护，经过征求 S 某意见，笔者决定先让 S 某签署《认罪认罚具结书》，固定住认罪认罚的情节，是否属于自首将来由审判机关进行认定。笔者把以上意见反馈给检察官后，检察官也表示同意。

2022 年 12 月，S 某在笔者的见证下签署了《认罪认罚具结书》，检察机关认定 S 某构成强制猥亵罪，量刑建议为有期徒刑 2 年。同月，检察机关提起公诉，《起诉书》认可 S 某认罪认罚这一项从宽情节，未认定 S 某成立自首。

辩护过程

经过与办案单位和 S 某多次沟通，笔者与 S 某最终确认辩护主旨：保持积极的"认罪认罚"态度，同时将"自首"作为本案辩护的重中之重，力争让刑期再度下降。

一、收集证据，还原真相

侦查机关制作的讯问笔录，均未能如实反映 S 某的到案过程，《抓获经过》也显示 S 某系被抓获归案，明显违背本案基本事实。为了还原 S 某真实的到案经过，笔者收集了部分证据。

笔者收集了 S 某的 2 条手机通话记录，并进行截屏打印提供给办案单位。第一条是 2022 年 9 月 4 日晚上 22 时 12 分，侦查机关用座机 03***110 与 S 某通话 52 秒，证实 S 某接到电话后居家等待公安机关处理；第二条是 2022 年 9 月 5 日上午 9 时 30 分，民警使用手机 177*** 号码与 S 某通话 53 秒，S 某接到电话后主动到警车上，因此证实 S 某属于主动到案。为了核实以上电话归属，笔者亲自拨打以上电话，验证对方身份。

笔者还让 S 某家属找村干部出具情况说明，证实民警先到村委会，再打电话给 S 某，S 某主动出门上警车的情况。

以上收集到的证据，可以反映出侦查机关出具的《抓获经过》称 S 某系被抓获的表述不具有真实性，使检察官、法官能够客观了解被告人 S 某的到案经过。

二、多番沟通，协商量刑

第一次，笔者电话与检察官沟通量刑。检察官提出量刑建议为有期徒刑 2 年 4 个月，笔者提出量刑过重，需要考虑一下。

第二次，笔者当面与检察官沟通量刑。笔者着重说明在案发当日晚上20时至次日上午9时，S某多次从不同对象处接收了L某母亲目前已经报警的信息，清楚公安机关已掌握其大致罪行、个人信息以及将前往其家中的确切时间，但S某并未做出任何躲避抓捕的行为，而是在公安机关要求的地点等待处理，并主动前往警车处与办案民警一同到达公安机关，应属于自首。承办检察官称其认为该情节不属于自首，但考虑S某未逃避、逃跑，同意刑期减去2个月，量刑建议为有期徒刑2年2个月。笔者称要和当事人商量一下。

第三次，笔者再次当面与检察官沟通量刑。笔者提出S某父亲在其年幼时已过世，其哥哥也刚发生交通事故离世，其母亲身体不好，其本人是家里唯一劳力，家庭情况极为特殊，请求检察官再降低刑期。检察官核实基本情况后，同意将刑期降到有期徒刑2年。

第四次，检察官主动打电话，称若不签《认罪认罚具结书》，就直接起诉，认罪认罚情节将无法认定，量刑建议刑期可能要变长。笔者再次提自首情节的问题，沟通无效。笔者和S某沟通后同意先签署《认罪认罚具结书》，检察机关量刑建议为有期徒刑2年。但在签署《认罪认罚具结书》后，笔者仍未放弃对认定S某属于自首的努力。

三、检索案例，强化信心

由于S某并非自己直接到公安机关投案，与其他投案自首的案件存在一定的区别，侦查机关、检察机关从不同角度表达了否定的立场。为了说服法官，笔者针对"接到公安机关电话通知后，在家等候并配合调查"是否构成自首，检索了大量案例。笔者发现多个法院判决认定"被告人接到公安机关电话在家等候处理或明知他人报警在家等待抓捕的被认定为自首"，如贵州省福泉市人民法院（2017）黔2702刑初132号被告人X某盗伐林木案，被告人在接到公安机关电话通知后，在家等候并配合调查，被认定为自首；辽宁省朝阳县人民法院（2015）朝县刑初字第 6 号被告人王某盗窃案，被告人在明知他人报警、在家等待抓捕，被认定为自首等。笔者系统检索了几十个类似案例并装订成册，提交给办案机关。这使笔者进一步增强了信心，增加了底气。

四、庭审较量，把握重点

庭审中，为保护控辩双方已达成共识的"认罪认罚"成果，笔者明确对指控 S 某涉嫌的罪名不持异议，辩护的核心问题在于"自首"能否认定。

根据《最高人民法院关于处理自首和立功具体应用法律若干问题的解释》以及《最高人民法院关于处理自首和立功若干具体问题的意见》的规定，S 某在 2022 年 9 月 4 日当晚已知晓他人报案，并与办案民警电话联系，主动居家等待公安机关处理。次日上午接到民警电话后便主动前往民警车上，完全符合两个文件规定的自动投案情形。主动到案后，S 某如实供述案情，应当认定为自首。笔者在法庭上还详细阐述了相关类案的观点，表明实践中将明知他人报警而在家等待抓捕的情形认定为自首属于司法界的主流观点和认识。公诉人否定 S 某属于自首的声音随着庭审的进行逐渐变弱。

五、补充质证，一锤定音

法官针对笔者当庭提交的手机通话记录，当庭要求公诉人庭后向侦查机关核实，查明 S 某真实到案经过。几天后，侦查机关在公诉人的要求下，重新出具了《抓获经过》，内容基本证实了 S 某属于主动到案。法官针对《抓获经过》再次组织补充质证，笔者详细阐述了 S 某属于主动到案的理由，法官予以认可。最终，一审法院充分认可并采纳了笔者提出的 S 某有自首情节的辩护意见，认定 S 某为自首并将其作为量刑的重要参考，在检察机关提出的 2 年有期徒刑的基础上，又将刑罚降至 1 年 10 个月。

至此，笔者在 S 某积极认罪认罚以及检察机关所提量刑建议的框架下，帮助 S 某进行量刑辩护，为其争取到超出其本人预期的最有利的判决结果，充分展现了有效辩护的价值。

> **辩护技巧**

一、量刑协商要把握节奏

认罪认罚从宽制度呈现出典型的协商性司法特色，控辩双方进行审前协商，当事人签署《认罪认罚具结书》予以确认，整个过程的关键在于检察机关作出的量刑建议，也是刑辩律师实施有效辩护所应注重的要点。刑辩律师要有足够的耐心，不能总想着一蹴而就，要试图通过多轮协商，变换节奏，争取获得最大的量刑减免。

二、量刑协商要懂得妥协

作罪轻辩护时，个别情节或量刑暂时谈不下来，可以考虑先退一步，签署《认罪认罚具结书》，守住认罪认罚这个从宽情节。在以后的辩护工作中，继续寻求新的辩护空间。在本案中，当检察机关不认可笔者所提的自首情节时，笔者在协商中先退再进，确保"从宽"能够得以适用。

三、量刑协商要借助外力

量刑协商一旦遇到困难，陷入僵局，刑辩律师要学会借助外力。案例检索是一个借助外力非常好的方法，可以引用其他法院判决中的观点，尝试说服检察官。笔者在本案中检索案例较晚，没有在审查起诉阶段就提供案例给检察官，如果早期就能提供案例给检察官，自首的认定难度可能会下降。

并行不悖：有理有据翻供，变更轻罪后认罪认罚

● 庄　旭[*]

辩护策略

认罪是认罚的前提和基础，犯罪嫌疑人、被告人不认可检察机关指控的事实和罪名，则将被认定为不认罪。但检察机关的指控并不一定准确，在指控错误的情况下，保障好犯罪嫌疑人、被告人依法享有的认罪认罚获得从宽处理的权利，是辩护律师的重要职责。犯罪嫌疑人、被告人不接受重罪指控，但认可轻罪的，可建议其在各个环节明确表示对轻罪认罪认罚，以期法院在纠正指控罪名的同时，对被告人适用认罪认罚从宽制度。

案情简介

2023年2月26日1时许，被告人L某在N市P区公司宿舍内，因浏览性感女生跳舞视频及酒后冲动，想到同住在该宿舍内其他房间的同事Z某，产生非分之想。L某行至厨房寻得一把菜刀别在后腰，以同事Y某醉酒呕吐为由骗开Z某的房门，进入Z某的房间，强行搂抱Z某并亲吻，Z某反抗并大声呼救，L某捂住Z某的嘴阻止其呼救，并掏出菜刀抵住Z某脖颈进行言

---

[*] 北京盈科（南京）律师事务所刑事法律事务部副主任。

语威胁。Z某表示自己无法呼吸，L某主动将菜刀扔在地上。Z某拿起手机要报警，L某与Z某于床上争夺手机。Z某继续呼救引来隔壁房间同住人员Y某，L某遭Y某斥责后离开现场。其间L某造成Z某颈部划伤，左手臂上肢部位及左手中指前端关节处瘀青。

离开现场后，L某回到自己房间，在抖音上搜索"人从多少米摔下去能死""强奸未遂量刑标准"的相关视频。随后，Y某调和Z某与L某商谈赔偿事宜，但因L某家境贫寒，双方未能就赔偿数额达成一致。

2023年2月26日8时许，Z某报警，民警随后上门带走L某。被告人L某明知Z某报警，仍在房间内等待处理。当日，公安机关以L某涉嫌"强制猥亵罪"对其刑事拘留。在2023年2月26日至27日的前三次笔录中，L某供述自己没有与Z某发生性行为的想法，只是想亲Z某，和她谈男女朋友。但在2023年3月1日至13日所做的后四份笔录中，则记载L某"想和Z某发生性行为"。2023年3月9日，L某因涉嫌"强奸罪"被逮捕。

2023年3月16日，L某的父亲找到笔者，表示无法接受逮捕罪名强奸罪的认定，认为罪名的变化存在蹊跷，希望笔者介入为L某辩护，为其争取从轻处罚的机会。笔者就此接受委托，正式介入本案。

2023年3月17日与3月20日，笔者两次会见L某，得知其供述发生变化的原因是受到了侦查人员的欺骗和诱导。第二次会见时，L某亲笔写下了遭受欺骗、诱导的详细过程，包括侦查人员的体态特征、口音及诱供骗供的具体话术等。

2023年3月20日至21日，笔者赶赴公安刑警大队，当面递交了附有L某《自书材料》的《辩护意见》，要求公安机关再次提审L某。同时向检察机关反映了侦查机关诱供骗供的相关情况。

2023年3月22日，公安机关第八次讯问L某，L某供述自己没有和Z某发生性行为的想法，第四次至第七次供述受到了侦查人员的欺骗和诱导。但遗憾的是，公安机关移送检察机关的罪名仍为"强奸罪"。

2023年5月25日，经多轮沟通交涉，检察机关仍采信L某第四次至第七次供述，坚持以强奸罪向人民法院提起公诉。

2023年6月27日，案件开庭审理，笔者围绕全案证据展开强制猥亵罪的轻罪辩护。最终，合议庭全面采纳辩护意见，并于2023年7月20日作出判决。

辩护过程

一、初次会见L某反映遭受诱供骗供

2023年3月17日，笔者首次会见L某，询问其以往供述情况。L某称事实上当晚没有想要和Z某发生性行为的想法，前三次笔录也是这样表示的。但是第四次讯问开始前，一名警官告诉L某，前三次口供有关部门看过后认为笔录不符合逻辑，按照正常逻辑应该是强奸未遂，并且强奸未遂要比强制猥亵既遂量刑更轻；如果承认自己有强奸意图，做完这次笔录会帮其寻找Z某争取谅解书，争取轻判。于是，才形成了L某连续四份承认自己强奸意图的笔录。L某现在十分后悔，希望笔者可以为其翻案。

为确认L某的内心坚定程度，笔者告知L某，在已经形成四份承认强奸意图笔录的情况下，翻供不一定成功；如果失败将判得更重，问其是否坚持真相。L某坚定表示要实事求是。

2023年3月20日，笔者再次会见L某，让其自书遭受侦查人员诱供、骗供全过程，包括讯问人员体态特征、诱导欺骗具体话术、自己内心真实想法等内容。

二、要求公安提审遭拒

2023年3月21日，笔者携带附有L某《自书材料》的《辩护意见》赶往

公安机关反映非法取证情况，并要求公安机关再次提审L某，查明诱供骗供情况及案件真相。办案警官表示本案证据已充分搜集，拒绝提审并称即将向检察机关移送。笔者要求将《辩护意见》及L某《自书材料》附卷，办案警官表示只能将委托辩护手续附卷，其他不附卷。笔者立即向办案警官示明《公安机关办理刑事案件程序规定》第58条第1款"辩护律师提出书面意见的，应当附卷"之规定，办案警官最终同意将《辩护意见》及L某《自书材料》附卷。随后，笔者立刻联系批捕检察官反映L某遭受诱供骗供的情况，并向其递交《辩护意见》及L某《自书材料》，希望检察官能够安排公安机关再次提审L某，查明有关事实真相。

次日，公安机关再次提审L某，L某在第八次笔录中全面反映了遭受诱供骗供的具体经过，否认了自己有和Z某发生性行为的想法。该份笔录也成为本案扭转局势的关键证据。

三、指控强奸态度坚决

案件进入审查起诉阶段后，笔者第一时间赶赴检察机关阅卷。经阅卷发现，在笔者递交《辩护意见》次日，即第八次提审当天，公安机关出具《发破案经过》，将2023年3月3日《提请批准逮捕书》中"想强行和Z某发生性关系"的表述删除，将"L某未能实施强奸行为"改为"未能得逞"。2023年3月31日公安机关《起诉意见书》则完全照抄了《发破案经过》事实描述部分，删除了"想强行与Z某发生性关系"的表述，三份文书的内容演变从某种意义上也印证了L某遭受诱供骗供的真实性。但遗憾的是，公安机关移送检察机关的罪名仍为强奸罪。

审查起诉阶段，笔者与检察官进行了多轮磋商，希望能够排除L某第四次至第七次供述，将本案定性为强制猥亵罪。但检察官态度坚决，未采纳L某的辩解和笔者的辩护意见，最终以强奸罪向法院提起公诉。

四、调阅同步录像寻找突破

2023年5月25日法院受理案件后，笔者立刻申请对L某的第四次至第七次讯问笔录进行非法证据排除，并要求查阅此四次讯问的同步录音录像。承办法官对于排非申请非常重视，并安排法官助理与笔者对接查阅同录具体事宜。

笔者经查阅同步录像发现，第四次讯问中侦查人员存在明显诱导行为，且笔录内容存在记录不实的情况。侦查人员通过不断假设的方式，引诱L某说出"可能和她发生性关系"，最终又按照自己的理解对笔录进行了选择性记录及不实的"总结归纳"。

笔者将同步录像中关键时间节点及对应内容进行了详细记录，形成书面《同步录像审查报告》，并立即向承办法官反映了有关情况。

五、庭审据理力争

2023年6月27日，L某涉嫌强奸案开庭审理。庭审过程中，笔者围绕案件事实和证据发表以下辩护观点：

第一，公诉机关认定被告人L某构成强奸罪证据不足。L某在第一、二、三、八次供述中，否认了自己有和Z某发生性关系的主观想法。讯问同步录音录像显示，第四次讯问中L某供述当时只是想发生肉体上的接触，没有想过发生性关系，但侦查人员没有如实记录，且侦查人员的讯问方式明显存在诱导。

第二，从本案《提请批准逮捕书》《发破案经过》《起诉意见书》关于事实部分的文字演变来看，公安机关在收到L某反映遭受诱供骗供材料的次日，便刻意删除了L某"想强行与Z某发生性关系"的表述，公安机关认定强奸罪的底气不足、信心动摇，与L某反映其遭受骗供、诱供的事实可以印证。

第三，被害人Z某的陈述证明被告人除强吻以外，没有实施其他任何性侵行为。

第四，从 L 某强吻 Z 某时无意夹伤 Z 某手指，随即对 Z 某道歉来看，L 某没有强行与 Z 某发生性关系的意图。

第五，从 L 某亮刀、持刀和放刀过程来看，其带刀的目的就是不让 Z 某喊叫，在整个持刀过程中，被告人没有实施任何性侵行为。

第六，L 某事后在抖音搜索"强奸未遂"，是因为其不知道除强奸罪以外还有其他罪名，该搜索记录不能证明其当时有强奸故意。L 某第一次供述在明确否认自己想和 Z 某发生性关系的情况下仍误以为自己是强奸未遂，证明 L 某对涉嫌的罪名存在知识盲区，仅知道强奸罪，不知道强制猥亵罪。

第七，L 某涉嫌强制猥亵罪，且有自首、认罪认罚情节，可依法从宽处理。

六、辩护意见被全面采纳

2023 年 7 月 20 日，法院第二次开庭。审判长在简要叙述案件审理经过后，当庭宣判："本院认为，被告人 L 某以暴力和胁迫的方法强制猥亵他人，其行为已构成强制猥亵罪。N 市 P 区人民检察院指控被告人 L 某犯强奸罪罪名不当，本院不予支持。被告人 L 某持刀强制猥亵，酌定从重处罚；L 某明知被害人报警，仍在现场等候，到案后如实供述自己的强制猥亵犯罪事实，系自首，依法可以从轻处理。在侦查阶段和庭审中均表示对强制猥亵的犯罪事实认罪认罚，依法可以从宽处理。依照《中华人民共和国刑法》第二百三十七条第一款、第六十七条第一款和《中华人民共和国刑事诉讼法》第十五条之规定，判决如下：被告人 L 某犯强制猥亵罪，判处有期徒刑一年三个月。"审判长宣读完判决，L 某已泪流满面。

判决结果不仅采纳了笔者关于定性的辩护意见，还采纳了 L 某系自首、认罪认罚的量刑辩护意见。

> 辩护技巧

一、面对当事人翻供的辩护技巧

第一，询问翻供理由，让当事人提供翻供有关线索、证据，判断翻供合理性。

第二，告知当事人翻供风险，确认当事人翻供决心，核实当事人能否接受翻供带来的高刑期风险、实刑风险、逮捕风险，书面记录翻供沟通过程。

第三，提醒当事人把握后续提审机会，向讯问人员详细讲述翻供原因，并要求讯问人员如实、详细记录。若讯问人员未记录，可在审查笔录时自行书写翻供原因。

第四，第一时间向办案单位及检察官反映遭受违法取证的情况。辩护律师可通过书面辩护意见附当事人自书材料的形式，向办案单位及检察官反映情况，要求附卷，并积极与办案人员、检察官沟通，为当事人创造提审机会。

第五，辩护人综合其他证据对辩护观点进行论证，力争法庭采信翻供后的供述。

二、面对人民陪审员的说服技巧

人民陪审员就是不穿法袍的"法官"，被誉为公民在法院的"耳朵"和"眼睛"。对于发生在日常生活中的普通刑事案件，较之会受到司法惯性掣肘的法官，人民陪审员更能从常情常理角度作出公正判断。2023年6月27日，L某涉嫌强奸案开庭审理，笔者提前半小时到达法庭门口，两位人民陪审员也已到场。笔者把握机会将L某涉案经过及辩护观点向两位人民陪审员仔细阐述，争取人民陪审员的理解和认同，也强化了笔者对即将开始的庭审的信心。实践证明，与人民陪审员充分沟通，对案件的处理会起到积极推动作用。

谋略得当：认罪认罚案件的二审改判

● 李 岩[*]

辩护策略

认罪认罚案件的二审辩护之难，难在上诉人在一审之前对公诉机关指控的事实、罪名以及量刑建议都予以认可。如果上诉人反悔，以判刑过重或者对事实有异议为由提起上诉，二审的辩护又延续一审的观点和思路，则二审法官极容易先入为主，从而一叶障目，不见泰山。因此，认罪认罚案件的二审辩护必须推陈出新、谋略得当，才能逐步改变二审法官的态度，继而实现有效辩护。

案情简介

X某系H房地产公司法定代表人暨大股东的妻子，任公司财务负责人，同时经手公司对外借款融资事宜，其名下个人银行账户提供给公司使用。2014年2月，H公司有两套门面对外出售，X某表示愿意出价158万元购买。由于公司当时有158.46万元借款利息到期需要偿还，X某向公司股东提出代为

---

[*] 北京盈科（长沙）律师事务所刑事法律事务部副主任。

归还上述利息以冲抵门面款,在征得股东同意后遂以亲戚 Z 某的名义购入门面。2014 年 7 月,X 某结清与 H 公司的往来账之后离职。2020 年 12 月,H 公司进入破产清算程序,X 某在管理人聘请的会计师事务所查账时篡改了前述 158.46 万元利息支出的会计凭证,后被管理人发现并控告至某中级人民法院,法院将线索移交公安机关。

案发后,侦查机关查明了 X 某的四起职务侵占事实及高利转贷事实,其中包括 X 某在任职期间向 H 公司隐瞒对外借款已实际归还的情况,冒用出借人名义从公司领取利息 96 万元的事实,以及在 H 公司未收到 158 万元门面款的情况下,出具收款收据给 Z 某并实际占有门面、收取租金 118 万余元的事实。X 某还采取套取银行承兑汇票后贴现的方式,将信贷资金高息出借给 H 公司,非法获利 173 万余元。在审查起诉阶段,检察机关认定 X 某的行为同时涉嫌职务侵占罪、高利转贷罪、故意销毁会计凭证罪,提出对其以犯职务侵占罪判处有期徒刑 3 年、犯高利转贷罪判处有期徒刑 10 个月、犯故意销毁会计凭证罪判处有期徒刑 6 个月,合并执行有期徒刑 3 年 6 个月的量刑建议,X 某自愿签署了《认罪认罚具结书》。一审法院经审委会讨论,否定了 X 某被指控的另外两起职务侵占事实,对高利转贷牟利数额也进行了大幅核减,并直接调整了检察机关的量刑建议,最终以 X 某犯职务侵占罪判处有期徒刑 3 年 6 个月,犯高利转贷罪判处有期徒刑 1 年,犯故意销毁会计凭证罪判处有期徒刑 6 个月,合并执行有期徒刑 4 年。X 某以一审认定其侵占公司 158 万元门面款的事实错误、量刑过重为由提起上诉。

> **辩护过程**

一、了解认罪认罚过程

对于这样一起案件,首要考虑 X 某签署《认罪认罚具结书》的过程是否符合最高人民检察院2021年12月3日发布的《人民检察院办理认罪认罚案件开展量刑建议工作的指导意见》之规定。笔者仔细审查案卷资料与X某签署的《认罪认罚具结书》后，发现"认罪认罚内容"部分关于指控的犯罪事实仅有拟认定的职务侵占数额，没有具体事实的描述，说明承办检察官没有将拟认定的犯罪事实告知X某。根据《人民检察院办理认罪认罚案件开展量刑建议工作的指导意见》第24条第1款的规定，人民检察院在听取认罪认罚意见时，应当将拟认定的犯罪事实、涉嫌罪名、量刑情节、拟提出的量刑建议及法律依据告知犯罪嫌疑人及其辩护人或者值班律师，因此，检察机关并没有充分履行告知义务，这份具结书的签署过程存在重大瑕疵。

二、掌握背景核实细节

在开始阅卷之前，笔者先向委托人了解了案件发生的背景。H公司原有三名股东，三名股东各自安排了一名财务人员，出纳负责管理现金及银行存款，会计负责记账并保管会计凭证，X某负责监督该二人的工作及保管公司部分账外资金，三人之间相互监督制约。由于H公司前期运营资金大部分来自X某夫妻对外融资借款，公司出具借据并承担利息，而X某经手公司账外资金的收支情况全部计入其与公司的往来账目。X某夫妻因股东内部纠纷离开公司，所持股份转让给股东L某，因L某一直拖欠股权转让款并在民事诉讼中败诉，遂控告X某侵占公司财物。公安机关经初查认为属于经济纠纷而不予立案，直到X某篡改销毁会计凭证案发，此前被控告的事实一并被查。X某对于冒用他人名义从公司领取利息的事实并无异议，但对于侵占158万元门面款一直没有认罪，辩解理由是其当时确实为公司垫付了158.46万元利息款，付息凭证与门面款的收款收据全部交给了会计记账，其后来查账时发现财务账上只有支付利息的记录，没有收到门面款的记录，才篡改了原始凭证。

一审判决书详尽阐述了X某提出的辩解不成立的理由，其中最为不利的是 H 公司管理人在 2020 年就该起事实提起民事诉讼，以 X 某亲戚没有实际付款为由要求返还涉案门面，X 某应诉时提交的付款依据与其辩解为公司垫付 158.46 万元利息款的组成不一致，事后又有篡改涉案会计凭证的行为，其主张资金冲抵没有客观依据，因此不予采信。

为查明真相，笔者开展了仔细的阅卷工作，发现 X 某在一次讯问中提出过 2014 年 4 月与会计对账核算时，特地在一张粘贴转账回单的原始凭证粘贴单上用红笔注明了"总计 158.46 万元 −158 万元 =4600 元"，表示款项冲抵，后来篡改加字是为了还原真实情况。随后笔者在案卷中找到了未经篡改销毁的会计凭证复印件，这张原始凭证上的记录确实如 X 某所说，并且 X 某撕毁的原始凭证有一张对账稿纸，上面记录有对账的金额，还注明了"4033 元 −4600 元 = −567 元""公司应付 567 元"。笔者前往看守所会见，向 X 某出示了这两份书证，X 某激动地表示这就是当时对账的依据，稿纸上的每一笔收支数额全部记录在 H 公司的财务账中，唯独缺少 158 万元的门面款收入。笔者又详细询问了 X 某垫付 158.46 万元的资金来源及其与 H 公司的资金往来情况，X 某明确表示资金来源于信用卡套现及个人对外借款，其最后离开公司时与会计对账两清。

随着阅卷工作的深入开展，笔者为核实细节先后六次会见 X 某，距离事实真相也越来越近，同时笔者还关注到高利转贷罪存在超过诉讼时效的问题，辩护策略也随之出炉。

三、确定辩点制定策略

该起案件的辩点很多，比如 H 公司存在私户公用、公私不分现象，因资金混同导致 X 某为公司垫付利息款的来源不清，X 某与公司的往来账既未调取也未经鉴定，鉴定意见本身存在种种问题等。因部分意见一审辩护人已经提出，如何让二审法官第一时间认识到问题所在，笔者经过反复思考，决定突出 H 公司出纳管理的现金日记账没有支付 158.46 万元利息款的记录与会计在记账凭证中将该笔款项记入现金支出之间的矛盾,说明会计事实与财务事实的区别,揭示该起事实存在财务造假的可能作为核心辩点,其他辩点作为辅助。将高利转贷罪的时效问题作为备用手段,如果法官不能接受职务侵占事实的抗辩,再将后者抛出,至少要达到保一争二的效果。

四、深入浅出反复沟通

笔者完成上述工作之后,二审法院也正式立案,为避免主审法官有先入为主的印象,笔者马上带着手续和书面意见去见法官。见面后法官的第一个问题就是:这三个罪名才判了4年,她都表示认罪认罚为什么还上诉?笔者当时这样回复法官:这三个罪名X某都认,但她在签署《认罪认罚具结书》时并没有被告知拟指控的具体事实,其对否认的该起事实一直都有提出过辩解和异议,笔者阅卷后也感觉确实存在问题,而且据了解,案件背后存在隐情,这起事实X某有可能是被陷害了。这时法官开始感兴趣,说上诉人是财务负责人,谁会陷害她?笔者就把案件发生的背景娓娓道来,并指出H公司账面上之所以没有体现收到158万元门面款,不是因为X某没有交给公司,而是会计没有如实记账所致,究竟会计是有意还是无意无从判断,但这不是X某的责任,也与X某的职务行为无关。笔者接着抛出核心辩点:该起事实最关键的问题在于X某为H公司垫付了158.46万元利息款,会计本应将这笔账记入X某与公司的往来账目,却记入公司的现金支出,但公司的现金日记账并没有支付这笔利息的记录,这一情况一直没有核实。笔者还提到H公司的账目某会计师事务所在案发前进行过调整并出具了审计报告,控告人拿着调整后的审计报告报案,审计机构又接受侦查机关的委托进行司法鉴定,由于严重违反回避原则,一审法院另行委托进行了重新鉴定。法官耐心听完之后表示刚刚收案,案情还不熟悉,会对笔者的书面意见认真考虑。

时隔半个月,笔者在第二次当面沟通之前,给主审法官邮寄了《证人出庭作证申请书》和《鉴定人出庭申请书》，在申请书中详细阐述了出纳、会计和鉴定人出庭的必要性，通过这种方式让法官认识到笔者不是在直接否定证据，而是定罪证据确实存在问题。因为不带立场的沟通才更容易让人接受和采纳，所以这次的沟通虽然法官没有回应，但能明显感觉到她已经不再有倾向性，转机也在此时出现。

第三次当面沟通是关于开庭的具体事项。作为辩护人，不能想当然地认为自己交了书面意见，指出了事实和证据存在的问题，二审就一定会开庭审理，而应当及时跟进，还要通过了解是否通知了证人、鉴定人出庭，判断法官对案件的态度，同时做好庭审预案。这次沟通的重要性不容小觑，得知会计称病不能出庭时，笔者当场的质疑在一定程度上强化了法官的内心确信。另外，笔者之所以要多次和法官当面沟通，也是想让法官加深印象，因为只有辩护人自己足够重视，法官才会更慎重对待。

五、庭审交锋意见采纳

笔者在二审开庭之前做好了详尽的预案，特别是对上诉人、出纳及鉴定人的发问准备。庭审中，在笔者的追问之下，出纳承认了H公司现金日记账中确实没有支付158.46万元利息款的记录，会计系未经出纳审核原始凭证自行记账，财务造假确有可能，笔者随即指出会计没有出庭对此作出合理解释，其证言不能作为定案依据。两名鉴定人在庭上对于财务账目关键问题的回答相互矛盾，并表示确实没有对X某为H公司垫付利息的资金来源及X某与公司的往来账等事项进行鉴定，笔者提出司法会计鉴定同样不能作为定案依据。最后发表辩护意见时，笔者再抛出了高利转贷罪追诉时效已过的意见，加上了最后一个砝码。出庭检察员当庭表示一审判决认定的事实不清、证据不足，建议发回重审。翌日，二审法院裁定发回重审，并要求原一审法院查明笔者质疑的事实。2024年9月，原一审法院经过重新审理，以X某犯职务侵占罪、故意销毁会计凭证罪合并执行有期徒刑 2 年 9 个月，笔者在二审提出的辩护意见被全部采纳，X 某需承担的退赃及罚金数额较原一审判决共减少近 500 万元。

辩护技巧

一、辩护策略的适当选择

在认罪认罚二审案件辩护过程中，如何破除二审法官的成见，选择适当的策略及路径至关重要。实现这一目标需要了解案发背景和原因，全面审查事实和证据，不放过每一处可疑点，从中寻找办案人员无法回避、必须直面的问题。笔者正是选取了客观证据之间的矛盾作为核心辩点，再辅以向法官介绍案件背景，申请证人、鉴定人出庭，庭上针对性发问，抛出后手等一系列操作，整个过程脉络清晰，所有工作都围绕着如何向法官揭示真相有序展开，逐步将辩方故事完整呈现。

二、当面沟通的经验总结

沟通是心理博弈的过程，法官从最初的固执己见，到产生怀疑开始动摇，再到重新形成内心确信愿意采纳辩护意见，这个变化的过程是遵循一定规律的。因此需要律师在不同时机选择不同的沟通方式，在精准切入的同时还要掌握好尺度。笔者与二审法官的当面沟通先从背景介绍开始，成功吸引注意后再切入主题，用准确、精练的语言向法官说明了会计事实与财务事实的区别：财务账上没有门面款的收款记录不等于款项没有收到，财务账上有支出记录也不等于有实际支出，指出定罪证据与客观证据存在矛盾，上诉人的辩解事项有书证相印证，具有合理性。笔者陈述关键所在后就点到为止，给法官缓冲的时间以吸收消化，再表明请求和处理意见，最后在庭审中通过发问揭示证据之间的矛盾，辩护意见得以被法官采纳，从而最终实现了这起认罪认罚案件的二审有效辩护。

以进促稳：认罪认罚获得酌定不起诉处理

● 刘　晔[*]

辩护策略

在认罪认罚案件中，检察机关认为情节轻微、不需要判处刑罚的，可以依法作出不起诉决定，即实践中常说的"酌定不起诉"。但是，对于涉案金额较大的案件，单纯认罪认罚，未必能够满足"酌定不起诉"的条件。当犯罪事实存疑，犯罪嫌疑人也不愿认罪时，辩护律师要坚持无罪辩护以争取"存疑不起诉"的可能。而后在交涉、博弈过程中，再围绕当事人核心诉求审时度势、灵活应变，可以无罪辩护之势，换酌定不起诉之质。

案情简介

L某系某玉石店实际经营者，其雇用J某担任店铺经理，负责日常经营管理；雇用C某和S某（笔者的委托人）共同担任店铺财务人员，负责日常收支统计；另雇用多名销售人员，负责讲解和销售店内的各种玉石。在经营过程中，J某按照L某的要求，从专门的玉石市场以低价批量购进各种玉石挂件和玉石摆件，其材质通常为翡翠、蓝田玉、岫玉等，且均附有检验证书。后玉石

---

[*] 北京市盈科（通州区）律师事务所刑事业务负责人。

店再以"天然玉石"的名义对外销售上述玉石挂件和玉石摆件,销售价格普遍为进货价格的10倍以上。在销售过程中,玉石店的销售人员会虚构中国周易协会理事、高级风水学讲师等身份,通过讲解风水知识的方式,向消费者宣传玉石具有保平安、转运势的作用,进而使消费者高价购买玉石。后因他人举报而案发。

起初,公安机关以诈骗罪对本案立案侦查,将L某、J某、C某、S某以及多名销售人员刑事拘留,并报请检察机关批准逮捕。检察机关经审查,以销售伪劣产品罪对L某、J某、C某、S某及一名销售人员Z某批准逮捕,后又两次批准延长侦查期限,S某等人在被逮捕后5个月才移送审查起诉。公安机关在起诉意见中认定:S某等人构成销售伪劣产品罪,涉案金额1000余万元。

在审查起诉阶段,S某一直不愿认罪,笔者通过阅卷后也认为S某的行为既不构成销售伪劣产品罪,也不构成诈骗罪,于是提出无罪辩护意见。承办检察官虽然表示不同意笔者的观点,但仍然以证据不足为由,将本案退回公安机关补充侦查。补充侦查完毕后,S某在接受承办检察官的讯问时,仍然不愿认罪,笔者也继续坚持无罪辩护意见,并申请对S某作存疑不起诉处理。承办检察官虽然没有正面回应,却询问笔者,S某的家属是否愿意退缴其在玉石店的全部收入。虽然存疑不起诉不需要退缴违法所得,但笔者仍动员家属主动退赔了1万余元,而承办检察官也在二次退回公安机关补充侦查前,对S某取保候审。二次补充侦查完毕后,笔者并未因S某已经被取保候审而改变策略,仍然是以书面方式继续坚持无罪辩护和存疑不起诉的意见,但同时,也以口头方式向承办检察官表示,如果能够获得酌定不起诉的结果,S某也可以接受,并愿意认罪认罚。最终,检察机关采纳了笔者的口头意见,以S某"构成诈骗罪,但情节轻微,拟作不起诉处理"为内容,作出了《认罪认罚具结书》,S某自愿签署,并获得酌定不起诉处理。

> 辩护过程

一、认罪认罚可能面临超长刑期

笔者在 S 某被批准逮捕后，接受家属委托担任其辩护人。首次会见 S 某时，其明确表示不愿认罪，认为自己只是普通工作人员，进入玉石店工作也才 2 个多月，如果认定其构成犯罪，其心理上确实无法接受。同时笔者也了解到，S 某在玉石店负责财务工作，有独立的房间，对于销售人员虚构身份讲解风水的宣传方式并不知晓，并且作为外行人员，S 某对于玉石行业商品的利润也不了解，这种情况无论从主观还是客观的角度看，都不构成犯罪。更何况，按照 S 某的供述，玉石店自开业至案发的销售金额达数百万元。如果按照诈骗罪认定，S 某的法定刑是 10 年以上有期徒刑或无期徒刑，并处罚金或没收财产；如果按照销售伪劣产品罪认定，S 某的法定刑是 15 年有期徒刑或无期徒刑，并处罚金或没收财产。因此，虽然认罪认罚可以换取一定的从宽处理，但 S 某仍然面临严重的刑罚。最终，笔者与 S 某达成一致：本案作无罪辩护！

但是，令笔者没有意料到的是，S 某在被逮捕 2 个月后，案件并未移送审查起诉，而是经过检察机关批准，S 某被延长侦查羁押期限 1 个月，在这 1 个月期满后，经过检察机关再次批准，S 某又被延长侦查羁押期限 2 个月。在此期间，笔者多次会见 S 某时明确向其表示，如果能够轻易认定其构成犯罪，一般不需要如此反复延长侦查羁押期限，现在延长了 3 个月，反而说明案件确实存在一定问题，过程虽然曲折，但前途充满光明。因此，这额外的 3 个月羁押时间，虽然让 S 某身心俱疲，却反而让其坚定了无罪辩护的信心。笔者也憋着一股劲，等着案件移送审查起诉后，第一时间阅卷并提交辩护意见。

二、无罪辩护反而迎来希望曙光

幸运的是，S某没有被第三次延长侦查羁押期限，公安机关以销售伪劣产品罪将案件移送审查起诉，并认定销售金额为1000余万元。笔者在阅卷后，更加坚定了无罪辩护的意见。

众所周知，刑法意义上的"伪劣产品"包括四种情形，即在产品中掺杂、掺假，以假充真，以次充好或者以不合格产品冒充合格产品。本案中，公安机关认为，玉石店以超高溢价销售玉石属于"以次充好"的情形，对此，笔者并不同意。

笔者认为，销售伪劣产品罪属于典型的行政犯，构成刑事犯罪应以行政违法为前提，因此，对"伪劣产品"的判断应当与《产品质量法》保持一致。本案中，涉案玉石符合《产品质量法》中关于产品质量的规定。首先，毫无疑问，涉案玉石不存在危及人身、财产安全的不合理的危险。其次，涉案玉石材质为翡翠、蓝田玉、岫玉等，根据《珠宝玉石 名称》(GB/T 16552—2017)的分类，上述玉石均属于天然玉石，具备产品应当具备的使用性能。最后，涉案玉石均配有证书，且证书内容与鉴定意见一致，符合在产品或者其包装上注明采用的产品标准，也符合以产品说明、实物样品等方式表明的质量状况。

因此，笔者阅卷后第一时间联系承办检察官，并向其提出"伪劣产品"的界定，应当仅从产品本身质量、使用性能及性能高低来判定，与产品性能及质量无关的因素（如超高溢价等），均不能作为认定属于伪劣产品的依据。虽然承办检察官表示不同意上述观点，但也明确表示案件尚有部分事实不清，可以先退回公安机关补充侦查，再做定论。对此，笔者也表示同意，因为无罪辩护的最终结果也是存疑不起诉，而这就要求案件至少被退回公安机关补充侦查一次。

1个月后，笔者再次前往检察机关阅卷，通过研究补充侦查的证据，笔者发现，检察机关并未要求公安机关对玉石店的销售情况进行审计，而是要求其寻找购买玉石的每个消费者进行询问。对此，笔者判断，承办检察官内心已经接受了涉案玉石不属于伪劣产品的辩护观点，转而将定罪思路转向诈骗罪，将购买玉石的消费者作为被害人，并以其消费金额作为诈骗金额，目前收集到的证据显示，共计数十名被害人，涉案金额为60余万元。如果认定本案构成诈骗罪，即使认罪认罚，S某刑期也难以低于10年。对此，笔者通过会见S某，再次确认了无罪辩护的思路。

于是，笔者又找到承办检察官，补充提交了S某不构成诈骗罪的意见，即虽然玉石店在销售玉石时存在一定的欺骗行为，如虚构中国周易协会理事、高级风水学讲师身份，讲解随口编造的风水知识，向消费者宣传玉石具有保平安、转运势的作用，然而，这与其销售的玉石本身物理品质无关。也就是说，玉石店对玉石本身的物理品质既没有虚构事实，也没有隐瞒真相，而消费者对玉石本身的物理品质也没有陷入错误认识。消费者购买玉石的目的，一是获得玉石本身的物理价值，即美观、耐久、稀少性以及工艺价值；二是获得玉石的寓意价值，即驱祸辟邪、提运增势等，对寓意价值的认知来自我国传统的玉石文化，而非来自玉石店的欺骗。更何况风水、五行一说，本身就是我国传统文化的一部分，相关图书（如《滴天髓》《易经》等）均可公开发行，从法律的角度看，其中的内容既无法证实也无法证伪。因此，不能认为玉石店实施的此类欺骗行为属于诈骗罪要求的虚构事实或者隐瞒真相的行为。同时，玉石店实施欺骗行为的目的并非直接骗取消费者钱款，而是将其作为一种宣传方式，促成玉石交易。也就是说，玉石店并没有非法占有的目的，其本意还是进行合法的玉石交易。对此，玉石店在遇到退款时一律同意的行为，也从侧面证实了其目的在于交易商品，而非骗取财物。

然而，笔者的上述观点并未得到承办检察官的正面回应。承办检察官询问笔者，S 某的家属是否愿意退缴 S 某在玉石店的全部收入。虽然存疑不起诉不需要退赔被害人损失，但退赔行为并不直接等于认罪，也不影响无罪辩护，同时，这是一个明显的信号，可以看出承办检察官至少部分接受了笔者的辩护观点，案件存在不起诉的可能；因为如果承办检察官想要以诈骗罪对 S 某提起公诉，应当让其对全部 60 余万元的诈骗金额承担连带赔偿责任，而非这 1 万余元。在家属退赔后，笔者再次联系承办检察官，询问案件能否作存疑不起诉处理，承办检察官表示，案件尚无定论，还需二次退回公安机关补充侦查，但是，可以对 S 某先行取保候审，且无须其认罪认罚。于是，在春节前两天，被羁押 9 个月的 S 某走出看守所，笔者的辩护工作也取得阶段性成功，案件迎来曙光。

三、如愿获得不起诉处理

在 S 某取保候审的这段时间，笔者与其多次会面，沟通案件辩护思路。虽然目前 S 某已被取保候审，具备了将来判处缓刑的基础，但是，笔者仍然以不起诉作为辩护目标，只不过考虑到 S 某曾被批准逮捕，以及被批准延长侦查羁押期限，囿于司法惯性案件处理有一定难度。因此，笔者决定双管齐下：一方面坚持原则，在提交的书面材料中，仍然坚持无罪辩护和存疑不起诉的意见；另一方面主动与承办检察官沟通，代 S 某口头表达如果能够获得酌定不起诉处理，S 某也愿意认罪认罚。

经过多次沟通协商，承办检察官最终认可了笔者的意见，对 S 某做了认罪认罚笔录，并以"构成诈骗罪，但情节轻微，拟作不起诉处理"为内容，向 S 某作出了《认罪认罚具结书》，S 某自愿签署，并当场获得不起诉决定书。至此，案件获得圆满成功。

> **辩护技巧**

一、无罪辩护技巧

实践中，对于事实和证据存在一定问题，且委托人也不愿认罪的案件，辩护人要坚决地进行无罪辩护，但无罪辩护不能仅局限于公安机关移送审查起诉的罪名，因为检察机关是全面审查案件，不受起诉意见书的影响，所以辩护人也要客观分析委托人可能涉嫌的各种罪名。以本案为例，虽然公安机关移送审查起诉的罪名是销售伪劣产品罪，但是笔者在提交第一份辩护意见时并未局限于此，既针对销售伪劣产品罪重点论述了涉案玉石不属于"伪劣产品"的观点，也针对诈骗罪专门分析了S某没有与L某等人共同非法占有他人财物的主观故意。在一次补充侦查完毕后，笔者通过阅卷发现了承办检察官指控思路的转变，在第二份辩护意见中便重点分析了本案不属于"被害人陷入错误认识"的情形，不符合诈骗罪的认定逻辑，最终为S某争取到了不起诉处理。

二、不起诉沟通技巧

实践中，存在无罪辩护空间的犯罪嫌疑人，既想坚持无罪辩护证明清白，又不想冒险，也愿意认罪认罚换取酌定不起诉落袋为安，有时还会担心认罪认罚反而被提起公诉。面对鱼和熊掌如何兼得的问题，笔者认为还是应当坚持从事实和证据出发，以无罪辩护为"正"，以认罪认罚为"奇"，正如《孙子兵法》所云，凡战者，以正合，以奇胜。以本案为例，在S某被取保候审前，笔者提交的两份辩护意见均坚持无罪辩护和存疑不起诉，且在与承办检察官交流时，也是坚持此观点。但是，当S某被取保候审后，笔者判断出案件存在不起诉的可能，此时如果一味地要求存疑不起诉，可能会拉长时间，增

『盈』的秘密 3：认罪认罚从宽制度下的有效辩护

加风险，与当事人诉求相悖。于是，笔者虽然在书面的辩护意见中继续坚持无罪辩护和存疑不起诉，但与承办检察官沟通时，主动提出 S 某愿意认罪认罚，接受酌定不起诉，即以无罪辩护之势，换酌定不起诉之质，最终实现树上开花。

"锱铢必较"：重新具结获从轻处罚

● 崔东晨[*]

辩护策略

在非法侵害公民信息案件中，贩卖信息的条数及获利金额的认定直接影响量刑幅度。实践中，侦查机关认定的数据具有天然的"权威性"，要想推翻"专业"的"权威认定"，必须坚持证据辩护，开展大量精细化工作。如果能够通过可视化图表对关键问题进行深入分析和论证，清晰说明认定错误的原因以及正确数据的组成结构，便有机会说服检察官，争取重新签署具结书，为法庭辩护奠定有利基础。

案情简介

被告人Z某在邮政局工作，是一名快递业务员，掌握了大量客户的个人信息。在长期的工作中，Z某逐渐发现，这些信息有特定的人员来购买，可以赚取收益，因此Z某便产生了非法出售这些信息的念头。2022年9月，Z某利用其职务便利，偷偷窃取了邮政快递客户的个人信息，包括客户的姓名、家

---

[*] 北京盈科（南京）律师事务所刑事法律服务中心主任。

庭住址、电话号码及其他隐私数据，涉及的条目达数千条。

为了规避监控，Z某选择使用Telegram、QQ等具有加密通信功能的聊天软件。通过这些渠道，Z某将盗取的公民个人信息出售给他人，以获取非法利益。由于利用的是相对隐蔽的加密通信手段，Z某自以为不会被发现，逐渐放松了警惕，频繁进行交易，并形成了一条稳定的信息贩卖链条。

然而，近年来公安机关长期对网络犯罪行为保持高压态势，经过一段时间的技术监控和数据比对，侦查机关成功追踪到Z某的犯罪线索，发现了其所涉及的信息泄露和倒卖行为。2022年9月底，侦查机关将Z某抓捕归案。在被带回侦查机关后，Z某如实供述了其窃取并倒卖公民个人信息的犯罪过程，表达了对自己犯罪行为的悔意。次日，侦查机关依据法律程序对Z某进行了刑事拘留。在侦查讯问的过程中，Z某表现出认罪悔过的态度。基于Z某的认罪态度及在案件调查中的配合，侦查机关在次月对其变更强制措施为取保候审，后将案件移送审查起诉。

案件进入审查起诉阶段后，Z某签署了《认罪认罚具结书》，检察机关量刑建议为有期徒刑3年，罚金18万元。笔者通过阅卷分析，认为对Z某贩卖的数据条数及获利金额的认定存在误差，导致量刑建议过重。最终，检方采纳笔者的辩护意见，在开庭当天，重新与Z某签署《认罪认罚具结书》，将量刑建议调整为有期徒刑2年，罚金5万元。最终法院采纳了该量刑建议。

辩护过程

一、深入阅卷，做到心中有数

在侵犯公民个人信息罪的认定中，贩卖数据的条数属于重要的量刑依据。经过对案卷的详细分析，笔者发现检察机关指控的贩卖数据条数存在重复计算的问题，Z 某实际涉及的数据条数远低于指控的数量。且办案机关在核算获利金额时，将数据包进行了重复计算，Z 某实际从中获利的金额仅为 2 万元，而非检察机关指控的 8 万元。这一数字上的差异直接影响了案件的量刑。

据此，笔者认为案件事实认定有误，在此基础上检察机关提出的量刑建议显然过重，未能充分考虑案件的实际情况。为了确保 Z 某能够获得公正的审判，笔者提交了书面的辩护意见书，与检察机关积极沟通，并提交了相关的证据和分析图表，力图让案件事实得以清晰呈现。

二、积极沟通，秉持利他精神

为了尽快了解检察院意见，帮助 Z 某争取更为公正的量刑结果，笔者在阅卷完毕的第二天，即与案件承办检察官取得联系并约见检察官，以求展开深入沟通。

在见到承办检察官后，笔者为检察官详细展示了针对认定涉案金额问题的可视化图表。笔者利用电子设备和技术，详细演示了信息条数认定存在出入的原因，就该关键量刑依据问题和检察官进行了深入的讨论。鉴于检察院实行办案责任终身制，承办检察官越来越注重办案的效率和质量，因此也会更愿意听取辩护人言之有据的意见。所以，笔者将对案件的看法和观点尽可能清晰地传达给检察官，阐述辩护观点时也力求全面、深入，不隐瞒、不回避，并未将检察官视为对立的控方。同时笔者也尽可能地避免重复阐述书面辩护意见的内容，因为书面意见一般比较全面，而与检察官电话、当面沟通时，应当提纲挈领、直击案件关键问题并表明立场。这样不仅节省时间，也有助于引起检察官的共鸣，使沟通更顺畅、更有效。

笔者的立场是，既要依法追究 Z 某的法律责任，又要避免量刑过重，确保裁判符合罪责刑相适应的刑法原则。即使审查起诉阶段未能取得良好的辩护效果，在法庭审理过程中笔者也将继续坚持这一主张，力求为 Z 某争取到符合法律精神的量刑结果，体现法律的公平与正义。

三、重新具结，维护合法权益

功夫不负有心人，在笔者的积极努力和多次与检察官的深入沟通下，案件取得了重大进展。检察官对案件的事实和量刑问题进行了重新审视，尤其是对原有的指控细节进行了一系列的核实与修正。经过进一步调查，检察机关认可原指控中关于Z某窃取公民个人信息的数据条数及其非法获利金额的认定存在一定的误差。此前的指控中，部分数据存在重复计算的情况，导致信息条数和获利金额均有所扩大。

检察机关对这些问题进行了认真修正，并与笔者联系，要与Z某重新签署《认罪认罚具结书》，新的《认罪认罚具结书》更加客观地反映了Z某的犯罪事实和情节，明确了Z某实际非法获取并出售的公民个人信息条数较原先指控有所减少，且其非法获利金额实际仅为2万元，而非此前指控的8万元。检察机关在重新评估案件的事实后，对量刑建议进行了合理调整。在新的具结书中，检察机关根据实际情况和法律规定，建议判处Z某有期徒刑2年，并处罚金5万元。这一罚金数额依据法律的规定和Z某非法获利金额的比例进行了合理确定，相比之前有期徒刑3年及罚金18万元的量刑建议，新具结书的量刑建议更加符合Z某的犯罪事实，也更具公正性和合理性。

重新签署《认罪认罚具结书》，不仅为Z某争取到了更为公正的处理结果，也体现了司法机关在认罪认罚案件中依法纠正错误、维护公平正义的精神。

四、保持战果，落实宽缓量刑

在法院的审判阶段，法官对案件进行了全面审理，并仔细审查了笔者提交的辩护意见、证据材料以及检察机关与Z某签署的新《认罪认罚具结书》。法庭通过对证据的详细比对，确认了具结书中的事实认定准确无误。庭审时，笔者特别强调，量刑不能简单地将信息条数和非法获利金额作为唯一依据，而应当全面、综合地考虑多种因素。Z 某在整个案件中的具体地位和作用需要得到准确评价，虽然他非法获取并出售了大量公民个人信息，但在整个信息交易链条中，他并非主导者或组织者，更多是出于个人利益的驱动参与其中，属于中间层次的行为人。不同身份和作用在量刑时应当有所区分，不能一概而论。

法院认为，Z 某虽然存在侵犯公民个人信息的违法行为，但其在归案后表现积极，主动认罪认罚并悔过，在侦查阶段也配合公安机关进一步查清案件事实，具备从轻处罚的条件。最终法院判决被告人 Z 某犯侵犯公民个人信息罪，判处有期徒刑 2 年，并处罚金 5 万元，同时依法没收其违法所得 2 万元。该判决结果不仅考虑到了 Z 某的犯罪行为性质，也结合了其认罪态度及相关量刑情节，确保了案件的公正处理。

宣判后，Z 某对法院的判决结果表示接受，未提起上诉，并承诺按时履行判决中缴纳罚金和返还违法所得的义务。

辩护技巧

一、敢于辩护，创造机会

实践中，即使当事人签署了《认罪认罚具结书》，罪名和刑期也并非"板上钉钉"。在法院开庭之前，辩护人依然可以提出修正意见，并且应当特别重视这一环节，积极争取量刑调整的可能性。

在本案中，笔者基于反复阅卷分析发现指控中信息条数和获利金额的认定存在不准确之处，多次与检察官展开深入沟通，充分阐述事实与法律依据。即便被告人已经签署了《认罪认罚具结书》，检察官仍同意与被告人重新签署。

二、注重细节，直观说服

辩护人对量刑提出意见时，一定要及时、具体、有理有据。书面辩护意见是基础，必须法律功底扎实，对案件卷宗进行深入分析，做到言之有物、层次分明。可视化图表可以帮助检察官快速识别案件问题所在，在有限的时间内传递出更多笔者想表达的信息。同时，可视化图表也便于检察官汇报案件，使得律师意见可以直达集体决策机构，较之口头表达更具有说服力。笔者在办理案件中深有体会，当你展现出足够的专业度和精细度的时候，检察官是非常乐意与律师进行沟通的。

三、及时约见，有效沟通

约见检察官是与检察机关进行良好沟通的重要一环。书面辩护意见等材料仅通过邮寄提交，往往无法及时送达检察官手中，效果也会大打折扣。而约见检察官可以更加深入地了解检察院、承办人对案件的分析和意见，只有保持沟通才能获得反馈和推动下一步工作，这对于辩护人的辩护思路和策略非常关键。"知己知彼"才能有效应对，辩护人通过与办案人面对面地交流，以理服人、以情动人，双管齐下，方能取得更好的沟通效果。

情理交融：运用法理情实现有效辩护

● 田文化[*]

辩护策略

在暴力犯罪案件中，人身危险性是考察能否适用缓刑的重要因素，而犯罪的主观要件直接关乎人身危险性的评价。针对此类案件辩护，争取认罪认罚从宽是一条重要路径。与此同时，辩护人应做好两方面工作：一是注重理论，展现律师的专业性，只要言之有"理"，即使定性没有改变，也可能在量刑上予以从宽；二是注重温度，在不能足额赔偿的情况下，要充分论证"情有可原"之处，争取被害人的谅解和法官的理解。

案情简介

2022年5月19日18时许，被告人Z某在某煤矿排队准备拉煤，因第一次到此煤矿拉煤，Z某不熟悉煤场规定及要求，在进场的过程中跟着其他车辆一起进场，中途煤矿管理人员M某暂扣Z某的提煤单和磅单，并要求Z某到队伍最后重新排队，且未告知Z某重新排队的理由，Z某无奈重新排队。其

---

[*] 北京盈科（乌鲁木齐）律师事务所刑事法律事务部副主任。

间，Z 某多次向 M 某索要提煤单和磅单，直至当日 22 时许仍索要无果，双方发生争执，Z 某在极为气愤的情况下声称要撞死 M 某，想趁 M 某躲避之机进矿装煤。随后 Z 某驾驶一辆重型半挂货车撞向 M 某，之后继续驾驶车辆从 M 某身上驶过 20 余米，M 某在被撞倒之后调整身位位于两侧轮胎之间，Z 某在行驶过程中保持车辆方向不变，速度不增。被告人 Z 某停车后，看见 M 某没有流血，也没有明显受伤，遂到无人处拨打电话。记录显示当日 23 时 29 分被告人 Z 某拨打了"120"救助电话，当日 23 时 50 分 Z 某拨打"110"报警并投案自首。后经鉴定，M 某的损伤程度为轻微伤。

本案于 2023 年 10 月 25 日提起公诉。被害人 M 某提起刑事附带民事诉讼，请求被告人 Z 某赔偿其遭受的损失 5 万元。本案于 2023 年 11 月 30 日第一次公开开庭审理，2024 年 2 月 27 日第二次开庭。第一次庭审时，被告人 Z 某辩称其不懂法律，主观上没有想撞死 M 某，对公诉机关指控的故意杀人罪不认可。第二次庭审时，被害人 M 某与被告人 Z 某当庭对刑事附带民事赔偿部分达成调解协议，Z 某当庭给付 M 某全部赔偿款 15,000 元，M 某出具了刑事谅解书，表示对 Z 某的行为予以谅解并请求对其减轻处罚。Z 某自愿认罪认罚并签署了《认罪认罚具结书》。

辩护过程

2023 年 6 月 25 日，笔者接受 Z 某家属委托并立即开展辩护工作，在开庭之前先后 6 次到看守所会见 Z 某，向 Z 某详细了解案情，安抚 Z 某的不安情绪，对其进行心理疏导。在辩护过程中，笔者全面细致阅卷，与检法机关办案人员保持深度沟通，并在庭审中充分发挥了有效辩护的专业价值。

一、目标明确，全力论证

1. 被告人 Z 某主观缺乏杀人的直接故意，如果认定 Z 某具有间接故意，因未发生死亡后果，也不应成立故意杀人罪。

根据 Z 某在笔录中的供述，Z 某事前与 M 某发生争执，虽说了"你要把我逼死，我就撞死你"的过激言辞，但 Z 某心理上只是想吓唬 M 某，内心甚至期待 M 某能够躲避，让自己进去拉煤，并无撞死 M 某的直接故意。在驾车以二挡低速撞向 M 某时，Z 某担心车轮碾住 M 某，采取了不踩油门、不动方向的方式避免致死 M 某。在车辆缓慢通过后，Z 某立即停车查看，发现 M 某无明显受伤后，立即报警，并联系"120"对 M 某进行救助，也足以证实 Z 某主观上并不想致死 M 某。

退一步讲，即使检察机关认定 Z 某具有造成 M 某死亡的间接故意，那么在间接故意的评价体系下，应以特定危害结果的实际发生作为犯罪成立的标志，因而间接故意犯罪只有成立与否的问题，不存在犯罪未遂、中止等犯罪停止形态。对于实践中发生的间接故意犯罪，应当以与发生的实际危害结果相对应的罪名来定性。本案中 Z 某的行为并未导致 M 某死亡结果的发生，不能以故意杀人罪追究 Z 某的刑事责任。

2. Z 某主动停止伤害行为，选择报警并救助被害人，其行为属于故意伤害罪的犯罪中止，公诉机关认定犯罪未遂有误。

Z 某采取驾驶车辆撞击的方式吓唬 M 某，该行为本身属于伤害行为，其明知该行为可能会致使 M 某受伤，仍继续驾驶车辆撞击 M 某，其主观上具有伤害的故意，客观上实施了驾车撞击的行为，Z 某的行为属于典型的故意伤害行为。

首先，在案证据可以充分证实，Z 某并不积极追求 M 某死亡结果的发生。如果 Z 某主观上积极追求 M 某死亡结果的发生，在驾驶大型车辆进行撞击的过程中，Z某可以采取打方向变更行驶轨迹、追逐、提速撞击M某等多种方式致死M某，也可以采取反复碾压或倒车碾压的方式致死M某，最不济也可以下车后对M某进行拳打脚踢或者使用其他工具致死M某。但事实上，上述各种致死M某的方式Z某均未实施。而且在Z某驾驶车辆撞击M某后，并无任何人前来制止Z某，此时M某无任何反抗能力，Z某可以继续实施对M某的伤害行为，并无任何意志以外的因素致使Z某不能或者不可以继续实施对M某的伤害行为，Z某即刻停止了故意伤害行为，所以Z某不属于故意伤害罪的犯罪未遂。

其次，Z某不仅自动放弃犯罪行为，还主动向公安机关报案，并拨打"120"对M某进行救治。在可以继续实施故意伤害行为时，Z某选择放弃犯罪，并对M某进行救治，其行为属于典型的犯罪中止，依法应当认定Z某的犯罪中止情节，对其予以减轻处罚。

3. 无论对Z某以何罪定罪，Z某均属于自首，可以依法对其从轻、减轻处罚。

受案登记表、立案决定书、到案经过说明、讯问笔录等在案证据均证实了Z某系主动投案，并在投案后如实供述了犯罪事实，依法应当认定自首。根据《关于常见犯罪的量刑指导意见（试行）》实施细则，主动投案自首的，可以减少基准刑的40%以下。Z某在公安机关尚未掌握其犯罪事实时，主动投案并如实交代犯罪事实，同时积极对被害人进行救治，可以适用该规定对其从轻、减轻处罚。

二、力挽狂澜，终获缓刑

第一次庭审时，公诉机关认为：被告人Z某以非法剥夺他人生命的故意，驾驶机动车撞向他人，其行为触犯了《刑法》第232条之规定，犯罪事实清楚，证据确实、充分，应当以故意杀人罪追究其刑事责任。被告人Z某已经着手实行犯罪，由于其意志以外的原因而未得逞，根据《刑法》第 23 条之规定，属犯罪未遂，可以比照既遂犯从轻或者减轻处罚，建议以故意杀人罪判处被告人 Z 某有期徒刑 5 年。

第一次庭审后，通过笔者积极沟通，被害人 M 某与被告人 Z 某就刑事附带民事赔偿部分达成调解协议，在第二次开庭时 Z 某当庭给付 M 某全部赔偿款 15,000 元，M 某向 Z 某出具了刑事谅解书。公诉机关认为被告人 Z 某案发后自动投案，归案后能如实供述自己的罪行，根据《刑法》第 67 条第 1 款之规定，属自首，可以从轻处罚；案发后，被告人 Z 某赔偿被害人全部经济损失并取得谅解，可以酌定从轻处罚。在此基础上，Z 某自愿认罪认罚，根据《刑事诉讼法》第 15 条之规定，可以依法从宽处理。公诉机关对被告人 Z 某的量刑予以调整，建议以故意杀人罪判处被告人 Z 某有期徒刑 3 年，缓刑 5 年。Z 某签署了《认罪认罚具结书》。

2024 年 2 月 28 日人民法院作出刑事判决书，判决被告人 Z 某犯故意杀人罪，判处有期徒刑 3 年，缓刑 5 年。

辩护技巧

一、从专业出发，引起办案人员重视，获得办案人员尊重

在本案辩护过程中，笔者与办案人员存在较大争议的是被告人 Z 某行为定性的问题，主要表现在被告人 Z 某在主观上是直接故意还是间接故意；若属于间接故意，那么就存在犯罪未遂形态的认定问题，这涉及刑法学理论上的一个争议问题，即间接故意犯罪是否存在犯罪的未完成形态。

对这一问题，笔者与多数学者观点一致，持否定论。笔者认为，被告人 Z 某主观上是一种"放任"心理，对于自己的行为可能造成被害人死亡结果的发生听之任之，发生与否都可以，根本谈不上对完成特定犯罪的追求，也就谈不上这种追求的实现与否，Z某的行为属于间接故意。而间接故意不存在犯罪未完成形态，应当以特定危害结果的实际发生来确定间接故意犯罪的罪名，故本案中应当认定为故意伤害罪。对此，笔者提交了类似案例"曹某持枪杀人一案"供办案人员参考，在该案中检察机关指控被告人曹某犯故意杀人罪（未遂），而一审、二审法院均以非法持有枪支、弹药罪定罪处罚，判决结果正是以与发生的实际危害结果相对照的个罪来认定间接故意犯罪触犯的具体罪名。但本案法院在认定的过程中认为，Z某已经着手实行犯罪，由于其意志以外的原因而未得逞，属于犯罪未遂。虽然并未达成一致，但笔者的主张亦给办案人员心中留下不小波动，办案人员在确定量刑的过程中充分采纳笔者意见，使本案在量刑上取得了较大成功，被告人及其家属对量刑结果比较满意，对笔者的辩护工作给予了较高评价。

二、从情感出发，取得被害人谅解，获得办案人员理解

在本案办理过程中，被害人M某要求被告人Z某赔礼道歉，赔偿民事损失5万元。Z某同意赔礼道歉，且态度诚恳，但对于5万元的赔偿款，以Z某及其家人的经济能力实难做到，案件一度陷入僵局。在这种情况下，笔者通过阅卷形成完整的阅卷报告，在掌握案件细节后及时与被害人M某进行沟通，一方面细数被告人Z某及其家属的不易，告知被害人Z某尚有几十万元外债在身，且因身体状况不佳需一直服药，日常服药开销较大，无法满足M某的赔偿要求；另一方面详细分析了案发当时的起因经过，阐明Z某从下午18时许进入煤矿现场排队拉煤，直至当日22时许其余车辆已全部离场，Z某仍未能取回提煤单和磅单进场拉煤，确实存在被为难的情况，且一天未吃饭，情绪难免过激，造成该结果实在不是出于本意。笔者从细节处苦口婆心劝慰，被害人M某最终同意接受15,000元的民事赔偿，并出具谅解书，对于量刑的确定起到了重要作用。与此同时，笔者将被告人Z某家庭境遇、身体状况及事发经过如实告知办案人员，案发时是被告人Z某到达新疆的第三天，在身上只有几十元又一天没有吃饭的情况下，内心极度脆弱，心理起伏较大，容易产生过激行为，结合造成被害人轻微伤的危害后果，希望办案人员能够理解被告人Z某当时的困境及心理起伏，这些情节引起了案件承办人的重视，最终在量刑上取得较为满意的结果。

双向争取：犯罪对象与数额之辩化解重罪风险

● 蒋飞龙[*]

辩护策略

目前，对于虚拟货币、游戏道具、礼包等在刑事案件中的法律属性存在理论分歧。鉴于在该类案件中，将案涉游戏道具、礼包等认定为计算机数据还是财物，会对此罪彼罪和罪轻罪重产生深刻影响。一般而言，说服检察官以非法获取计算机信息系统数据罪起诉，会有利于为被告人争取量刑辩护空间，进而为宣告缓刑打下坚实基础。

案情简介

2021年6月15日至2022年1月期间，被告人X某某在广州某某网络科技有限公司任某手游运营专员，在手游、运营中心组工作，其工作范围包括深入了解公司产品及游戏项目，整体调配合作方、技术、客服、市场等内外资源，保证游戏顺利运营，即根据部门内部决策向特定玩家发放游戏资源，包括游戏货币、游戏道具等。任职期间，X某某所在部门为其开通了后台权限，离

---

[*] 北京盈科（佛山）律师事务所刑事法律事务部副主任。

职后其仍具有游戏资源发放的申请及审批的操作权限。

任职期间，被告人X某某在没有获得部门内部确认，没有其上司审批的情况下，超越权限非法操作该公司的网络游戏"XX纪元"的服务器后台，制作虚假的玩家福利发放需求信息及非法制作游戏礼包并激活，非法获取游戏内虚拟货币及游戏道具，私自生成游戏钻石、道具、礼包等数据，然后通过利用游戏内的跨服拍卖行的功能将这些虚拟货币、游戏道具及游戏礼包以低于游戏官方虚拟货币的价格进行销赃牟利。具体方式为有意购买虚拟货币的买家，在拍卖行挂拍无价值的游戏装备或道具，X某某以不合理游戏虚拟货币价格进行竞拍，然后通过微信、支付宝向玩家收取游戏虚拟货币变卖的费用从而牟利。另外，其违规拷贝保存前述非法游戏礼包的激活码，在离职后，使用非法获取的激活码获取游戏礼包，向中间商、游戏玩家售卖该游戏礼包以获取巨额非法利益。经审计，被告人X某某非法获取游戏虚拟货币（钻石）共计3.91亿个，经鉴定价值3900万余元，销赃后非法获利人民币383万余元。

2022年5月19日，被告人X某某到派出所投案自首，积极主动配合被害单位调查，如实供述了犯罪事实，后退还人民币383万余元给被害单位。2022年10月28日，侦查机关将本案移送广州市某区检察院审查起诉。2023年3月3日，广州市某区检察院以X某某涉嫌非法获取计算机信息系统数据罪提起公诉，起诉书指出X某某犯罪情节特别严重，主动到案且能如实供述犯罪事实，构成自首，可以从轻、减轻处罚。2023年5月31日，广州市某区法院以非法获取计算机信息系统数据罪判处X某某有期徒刑3年，缓刑4年。

「盈」的秘密3：认罪认罚从宽制度下的有效辩护

辩护过程

一、案件争议较大，牢牢把握辩护重心

笔者经会见了解案情，认识到侦查机关虽暂时以 X 某某涉嫌非法获取计算机信息系统数据罪对其刑事拘留，但本案犯罪对象在理论和实务中均存在较大分歧，各地法院判法不一。若本案犯罪对象被认定为财物，检察机关将会以职务侵占罪追诉；若被认定为数据，则将会以非法获取计算机信息系统数据罪起诉。

在对罪名定性予以分析后，接下来需对本案犯罪数额的认定给量刑所带来的影响程度予以考量。如果本案犯罪数额被认定为3900万余元，则职务侵占罪的量刑为 10 年以上有期徒刑或无期徒刑，非法获取计算机信息系统数据罪的量刑幅度在 3 年以上 7 年以下有期徒刑。此时，即便在满足自首、退赃、认罪认罚的基础上，判处缓刑的机会也十分渺茫。如果犯罪数额被认定为实际获利的383万余元，则以非法获取计算机信息系统数据罪定罪，判处缓刑的机会更大。

显然，X 某某能否被判处缓刑，主要取决于对犯罪对象的定性及犯罪数额的认定。鉴于此，笔者与 X 某某达成一致辩护思路，结合上述两个主要辩点，集中分析论证犯罪对象的定性分歧、减少犯罪数额，在突破法定刑的基础上，争取适用认罪认罚将缓刑予以书面确认。

二、创造认罪认罚条件，签订适用缓刑的具结书

笔者与本案承办检察官先后电话、面谈交流了多次，意在了解检察官的思路，以提升辩护的针对性。几轮沟通后，检察官的观点主要有：一是犯罪对象的定性还没有准确的结论；二是 X 某某的工作权限需要进一步核实；三是难以作出缓刑的量刑建议。鉴于此，笔者认为有必要对犯罪对象的定性及犯罪数额进行深入剖析。

1. 应将犯罪对象认定为计算机信息系统数据。

首先，虽然虚拟财产具有财产属性，但是否属于财物，前置法尚未明确。《民法典》第127条规定："法律对数据、网络虚拟财产的保护有规定的，依照其规定。"截至目前，尚未有其他法律加以规定。在前置法法律依据不明的情况下，具有财产属性并不必然意味着成为刑法上的"财物"，相关行为不一定要适用财产犯罪规范。目前，关于虚拟财产的法律属性在民法界存在较大争议。刑法作为其他部门法的保障法，在前置法尚未明确的情况下，应当坚守刑法的谦抑立场。故，笔者提出本案所涉游戏钻石、礼包、道具不应当定性为财物，应定性为计算机信息系统数据。

其次，案涉虚拟财产不具有稀缺性，不能成为刑法上的"财物"。本案中，钻石、礼包等虚拟财产，只要程序设置完毕，就可以无限产出，游戏钻石等不像真正的货币那样存在发行量的限制，网络上的虚拟财产的损失与现实财产的损失有明显的不同。即使X某某获取了"XX纪元"1000个礼包或3.91亿个游戏钻石，"XX纪元"依旧可以满足其他所有用户对礼包、钻石的需求，并不代表被害单位直接的财产损失为3900多万元，也并不代表别的游戏玩家就无法再购买钻石、礼包。因此，不宜将本案的游戏钻石、礼包认定为财产犯罪中的财物，本案不宜以财产犯罪论处。

最后，案涉虚拟财产的法律属性是计算机信息系统数据，X某某非法获取的行为应当构成非法获取计算机信息系统数据罪。笔者提出，游戏钻石、礼包等虚拟财产不是财物，本质上是电磁记录，是电子数据，这是虚拟财产的物理属性。但是，电磁记录、电子数据在刑法上应当有特定的法律属性。例如，如果企业的商业秘密是一组数据，这组数据的物理属性是数据，但是法律属性却是知识产权，非法获取这组数据可能构成侵犯商业秘密罪。但本案中的钻石、礼包等虚拟财产，作为电磁记录、电子数据，在刑法上的法律属性是计算机信息系统数据，故 X 某某的行为应当构成非法获取计算机信息系统数据罪。

2. 以实际违法所得认定本案犯罪数额更为适宜。

首先，笔者认为本案网络服务上的钻石、礼包等虚拟财产的损失与现实财产损失有明显不同。如前所述，即使 X 某某获取了"XX 纪元"1000 个礼包或 3.91 亿个钻石，"XX 纪元"依旧可以满足其他所有用户对礼包、钻石的需求，并不代表被害单位直接的财产损失为 3900 多万元人民币，也并不代表别的游戏玩家就无法再购买钻石、礼包，或因此而减少其他游戏玩家可购买的钻石、礼包数量。因此，被害单位的实际损失应当以 X 某某销售钻石或礼包的实际违法所得为准。

其次，以司法审计所认定的经济损失对 X 某某进行量刑有失公平、公正原则。目前尚不存在，也不可能存在对游戏钻石、礼包等虚拟财产作出一个能被普遍接受的价值计算方式。一个钻石、一个礼包或者一个道具的价值，在游戏玩家眼里可能价值千金，但对于一个行外人来说可能一文不值，所以对于价值的认定难以形成统一标准，以被害单位提供的材料所作的价格认证有违合理性。故，本案对于被害单位的损失应以 X 某某实际销售钻石或礼包获得的收益为准比较适宜。

经过深入、细致地研究，在分析形成系统的辩护意见之后，笔者再次与检察官就本案的争议焦点及认罪认罚的条件、刑期、是否适用缓刑等事项进行沟通。最初，检察官虽表示认可笔者的意见，但考虑到本案涉案金额大，且被害单位没有出具谅解书等因素，尚不同意对 X 某某建议适用缓刑。

为进一步争取机会，笔者多次与被害单位法务部负责人沟通，其表示不会出具书面谅解，如果需要书面谅解则要赔偿在 450 万元以上，但其表示可以不出庭发表对 X 某某不利的意见，并认可适用缓刑。在得到被害单位的基本态度后，笔者再次与检察官沟通，指出已全部赔偿、具有自首情节、被害单位无反对意见等，终于说服检察官同意建议适用缓刑。此后，笔者在检察院办案中心见证《认罪认罚具结书》的签署过程，期间笔者再次向 X 某某全面解释了认罪认罚的法律后果、注意事项，在三方均无异议的情况下，检察官将笔者建议的对 X 某某判处 3 年有期徒刑、缓刑 4 年的内容落实在了《量刑建议书》上，为法院适用缓刑判决奠定了坚实基础。辩护至此，业已成功了大半。

三、做好庭审准备工作，辩护结果终得圆满

在审判阶段，笔者一方面积极与被害单位继续保持良性沟通，化解被害单位情绪，避免了被害单位出庭发表对 X 某某从严、从重判决的意见，另一方面依法出庭辩护并发表适用缓刑的辩护意见，建议法官采纳认罪认罚的量刑建议并对 X 某某适用缓刑。在全面听取控辩双方意见后，一审法院依法判处 X 某某犯非法获取计算机信息系统数据罪，判处有期徒刑 3 年，缓刑 4 年。至此，笔者的辩护目标全部实现。

辩护技巧

一、直面焦点，牢牢把握协商杠杆

审查起诉阶段，要想抓住认罪认罚的制度契机将辩护成果发挥最大，必须抓住案件最大的争议、分歧，说服检察官以有利于犯罪嫌疑人的罪名和量刑起诉。以本案为例，笔者先通过及时会见了解案情，对本案的争议焦点、难点予以初步明晰。在与检察官沟通时，获悉检察官同样认为本案定性未明、涉案金额大，因此不宜提出缓刑的量刑建议的看法。由此，本案争议焦点和辩护方向基本明确。在随后的辩护工作中，笔者紧扣本案犯罪对象的分歧，进行详细的分析、论证，形成系统、完整的辩护意见，与检察官充分协商，达到有利的罪名及最大从宽幅度，从而避免 X 某某可能被判处 10 年以上有期徒刑的刑事风险。

二、有力沟通，全面实现辩护目标

认罪认罚并不等于认命认罚，实际大有辩护空间，越是有争议、有分歧的地方越是有辩护的空间，切莫因与检察官观点不一、被检察官拒绝而产生畏惧心理。相反，我们更应该立足证据、仔细分析案卷材料，抓住辩点进行重点研究，形成专业辩护意见。在具备前述条件的基础上，与检察官沟通之时，根据研究成果打消检察官的顾虑，推翻检察官的逻辑、推论，在法律允许的范围内为检察官朝有利于被告人的起诉方向转变创设条件。律师在保持谦逊、尊重的心态之余，既要有理有据，又要据理力争，不怕麻烦、不畏沟通、注重技巧。充分释放认罪认罚从宽制度的优势和红利，系笔者为本案 X 某某争取到最佳辩护效果的法宝之一。

后记：守正创新，顺势有为

春光作序，万物和鸣。新的一年，盈科刑辩各项工作井然开启。作为重磅开篇之作，《"盈"的秘密3：认罪认罚从宽制度下的有效辩护》即将付梓，与我们共赴"春的邀约"。

回顾盈科刑辩品牌建设历程，《"盈"的秘密：有效辩护的47个制胜思维》《"盈"的秘密2：有效辩护的53个证据突破》连续推出，形成了富有辨识度和影响力的出版系列。因而，"盈"的秘密3从选题到出版周期，一直颇受广大同行和忠实读者的关注。鉴于"盈"的秘密1和2主要立足于无罪辩护的思维运用与证据突破，侧重展现刑辩律师在控辩制衡中的对抗能力，"盈"的秘密3秉承"守正创新、顺势有为"的原则，将主题定为"认罪认罚从宽制度下的有效辩护"。原以为，在认罪认罚高位运行的背景下，典型案例收集将"唾手可得"。未料想，本次出版遇到了前所未有的困难，主要原因在于：律师普遍认为认罪认罚案件辩点较为有限、辩护大体雷同，很难写出新意、写出精彩，更难写出成就感。面对"一稿难求"的局面，也曾考虑过更换主题"另起炉灶"，但我始终认为，认罪认罚是刑事辩护不可回避的挑战，与其"避其锋芒"，不如"迎难而上"，在有限的辩护空间中挖掘更多的辩护可能。正所谓"山重水复疑无路，柳暗花明又一村"，在理事会换届注入新鲜血液后，稿件不足的问题"迎刃而解"。当然，在此也要坦陈，本书"千呼万唤始出来"，我难辞其咎。笔耕之艰，非亲历者难知。由于日常工作繁多，审改稿件要"见缝插针"，或时间不足，或灵感不够，都在无形中制约了进度。

众所周知，以真实案例为基础，动态呈现刑事辩护的思考过程和实操方法，是极具实务价值并广受欢迎的出版思路。有鉴于此，出版目的不应仅仅局限于自身的表达需要，更要落脚于受众的学习需求。认罪认罚从宽制度确立以来，我国刑事诉讼的格局发生变化，对刑事辩护产生深刻影响，刑辩律师面临从"对抗"到"协商"的范式转换，在公正与效率之间寻求平衡。如何前移辩护重心，又不失庭审辩护阵地？如何充分开展量刑协商，又保有对协商结果的再战之力？如何在见证当事人认罪认罚后，妥善处理独立辩护的问题？如何争取有利量刑建议的确认，如何力争不利量刑建议的调整？如何在简化的庭审程序中，充分展现律师的工作内容和专业辩护的价值？这些实务性的问题，无法从一个或几个案例中找到答案，却可以从几十个蓝本中总结规律。《"盈"的秘密3：认罪认罚从宽制度下的有效辩护》以制度实践为根基，以辩护实效为导向，通过深入剖析程序适用、量刑协商、权利保障等核心议题，直面认罪认罚从宽制度运行中的痛点，诠释辩护律师在制度框架内的策略突破，力求在经验"碎片"中淬炼体系化智慧，为司法实践提供可借鉴的路径，亦为理论研究积淀鲜活的素材。

个案之辩虽微，法治之力乃巨。刑辩律师应当始终与刑事诉讼改革同频。《"盈"的秘密3：认罪认罚从宽制度下的有效辩护》既是对过往探索的总结，更是对未来征程的宣言——唯有深谙制度本质，守正创新，顺势有为，方能于变局中开新局，于浪潮中立潮头。如我在诉，情同此心，谨以此书向每一位在认罪认罚案件中坚守辩护精神的同行致敬。认罪认罚从宽制度与有效辩护互促共生，必将在实践与理论的碰撞中不断完善。

积力之所举，则无不胜也；众智之所为，则无不成也。《"盈"的秘密3：

认罪认罚从宽制度下的有效辩护》付梓，凝聚着太多心血与汗水。在此，我谨代表编委会由衷表达诚挚的敬意与谢意：感谢中国政法大学樊崇义教授倾情作序，以深厚的学术造诣为本书升华思想高度；感谢清华大学张建伟教授、中国人民大学李奋飞教授联袂推荐，为本书优质出版和广泛传播提供有力支点；感谢法律出版社朱海波编辑的辛苦付出，倾力打造"盈"的秘密系列出版品牌；感谢每一位案例作者，你们的智慧如浩海繁星，携手点亮盈科刑辩之光。

赵春雨

2025 年 3 月于北京

丛书总主编简介

李 华

盈科律师事务所创始合伙人、副主任、盈科全国业务指导委员会主任。

李华律师作为盈科全国业务指导委员会主任，负责盈科体系内的专业化建设，带领盈科律师，构建出完整的专业化法律服务体系，包括研究院、律师学院、专业委员会及专业化建设法律中心，推动盈科律师专业化的法律服务，以适应法律服务市场不断细分的需要。在此基础上，通过集成各专业委员会纵深化的法律服务能力为客户提供综合性的法律服务。

全国律师行业优秀党员律师、北京市优秀律师、北京市律师行业优秀党务工作者，最高人民检察院第六和第七检察厅民事行政检察专家咨询网专家，中国人民大学法学院法律硕士专业学位研究生实务导师，《钱伯斯大中华区指南2023/2024》TMT：数据保护&隐私领域上榜律师，2024 The Legal 500亚太地区中国法域榜单金融科技领域推荐律师。

本书主编简介

赵春雨

北京市盈科律师事务所高级合伙人，盈科中国区董事会副主任，盈科全国刑事法律专业委员会主任。兼任中国刑事诉讼法学研究会理事、中华全国律师协会刑事专业委员会副秘书长、北京市律师协会刑法专业委员会副主任、西南政法大学刑事辩护高等研究院副院长，受聘为北京大学、中国人民大学、中国政法大学法律硕士兼职导师。主编《刑事诉讼证据规则编注》《刑辩一年级：刑法》《"盈"的秘密：有效辩护的47个制胜思维》《"盈"的秘密2：有效辩护的53个证据突破》。